David Line, geboren 1946, war zunächst Redakteur bei diversen Verbraucher-Zeitschriften, bevor er 1983 freier Journalist wurde. Er hat mehrere Bücher veröffentlicht und ist beim Rundfunk tätig.

Julia Line, geboren 1947, ist freie Schriftstellerin und hat mehrere Bücher veröffentlicht. Ihr besonderes Interesse gilt den verschiedenen Formen des Okkultismus.

Von David und Julia Line ist bisher
als Knaur-Taschenbuch erschienen:

»Schicksalsdeutung aus den Würfeln« (Band 3769)

Deutsche Erstausgabe 1987
© 1987 Droemersche Verlagsanstalt Th. Knaur Nachf., München
Das Werk einschließlich aller seiner Teile ist urheberrechtlich geschützt.
Jede Verwertung außerhalb der engen Grenzen des Urheberrechts-
gesetzes ist ohne Zustimmung des Verlages unzulässig und strafbar.
Das gilt insbesondere für Vervielfältigungen, Übersetzungen,
Mikroverfilmung und die Einspeicherung und Verarbeitung
in elektronischen Systemen.
Titel der Originalausgabe »The Book of Love Numbers«
Copyright © 1986 by David and Julia Line
Umschlaggestaltung Adolf Bachmann
Umschlagfoto Studio Schmatz
Satz Compusatz, München
Druck und Bindung Ebner Ulm
Printed in Germany 5 4 3 2 1
ISBN 3-426-03848-X

David und Julia Line:
Liebe und Schicksal aus den Zahlen gedeutet

Aus dem Englischen von Ingeborg Ebel

Für A.A.L. und L.L.L.

Inhalt

Kapitel I
Eine Einführung in die Zahlenkunde 9

Kapitel II
Wie Sie Ihre Liebes-Zahl feststellen 13

Kapitel III
Ihr idealer Partner 61

Kapitel IV
Allgemeine Beziehungen 211

Kapitel V
Eine weitere Interpretation der Zahlen 271

Kapitel VI
Verträglichkeitstabellen (Wer paßt zu wem?) 291

KAPITEL I

Eine Einführung in die Zahlenkunde

Ihr Geburtstag – ist das nur eine willkürliche Folge von Zahlen oder mehr? Zahlenkundler behaupten ja. Sie sind der Überzeugung, daß jene Zahlen, die Sie direkt betreffen, Aufschluß über Ihren Charakter und Ihr Schicksal geben können. Und sie gehen noch einen Schritt weiter, indem sie einen Bezug zwischen Buchstaben und Zahlen herstellen und somit weitere Erkenntnisse anhand Ihres Namens gewinnen.

Vielleicht muten Sie diese Überlegungen sonderbar an, aber denken Sie einmal daran, welch große Rolle Zahlen in unserem täglichen Leben spielen. Ohne sie wären wir außerstande, Technologien zu entwickeln, zu messen oder zu wiegen – die Liste ist schier endlos.

Die alte Kunst der Zahlenkunde ging Hand in Hand mit der Entwicklung der Mathematik, Geometrie und Trigonometrie. Diese Wurzeln fußen in den alten ägyptischen, babylonischen, syrischen, griechischen und indischen Kulturen ebenso, wie der hebräische Einfluß nicht zu unterschätzen ist.

Um jedoch Schicksalsdeutung aus Zahlen betreiben zu können, muß das Element des Zufalls ins Spiel kommen – wie bei den meisten Formen der Weissagung. Das ist der springende Punkt bei jeder Doktrin, die sich mit Charakter- und Zukunftsdeutung beschäftigt, und daraus ergibt sich unweigerlich die Aussage, daß nichts rein zufällig geschieht. Alle Dinge geschehen mit einer Zwangsläufigkeit, die wir kaum ändern können. Also ist Ihr Geburtsdatum, ebenso Ihr Name, kein zufälliges Resultat einer beinahe endlosen Reihe von Alternativen, sondern

Teil einer Serie vorherbestimmter Ereignisse, die wenig oder nichts mit Glück zu tun haben.

Kurz gesagt: Sie als Individuum, als einzigartige Persönlichkeit, könnten weder ein anderes Geburtsdatum noch einen anderen Namen haben oder einen anderen Lebensweg gegangen sein. Diese Überlegungen kann man auch anders ausdrücken – falls Sie ein anderes Geburtsdatum als Ihr jetziges hätten, könnten Sie unmöglich dieselbe Person sein, die Sie als »Ich« bezeichnen.

Aus diesem Grund folgern die Zahlenkundler, daß sie allein aus der Anordnung von Ziffern Erkenntnisse gewinnen können. Diese Anordnung ist ähnlich unverwechselbar wie ein Fingerabdruck und ist – mit anderen Fakten kombiniert – für jeden einzig.

Die Geschichte der Zahlenlehre ist eine komplexe Materie, und wie bereits aufgezeigt, führen ihre Wurzeln in die verschiedensten Kulturen zurück. Ein Mensch hat wohl mehr als andere zur Begründung der Zahlenkunde beigetragen: der griechische Mathematiker Pythagoras. Er stellte den Grundsatz auf, daß man alles numerisch ausdrücken könne, weil sich alles letzthin auf Zahlen reduzieren lasse. Der pythagoreische Beitrag – d.h. die Annahme, daß das Wesen aller Dinge in der Zahl bestehe – ist eine Methode, Zahlen durch Eigenschaften zu interpretieren, die man ihnen zuordnet.

Aber man darf eine weitere wesentliche Quelle nicht vergessen, die zusammen mit der pythagoreischen Lehre half, die Zahlenlehre zu begründen: die Kabbalistik Gematria – eine Lehre, die auf der Verquickung von Magie und Philosophie basiert und auf den zweiundzwanzig Buchstaben des hebräischen Alphabets und den entsprechenden Zahlen aufbaut, um versteckte Bedeutungen in alten Schriften zu enträtseln und durch die Analyse des Namens eines Menschen dessen Schicksal zu enthüllen.

Jedoch ist die Lehre von den Zahlen nicht halb so kompliziert, wie man annehmen möchte. Der ganze Komplex läßt sich auf die Zahlen eins bis neun reduzieren. Innerhalb dieser Ziffern läßt sich das Schicksal deuten. Und dazu brauchen Sie keine besonderen Kräfte... nur eine kleine Rechenaufgabe liefert Ihnen die Antworten auf Ihre Fragen.

Und wie sehen diese Antworten aus? Sie geben praktisch über alles Auskunft, was Sie wissen müssen, wenn Sie Ihr Leben sinnvoll planen wollen. Vor allem die Liebes-Zahlen können Ihnen bei der Wahl eines Partners helfen oder zum besseren Verständnis Ihres gegenwärtigen Partners beitragen. Oder Ihnen Richtlinien für die Zukunft geben.

Verwechseln Sie die Zahlenkunde jedoch nicht mit anderen Formen der Weissagung wie Tarot, I Ging, Runen oder Würfeln, denn das Studium der Zahlen vermittelt Ihnen ein vollständiges und genaues Bild Ihres Wesens.

Dieses Buch soll Ihnen als leicht verständlicher Ratgeber dienen und Ihnen helfen, Entscheidungen zu treffen.

21. 9. 1983.
33 = ⑥ A.

13. 10. 1985.
28 = 11 = ② T.

6. 5. 1948.
33 = ⑥ P.

8. 12. 1946.
31 = ④ S.

KAPITEL II

Wie Sie Ihre Liebes-Zahl feststellen

Alles, was Sie brauchen, um Ihre Liebes-Zahl festzustellen, sind Ihr Geburtsdatum und ein wenig Rechnen.
Notieren Sie Ihr Geburtsdatum (1 für Januar, 2 für Februar usw.). Außerdem ist es wichtig, daß Sie die Jahreszahlen voll ausschreiben, nicht nur die beiden letzten Ziffern verwenden. Nun addieren Sie von links nach rechts alle Zahlen, wobei der November nicht als 11, sondern 1+1 geschrieben wird. Das gleiche gilt für den Dezember.
Falls Sie richtig gerechnet haben, kommen Sie auf eine zweistellige Zahl, die weiter reduziert werden muß, bis Sie eine Zahl zwischen eins und neun erreichen. Diese Ziffer ist Ihre »Liebes-Zahl«. Zur Veranschaulichung dienen folgende Beispiele:

Geburtsdatum 29.September 1972:
2+9+9+1+9+7+2 = 39; 3+9 = 12; 1+2 = 3; Liebes-Zahl = 3

Geburtsdatum 5.November 1955
5+1+1+1+9+5+5 = 27; 2+7 = 9; Liebes-Zahl = 9

Haben Sie einmal Ihre Liebes-Zahl errechnet, werden Sie erstaunt sein, wieviel sie über Ihre Persönlichkeit aussagt. Wahrscheinlich kennen Sie bereits hinlänglich Ihre Stärken und Schwächen, aber Sie wußten sicher nicht, daß Ihre Liebes-Zahl Ihnen dabei helfen kann, den passenden Beruf oder sogar die zu Ihnen passenden Farben zu wählen. Ebenso wie Ihre

Zahl Ihnen so schwierige Fragen wie »Was soll ich mit meinem Leben anfangen? – Warum bin ich nicht glücklich? – Was habe ich verkehrt gemacht?« beantworten helfen kann.

Jeder von uns muß im Leben Erfahrungen machen und lernen, und Ihre Liebes-Zahl gibt Ihnen wichtige Anstöße und hilft Ihnen, den richtigen Weg einzuschlagen, damit Sie Ihr Ziel erreichen. Der wesentlichste Aspekt der Liebes-Zahlen ist jedoch folgender: er ist unerläßlich, wenn Sie Ihre Beziehungen zu Freunden, der Familie und geliebten Menschen kennenlernen wollen – oder wissen wollen, ob die anderen Ihnen wohlgesonnen sind!

Jeder Ziffer von eins bis neun wurde ein Tier als Symbol zugeordnet, damit es Ihnen leichter fällt, sich mit Ihrer Liebes-Zahl zu identifizieren.

Jetzt ist es Zeit, daß Sie Ihre Liebes-Zahl feststellen und herausfinden, was sie über Ihr Wesen enthüllt. Und wenn Sie das erst einmal wissen, ist es Zeit, Ihre Beziehungen zu den Menschen in Ihrem Leben zu ergründen. Dann können Sie mit der Suche nach Ihrem idealen Lebenspartner beginnen.

EINS – Der Führer

Symbol: Hirsch
Lektion: Schwierigkeiten durch Kreativität zu überwinden
Weg: Originalität, Unabhängigkeit, Konzentration, Vertrauen, Wahrnehmung, Tüchtigkeit
Ziel: Individualität auszudrücken und anderen den Weg zu weisen

In Hörweite einer Eins dürfen Sie nicht einmal flüstern, daß irgend etwas unmöglich ist. Die Eins wird sofort nach dem Köder schnappen und in neun von zehn Fällen Ihnen das Gegenteil beweisen – *sie* kann es!

Einsen sind Pioniere, sie weisen anderen den Weg und sind erfolgreich, wo andere Sterbliche sich nicht einmal an die Aufgabe heranwagen. Die zweite Geige zu spielen, liegt diesen mächtigen Frauen und Männern nicht; sie sind nur zufrieden, wenn sie ein Orchester dirigieren, das eine von ihnen komponierte Symphonie spielt – und das nicht lange.

Die meisten Einsen brauchen keine aufmunternden Worte als Antrieb, und falls man versucht, ihnen Ratschläge zu erteilen, so kann man sich gleich den Kopf an einer Mauer einrennen. Wenn die Eins sich für ein neues gewagtes Unternehmen begeistert, wird sie nicht einmal Ihre Gegenwart bemerken. Sollten Sie jedoch ihre Aufmerksamkeit erregt haben, und die Eins erklärt Ihnen ihre Pläne, werden Sie über deren Kühnheit sprachlos sein.

Jede Kritik an einer Eins, ganz gleich wie berechtigt oder wohlmeinend sie auch sein mag, wird auf taube Ohren stoßen. Sie tut alles in großem Rahmen – je ungewöhnlicher und ausgefallener, um so besser. Sie ist die Person, die aus einer hoffnungslosen Lage – in die sie sich gewöhnlich selbst hineinmanövriert hat – irgendwie immer noch als Sieger hervorgeht.

Wenn Einsen einmal in Aktion treten, stecken sie voll schier unerschöpflicher Energie. Sie arbeiten den ganzen Tag und die halbe Nacht, ohne zu ermüden. Schlaf stünde ihren Bemühungen nur im Wege.

Einsen sind nicht eher zufrieden, als bis sie sich nach oben gekämpft haben, und wenn sie erst einmal im Chefsessel sitzen, gelingt es ihnen auch gewöhnlich, diese hart erkämpfte Spitzenposition zu halten. Von ihren Mitarbeitern werden sie wegen ihrer Entschlußfreudigkeit bewundert, wenn auch nicht geliebt. Sie haben alles und jeden unter Kontrolle und wissen immer, was zu tun ist und wer es am besten tun könnte, vor allem, wenn eine Krise auftritt und jedermann den Kopf zu verlieren scheint.

Diese fähigen Individualisten nehmen ihre Verantwortung ernst, gehen nie Schwierigkeiten aus dem Weg und geben in einer schwierigen Situation *nie* auf. Sie arbeiten hart und erwarten von ihren Untergebenen dasselbe – halbherzige Anstrengungen können sie einfach nicht tolerieren.

Wenn sie vor der Wahl eines Berufes stehen, sollten Einsen sich vergewissern, ob sie ihre angeborene Kreativität und Unabhängigkeit voll entfalten können – langweilige Routinejobs sind nichts für sie. Sie brauchen genügend Aufstiegsmöglichkeit, denn ohne Herausforderung verlieren sie bald das Interesse und sehen sich nach anderen Möglichkeiten um. Die empfehlenswertesten Berufe sind Designer, Erfinder oder Ingenieure aller Sparten. Einsen lieben es auch »kühn den Fuß dahin zu setzen, wohin noch niemand ihn gesetzt hat«, aber unglücklicherweise sind Karrieren als Entdecker heutzutage ziemlich dünn gesät, obwohl einige Universitäten Forschungsaufträge vergeben, die vielleicht die Abenteuerlust mancher Eins befriedigen.

Vom negativen Standpunkt aus betrachtet, ordnet man die Eins auch Tyrannen zu, und Menschen mit dieser Zahl sind sehr wohl fähig, ein tyrannisches Gebaren an den Tag zu legen, wenn sie sich durchsetzen wollen – also machen Sie sich auf einiges gefaßt, sollten Sie jemals versuchen, die Pläne einer Eins zu durchkreuzen. Dickköpfigkeit und ein absolutes Mißvergnügen daran, eingeengt zu werden, gehören ebenso zu ihren herausragenden Charaktereigenschaften wie Ungeduld, Intoleranz und gelegentlich im späteren Leben eine gewisse Neigung zur Exzentrik.

Im Privatleben ist der königliche Hirsch voller Liebe, möchte als Gegenleistung aber angebetet werden. Es gibt keinen bedauernswerteren Anblick als eine männliche Eins, die schmählich zurückgewiesen wurde. Er wird jedoch wahrscheinlich behaupten, er leide unter dem Wetter oder sei in Gedanken mit etwas anderem beschäftigt, um insgeheim seinen verletzten Stolz zu verbergen. Alle Einsen besitzen ein kolossales Ego, und von einem geliebten Menschen verlassen zu werden, ist mehr, als sie ertragen können; ihre natürliche Spannkraft erlaubt ihnen jedoch keine längere Niedergeschlagenheit.

Wenn sie sich schließlich für einen Partner entschieden haben – was gewöhnlich erst nach mehreren traumatisch verlaufenden Versuchen geschieht –, sind die Einsen treue Gefährten, mit einem tief entwickelten Gefühl der Verantwortung ihren Partnern und ihrer Familie gegenüber. Sie sind großzügig, aufrichtig und beschützend. Für ihre Qualitäten verlangen sie aber Bewunderung, Lob, Schmeichelei und totalen Gehorsam. Sie können höchst unbarmherzig und grausam sein, sollten sie ihren Partner der Untreue auch nur verdächtigen, und man braucht nicht extra zu betonen, daß sie bei einem Streit immer das letzte Wort haben. Einsen beiderlei Geschlechts sind charmant, gefühlvoll und geben aufregende Bettgefährten ab.

Das weibliche Exemplar ist eine freie Frau. Sie lebt ihr Leben in vollen Zügen und gibt sich selten damit zufrieden, nur Haus und Kinder zu hüten – sie ist ehrgeizig und verlangt vom Leben mehr als das. Sie braucht Aufregung, Luxus und Vergnügen, weil sie elegant, witzig und sicherlich nicht bescheiden ist. Sie weiß, daß sie das Beste verdient... und irgendwie bekommt sie es auch.

Vor einer Zurückweisung hat sie gewiß keine Angst, denn wenn sie einmal ihr Auge auf einen Mann geworfen hat, ist sie durchaus fähig, die Initiative zu ergreifen und den Mann zum Abendessen einzuladen, was sie sich bei ihrem Einkommen auch leisten kann.

Diese wahrhaft königlichen Damen – wie ihre männlichen Geschlechtsgenossen – müssen immer im Mittelpunkt stehen. Sollte ihr Partner sie nur einen Augenblick vernachlässigen oder sie unangemessen behandeln, wird sie es ihn bitter büßen lassen, bis ihr Zorn sich gelegt hat. Nur ein starker Mann kann eine solche Frau zähmen, aber einmal gezähmt, bleibt sie ihm ihr Leben lang treu... und es wird niemals langweilig.

Farben spielen in unserem Leben eine wichtige Rolle, und Einsen sollten goldene wie gelbe Farbtöne bevorzugen (Orange eingeschlossen), bis hin zu allen Braunschattierungen. Als Kontrastfarben eignen sich Rot, Blau und Dunkelrosa, aber Grün, Schwarz und Grau sollten unbedingt vermieden werden. Als Edelsteine sind zu empfehlen: Topas, Bernstein und der gelbgetönte Diamant (der ihrem exklusiven Geschmack entspricht), und – natürlich in Gold gefaßt.

ZWEI – Der Sensible

Symbol: Schmetterling
Lektion: fähig zum Geben und Nehmen zu sein
Weg: Takt, Diplomatie, Geselligkeit, Rücksichtnahme, Geduld, Freundlichkeit
Ziel: sich in eine Gruppe harmonisch integrieren zu können

»Ich wußte, daß das geschehen würde«, behauptet die Zwei bescheiden. Aber auf Ihre Frage, wieso sie es gewußt hat, werden Sie nur ein aufreizendes, geheimnisvolles Lächeln bekommen.

Zweien besitzen ein eigenes hochentwickeltes Frühwarnsystem; ihnen scheinen Sinne und Instinkte angeboren zu sein, wie sie sich ihrer Umgebung am besten anpassen können. Auch wenn Sie von einer Zwei noch keine Notiz genommen haben – denn Unauffälligkeit ist ihr zur zweiten Natur geworden –, so hat sie doch längst auf ihre stille und zurückhaltende Art eine Menge über Sie erfahren.

Diese scheuen, gehemmten Menschen ersehnen sich nichts mehr als ein wenig Ruhe und Frieden, ohne viel Aufregung, damit sie äußerst effektiv ihrer täglichen, wohlgeordneten Routine nachgehen können. Die Hauptrolle in einem Theaterstück liegt ihnen nicht. Zweien bevorzugen auf der Lebensbühne die Nebenrollen... je weiter entfernt vom Rampenlicht und vom Publikum, um so besser.

Ruhig mögen sie ja sein, aber bei näherem Kennenlernen enthüllen Zweien einen ziemlich faszinierenden Charakter. Allerdings liegt es an *Ihnen*, den ersten Schritt zu machen, um die Barriere der Schüchternheit zu überwinden, hinter der sie sich so gern verstecken.

Zweien besitzen einen erstaunlich scharfsinnigen Humor, der teilweise ihrer vorzüglichen Beobachtungsgabe und teilweise ihrer reichen Phantasie zuzuschreiben ist. Hüten Sie sich jedoch davor, eine Zwei auszulachen – er oder sie verschanzt sich dann sofort hinter verkniffenem Schweigen. Zweien sind leicht gekränkt, und es dauert eine Ewigkeit, bis sie eine ungehörige Bemerkung vergessen.

Zweien haben ein übermächtiges Bedürfnis nach Sicherheit; sie brauchen jemanden zum Anlehnen oder einen Notgroschen für schlechte Zeiten. Auch in ihren besten Tagen fühlen sie sich nur glücklich, wenn sie sich Sorgen machen können, und sollte ihre finanzielle oder gefühlsmäßige Sicherheit einmal tatsächlich bedroht sein, so versinken sie in Stimmungen schwärzester Depression, die manchmal nur mit ärztlicher Hilfe zu heilen sind.

Zweien erreichen selten Positionen von großem Einfluß in ihren gewählten Berufen, denn sie besitzen weder das Selbstvertrauen noch den Ehrgeiz, an die Spitze zu gelangen. Statt dessen ziehen sie es vor, Befehle von anderen auszuführen und nicht zuviel Verantwortung zu tragen.

Zweien sind gewissenhafte, willige Arbeiter, die mit nur wenig Ermutigung ihr Bestes geben. Eine glückliche Umgebung bedeutet einer Zwei sehr viel, und sie leistet nur Hervorragendes in friedvoller Atmosphäre. Druck, Termine und Streß sind ihr ein Greuel, ebenso Entscheidungen treffen. Von einer Zwei einen Entschluß zu fordern, ist gerade so, als würde man von einer Katze verlangen, keine Vögel mehr zu fangen – sie ist dazu unfähig. Sie kann sich einfach zu nichts entschließen, denn sie hat zuviel Angst, einen Fehler zu machen.

Menschen, deren Geburtsdatum sich auf eine Zwei reduziert, geben gute Sachbearbeiter ab, denn es fehlt ihnen an Weitsicht. Banken, Versicherungen, Rechnungswesen und die Beamtenlaufbahn bieten reichlich Einsatzmöglichkeiten für Angestellte, Verwalter, Buchhalter usw. – genau der richtige Posten für die nicht ehrgeizige Zwei. Jedoch könnte sich die phantasiereiche, mehr sensible, außergewöhnlich begabte Zwei als Künstler, Schriftsteller oder Musiker verwirklichen, wenn sie genug Mut aufbringt, ihre Talente auf die Probe zu stellen.

Zweien sind empfindsam und leiden oft sehr viel in ihrem Leben in emotioneller Hinsicht. Vor allem die Anfangsstadien einer Beziehung bereiten ihnen enorme Schwierigkeiten, hauptsächlich wegen ihres Mangels an Selbstvertrauen. Einer Zwei ist es schier unmöglich, zu glauben, daß jemand sie interessant und attraktiv findet. Hat sie allerdings erst einmal diese qualvollen Ungewißheiten des Sichkennenlernens überwunden, zeigt sich die wahre Identität einer Zwei.

Die männliche Zwei ist ein unverbesserlicher Romantiker. Er ist zärtlich, mitfühlend, ein guter Zuhörer und ein aufmerksamer Liebhaber. Er wird alles in seiner Macht Stehende tun, um seine Herzensdame glücklich zu machen, und Streit um jeden Preis vermeiden. Hat er erst einmal genügend Mut gefaßt, die Verantwortung einer Ehe und des Familienlebens auf sich zu nehmen – was sehr viel Zeit und Seelenforschung seinerseits erfordern kann –, wird er sich als treuer und fürsorglicher Partner und aufopfernder Vater erweisen.

Unglücklicherweise gibt es dunkle Seiten in seinem Charakter, die in einer Beziehung Schwierigkeiten hervorrufen können, außer es gelingt ihm, seine Emotionen zu beherrschen. Eifersucht könnte bei jeder kleinsten Gelegenheit ihren häßlichen Kopf herausstrecken, und wenn Sie nicht bereit sind, ihn ständig Ihrer unsterblichen Liebe und Treue zu versichern, wird er launisch und äußerst reizbar. Seine Unsicherheit macht das Leben mit ihm manchmal sehr anstrengend.

Häuslichkeit liegt einer weiblichen Zwei sehr, und das ist die Rolle, die sie beherrscht; nichts liebt sie mehr, als den Haushalt zu führen, Blumen oder ein Abendessen perfekt zu arrangieren, und für gewöhnlich wird sie ihren Herrn und Meister nach Strich und Faden verwöhnen. Allerdings unter einer Bedingung: ihre Bemühungen müssen gewürdigt werden. Wehe dem armen müden Ehemann, der nach einem anstrengenden Arbeitstag nach Hause kommt und es versäumt, die glänzenden Möbel oder die neue Frisur seiner Frau zu loben. Dann gibt es Ärger – sie zieht sich schmollend in ihr Schneckenhaus zurück und kommt tagelang nicht mehr heraus.

Eine weibliche Zwei braucht einen starken Mann zum Anlehnen, und wenn er mit ihren wechselhaften Launen fertig wird, ist sie ihm eine ausgezeichnete Ehefrau, denn ihr liegt die Rolle der Nebendarstellerin.

Die passenden Farben für eine Zwei – Kleider oder Mobiliar – sind Beige, Weiß und alle Grünschattierungen, vielleicht mit einem gelegentlichen Spritzer Hellrosa als Kontrast. Dunkelrot, Purpur oder Schwarz sollte sie meiden, denn diese Farben sind zu stark und schwer und würden sie erdrücken. Weiß und Beige sind beides neutrale Farben und unterstreichen die Unauffälligkeit, nach der die Zwei immer bestrebt ist. Bei der Auswahl von Schmuck sollte die weibliche Zwei nach Perlen, Mondsteinen oder Jade greifen, vorzugsweise in Silber gefaßt.

DREI – Der Vielseitige

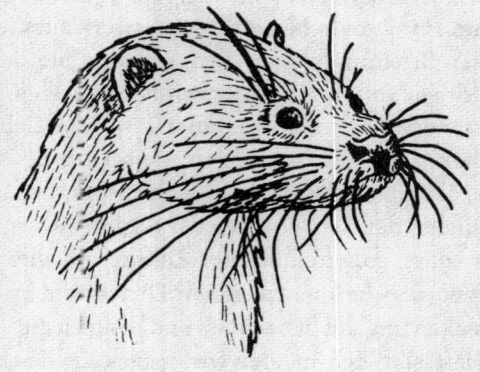

Symbol: Otter
Lektion: sich frei und ungezwungen ausdrücken zu können
Weg: Selbstverwirklichung, Chancen nutzen, eine angenehme Umgebung schaffen, allein zu arbeiten
Ziel: durch die Verwirklichung Ihrer angeborenen Kreativität Erfolg und persönliche Freiheit zu erlangen

Wenn Sie jemals das Glück hatten, einem Otter beim Spielen zuzusehen, werden Sie sofort verstehen, warum dieses bezaubernde Wesen dafür auserwählt wurde, die Drei zu repräsentieren. Der Otter ist kühn und schneidig, wagemutig, brillant, vielseitig und ein unverbesserlicher Angeber – also die Zahl Drei.

Im allgemeinen haben Dreien allerhand vorzuweisen. Sie strotzen geradezu von Talenten, vor allem in künstlerischer Hinsicht. Sie gehören zu jenen nervenaufreibenden Individuen, die im Handumdrehen ein Meisterwerk auf die Rückseite eines alten Briefumschlags malen, während Sie sich noch mit dem Zeichnen von Strichmännchen herumplagen. Aber trotz dieser entnervenden Brillanz auf fast jedem Gebiet fällt es schwer, eine Drei nicht zu mögen; sie besitzt diesen gewissen Charme, dem man einfach nicht widerstehen kann.

Kein Wunder, daß Vielseitigkeit das Schlüsselwort dieser Zahl ist. Wer sonst, außer einer Drei, könnte sich gleichzeitig auf mehr als eine Sache konzentrieren? Dreien sind brillante Köpfe; sie denken unglaublich schnell und besitzen die verwirrende Eigenschaft, stets den anderen wenigstens einen Schritt voraus zu sein. Ihre Konversation ist garantiert interessant und geistreich, wenn auch manchmal etwas zu direkt. Dreien sind stets für Offenheit. Sie nehmen kein Blatt vor den Mund, und in einem Streitgespräch mit einem würdigen Gegner dürfen Sie zweimal raten, wer als Sieger daraus hervorgeht.

Gelegentlich finden sie ein kindisches Vergnügen daran, verbal Katz und Maus mit einem weniger wendigen Geist zu spielen. Das mag grausam erscheinen, aber den Dreien fehlt jegliche Böswilligkeit, und sie lassen ihre »Maus« stets mit dem Gefühl entkommen, wenigstens einmal die Klügere gewesen zu sein. Dreien sind geborene Optimisten, die das Leben nehmen, wie es kommt, und sich entsprechend anpassen. Sie haben Glück und sind sorglos und unbekümmert. Selbst ein eindeutiger

Schicksalsschlag stellt sich für sie im nachhinein als verschleierter Glücksfall heraus. Würde man eine Drei vom fahrenden Zug stoßen, so landete sie bestimmt unverletzt auf allen vieren und nutzte das Ereignis noch zum Vorteil, denn Dreien scheinen gegen alles gefeit zu sein.

Ihre Fehler sind buchstäblich an den Fingern einer Hand abzuzählen: Daumen – verschwenderisch; Zeigefinger – geltungssüchtig; Mittelfinger – reizbar, wenn gelangweilt; Ringfinger – verleumderisch; kleiner Finger – unfähig, etwas ernst zu nehmen.

Dreien sind ehrgeizig, aber sie haben es eigentlich nicht nötig, einen Beruf zu wählen, denn ihre angeborenen Fähigkeiten weisen ihnen den Weg. Die Zulassung zur Universität ist für die meisten reine Formsache, und dort widmen sie sich der Vervollkommnung ihrer vielseitigen Talente. Neidvoll werden weniger begabte Studenten mit ansehen müssen, wie Dreien mühelos ihre Examen bestehen und sich die Studienzeit vergnüglich mit Sport oder Theatervorstellungen vertreiben.

»Ottern« begegnet man auf zahlreichen Lebenswegen – stets als Herren der Situation, aber trotzdem ständig auf der Suche nach einem noch spektakuläreren Aufstieg. Autorität paßt zu ihnen, und sie haben selten Probleme mit Untergebenen, die sie leicht mit ihrem Charme einwickeln. Dreien besitzen die glückliche Art, das Beste aus den Menschen hervorzuholen, ohne dabei zu anspruchsvoll oder rücksichtslos zu erscheinen.

Als aussichtsreichste Berufe für die Drei bieten sich zwei Möglichkeiten an: die Armee, speziell die Marine, oder ein hoher Posten in der Regierung, während mehr kreativ begabte Dreien eher die literarische Laufbahn oder die darstellende Kunst wählen werden. Journalist, Musiker, Künstler, Unterhalter – sie haben die freie Wahl. Das Resultat wird jedenfalls das gleiche sein: Erfolg, Anerkennung und Macht.

Im Privatleben sind Dreien nicht ganz so gut organisiert und fordernd wie im Beruf. Hier scheinen sie es nicht für nötig zu halten, alles unter Kontrolle zu haben oder stets ein Höchstmaß an Tüchtigkeit vorzuweisen. Sind sie einmal eine feste Beziehung eingegangen, so teilen sie gern ihre Freizeit und Interessen mit ihrem Partner, und der Freundeskreis verliert seine Wichtigkeit. Das bedeutet aber nicht, daß die Drei es nicht gelegentlich genießt, mit ihrer Partnerin auf einer Party anzugeben oder mit gewohnter Lebhaftigkeit ein Streitgespräch anzufangen – nein, ihr liegt einfach daran, daß ihre Dame (und sie ist gezwungenermaßen eine außerordentliche Person) an all ihren Unternehmungen teilnimmt.

Im großen und ganzen gesehen zählen Dreien nicht zu den übermäßig eifersüchtigen Menschen, aber sie haben eine besondere Fähigkeit entwickelt, sich geschickt aus Situationen zu lösen, die ihnen nicht behagen. Wenn ihre Grenze des Erträglichen erreicht ist, verschwinden sie wie ein Blitz. Aber sollte Ihnen je das Glück widerfahren, von einer Drei geliebt zu werden, so steht Ihnen ein aufregendes, interessantes und abwechslungsreiches Leben bevor. Darüber hinaus wird sie Sie häufig mit einem ungewöhnlichen oder unerwarteten kleinen Geschenk überraschen, um Ihnen zu zeigen, daß sie Sie noch liebt.

Sollten Sie sich je fragen, falls Sie in eine Dame verliebt sind, aus deren Geburtsdatum sich eine Drei ergibt, ob diese ausschließlich an Ihrem Geld interessiert ist, so lautet die Antwort entschieden nein. Sie genießt es zwar, solange welches da ist, aber sollten Sie morgen alles verlieren, so würde sie sich schnell der neuen Situation anpassen und sogar noch ein Vergnügen an der Herausforderung finden, dem Leben in Armut die besten Seiten abzugewinnen. Dieser Typ Frau kann Probleme zu einer Kunstform hochstilisieren.

Die meisten weiblichen Dreien sind extrovertierte Frauen, die gleichzeitig Karriere machen und einen Haushalt führen wollen. Sie leben gern in schöner Umgebung, obwohl ein weniger perfektes Heim ihrem Glück auch keinen Abbruch tut. Sie lieben interessante Männer – in physischer wie geistiger Hinsicht – und werden rasch langweiliger, zurückhaltender Partner überdrüssig. Schönheit wird von Ihnen nicht verlangt, aber Sie müssen sich schon etwas einfallen lassen, wenn Sie mit dieser Dame Schritt halten und sie glücklich machen wollen. Wagen Sie es nicht, sich auf Ihren Lorbeeren auszuruhen und eine bedächtigere Gangart einzuschlagen – die Drei wird bald nach anregenderer Gesellschaft Ausschau halten und sie auch finden. Es gibt ein untrügliches Zeichen dafür, daß sie anfängt sich zu langweilen: sie wird grundlos an allem herummäkeln. Dann wird es Zeit, daß Sie sich in Schale werfen, oder Sie riskieren es, die Frau zu verlieren. Die weibliche Drei weiß, was sie will, und kann ihre Gefühle sehr gut zum Ausdruck bringen, ohne vulgär zu werden. Diese Dame braucht Aufregung in einer Beziehung, um wirklich glücklich zu sein – alles andere ist für sie zweitrangig.

Die passendste Farbe für alle Dreien ist Mauve, einschließlich Violett bis hin zu den blassesten Purpurtönen und Lilaschattierungen, gefolgt von Blau, Rosenrot und Gelb. Dreien sollten Grün, Grau, Dunkelbraun und vor allem Schwarz meiden, da diese Farben nicht gut mit ihrer Umgebung oder ihren Kleidern harmonieren. Als Edelstein wäre der Amethyst zu empfehlen, da er im Einklang mit der Farbe Mauve steht, eventuell mit einigen Granaten. Beide Steine können in jeder beliebigen Fassung getragen werden.

VIER – Der Baumeister

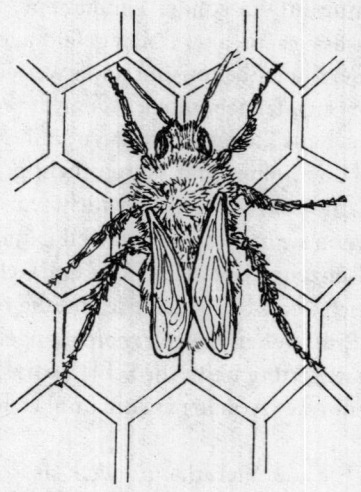

Symbol: Biene
Lektion: Verantwortung für Ihre Taten zu übernehmen
Weg: hart zu arbeiten, auf Details zu achten, unnötige Risiken zu meiden, geduldig zu sein, aus Ihren Fehlern zu lernen, tüchtig zu sein, sparsam zu sein; stets gewillt zu sein, die Wirklichkeit zu akzeptieren
Ziel: ein solides Fundament zu gründen, auf dem Sie Ihr Leben aufbauen können; praktisch zu denken und überlegt zu handeln

Wenn Sie das nächste Mal einer Vier begegnen, fragen Sie sie, womit sie als Kind am liebsten gespielt hat. Es wird bestimmt kein Teddybär, kein Spielzeugzug oder ein Fußball gewesen sein – es war gewiß ein Baukasten. Und mit einem glücklichen Lächeln wird die Vier sich an die vergnüglichen Stunden erinnern, die sie damals damit verbracht hat.
Vieren sind Baumeister im wahrsten Sinn des Wortes und setzen ihre Bauwerke nur auf ein solides Fundament. Ihr Leben soll solide und zuverlässig sein, aber ihnen gefällt auch die Vorstellung, zu vergrößern, anzubauen und etwas weiterzuentwickeln – sollte ihnen der Sinn danach stehen –, denn die Position, die sie innehaben, basiert auf Sicherheit und Verläßlichkeit.
Wie ihr Symbol, die Biene, sind Vieren tüchtig, hervorragend gut organisiert und schrecken gewiß nicht vor harter Arbeit zurück, selbst wenn sie manchmal langweilig und monoton ist. Vor allem in Krisenzeiten ist auf die Ruhe und Gelassenheit, mit der diese praktisch veranlagten Menschen, die fest mit beiden Beinen auf der Erde stehen, jedes Problem angehen, absoluter Verlaß. Systematisierung heißt ihr Schlagwort, und deswegen können sie ein enormes Arbeitspensum mit Leichtigkeit bewältigen.
Aber bitte tun Sie die Vieren, nur weil sie so fleißige und präzise Arbeiter sind, nicht als spießige, langweilige Menschen ab. Hinter dieser äußeren soliden, zuverlässigen Erscheinung verbirgt sich ein brillanter, schöpferischer Verstand.
Sie streben nie danach, gesellschaftlich im Mittelpunkt zu stehen, aber anscheinend fühlen sich die Menschen zu ihnen hingezogen, finden Gefallen an ihren amüsanten Geschichten und Witzen.
Vieren besitzen das ansteckendste Gelächter, das man sich vorstellen kann, und die angeborene Gabe, andere ihre Probleme für eine Weile vergessen zu lassen. Sie führen ein aktives und überaus interessantes Leben mit einem Übermaß an bizar-

ren Ereignissen. Es mangelt ihnen nie an ungewöhnlichen Erzählungen – dafür sorgt das Schicksal.

Dem sehr ausgeprägten Charakter der Vieren haftet eine Seite an, die auf den ersten Blick im Widerstreit mit ihrer praktischen Lebenseinstellung und allen damit verbundenen Problemen zu liegen scheint. Sie haben ein unverständliches Faible für aussichtslose Fälle und scheinen oft ein perverses Vergnügen daran zu finden, einen absolut konträren Standpunkt zu vertreten. Obwohl man sie wirklich nicht als ausgesprochene Aufrührer oder Unruhestifter bezeichnen kann, führt ihre Neigung, alles umzudrehen und in einem anderen Licht zu betrachten, oft zur Verärgerung. Im Geschäftsleben schaffen sie sich durch ihre ungewöhnlichen Gesichtspunkte manchen potentiellen Feind.

Alle Liebes-Zahlen von eins bis neun besitzen ebenso negative wie positive Charaktereigenschaften, und negativ eingestellte Vieren neigen zum Trübsinn, wenn das Leben zu unfreundlich mit ihnen umspringt. Aber ihre Anfälle von Melancholie währen selten lange und verdienen kaum die Bezeichnung Depression. Erstaunlicherweise sind die Vieren, trotz ihrer praktischen Art, zutiefst feinfühlige Wesen. Ihre Gefühle sind sehr verletzlich, vor allem wenn ein ihnen nahestehender Mensch allzu kritisch oder gedankenlos ist. In ihrem Privatleben sind sie eher mißtrauisch als eifersüchtig. Und sie hassen die Vorstellung, daß etwas ohne ihr Wissen und ihre Zustimmung geschieht – sei es auch noch so belanglos.

Erfolg im Beruf wird einer Vier selten auf dem silbernen Tablett präsentiert. Nur mit Fleiß und Ausdauer erreichen sie ihr Ziel. Viele lernen ihre Berufe von der Pike auf und arbeiten sich mühsam zur Spitze hoch. Ein Managerposten winkt meistens erst am Ende ihrer Karriere, als Anerkennung für all die harten Jahre der Anstrengung und aufopferungsvoller Pflichterfüllung.

Geld, obwohl gewöhnlich eher die sorgfältige Verwaltung als die Kontrolle darüber, ist ein wichtiger Bestandteil in ihrem Berufsleben, denn eine Vier ist in der Buchhaltung unübertrefflich. Absolute Vertrauenswürdigkeit veranlaßt manchen Arbeitgeber, die gesamte Firmenbuchhaltung in diese fähigen Hände zu legen.

Vieren sind gesellig und gute Teamarbeiter, vorausgesetzt es handelt sich um eine gut organisierte und geführte Gruppe. Sollten die Dinge allerdings bei Ankunft einer Vier im argen liegen, so wird sie bald die Leitung übernehmen, und innerhalb von wenigen Wochen funktioniert alles reibungslos. Vereinsarbeit liegt den Vieren besonders, und sie fungieren in ihrer Freizeit vorzugsweise als ehrenamtliche Schatzmeister oder Sekretäre. Das beschert ihnen das zusätzliche Vergnügen, ihr Organisationstalent unter Beweis stellen zu können.

Vieren beiderlei Geschlechts stehen viele Berufsmöglichkeiten offen, aber die passendste Wahl wäre aus folgenden Sparten zu treffen: Baumeister, Bauer, Architekt, Beamter, Sekretär, Ingenieur, Apotheker, Bankier, Buchhalter oder vielleicht sogar als Spielleiter einer Wanderbühne. Wer außer einer Vier könnte schließlich eine Show besser auf Reisen schicken?

Sollten Sie zu den Glücklichen zählen, die eine Vier zum Partner gewählt haben, sind Sie wirklich eine beneidenswerte Frau. Das Leben mit ihm wird nie langweilig werden, denn er hat gewiß immer eine kleine Überraschung auf Lager. Und der richtigen Person hat er viel zu bieten: Er ist gütig, fürsorglich, feinfühlig und häuslich, aber vor allem ist er der Mann, der Ihnen grenzenlose Sicherheit bieten kann. Sollten Sie weiterhin Kontakt mit alten Freunden pflegen oder Ihren aushäusigen Interessen nachgehen wollen, so ist er der letzte, der Sie davon abhalten wird. Er ist ein großzügiger, großherziger Mann. Er wird alles in seiner Macht Stehende tun, um seine Frau glücklich zu machen. Er würde Ihnen sogar verzeihen,

wenn Sie alle ihre Ersparnisse für einen Pelzmantel ausgegeben hätten, obwohl doch niemand sorgfältiger mit dem Geld umgeht als eine Vier.
Sein Privatleben gestaltet er gern friedlich und problemlos. Um des lieben Friedens willen scheut er keine Mühe, mit seinen Verwandten auszukommen. Es passiert selten, daß er einen Streit anfängt. Er klingt fast zu gut, um wahr zu sein, aber so ist er tatsächlich – solange Sie seine Liebe und Fürsorge erwidern. Sie müssen ihn stets auf dem laufenden darüber halten, wo Sie sind und was Sie gerade tun – er muß ständig im Bild sein, oder er macht sich Sorgen.
Wenn die männlichen Vieren die soliden, zuverlässigen Arbeiter sind, so müssen die weiblichen Vieren doch wohl die Bienenköniginnen sein. Diese Frauen besitzen eine ungewöhnliche Gefühlstiefe. Als Lebenspartner bevorzugen sie Männer, die mit ihren Stimmungen harmonieren und mitfühlen. Sie brauchen ständig das Gefühl, geliebt zu werden und in Sicherheit zu sein, und deswegen ist das Heim lebensnotwendig für sie. Ihr Haus repräsentiert nicht nur Sicherheit, sondern es bietet auch die Gelegenheit, den Haushalt perfekt zu organisieren und zu führen. Für Frau Vier ist immer der Montag der Waschtag – ganz gleich ob es regnet oder die Sonne scheint – ihre tägliche Routine darf nie unterbrochen werden!
Die weibliche Vier, die aushäusigen Interessen nachgeht, engagiert sich für gewöhnlich in Wohltätigkeitsvereinen, und hört sie von einem Notfall oder einem lahmen Hund, so eilt sie sofort zu Hilfe. Diese Frauen sind treu, aufrichtig und hilfsbereit, aber manchmal etwas zu selbstdisziplinert. Was ihnen fehlt, ist eine Spur Unberechenbarkeit, ein Hauch geheimnisvoller Rätselhaftigkeit, um das Fünkchen in ihrer Beziehung nicht erlöschen zu lassen.
Die schönsten Farben für die Vieren sind Blau und Grau, vor allem in ihren metallisch schimmernden Tönen. Als zweite

Wahl kommen Rehbraun, Blaßgrün und Blaßgelb in Frage, da alle drei Farben mit der persönlichen Ausstrahlung der Vieren harmonieren. Auf jeden Fall sollten sie helle kräftige Farben meiden, da diese sich negativ auf ihre eigene Person und ihre Umgebung auswirken könnten. Ihr Edelstein ist der Saphir in jeder Schattierung und einer Fassung nach eigener Wahl.

FÜNF – Der Abenteurer

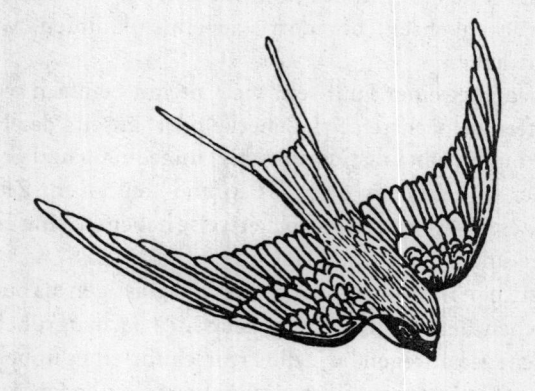

Symbol: Schwalbe
Lektion: auf richtige Weise die Freiheit zu nutzen
Weg: fortschrittliches Denken, Schritt halten mit neuen Ideen, Probleme umsichtig angehen und klug lösen, Monotonie meiden und nicht ins Stocken geraten, Lernen durch Reisen und persönliche Erfahrung, Geld klug verwalten, soviel Lebenserfahrung wie möglich sammeln, Abwechslung suchen
Ziel: die Freiheit zu schätzen und begreifen zu lernen, daß nichts im Leben von Dauer ist

Die Fünf ist die zentralste und wahrscheinlich aufregendste aller Liebes-Zahlen. Menschen, die unter diesem Zeichen geboren wurden, neigen dazu, das Leben als eine einzige Herausforderung zu betrachten. Was immer ihnen reizvoll erscheint, müssen sie ausprobieren. Sie sind ständig auf der Suche nach Neuem. Wie ihr Symbol, die Schwalbe, so brauchen sie Bewegung, und dabei scheinen sie einem seltsamen Instinkt zu folgen, der ihnen sagt, wann es an der Zeit ist, weiterzuziehen oder zurückzukehren, um dort wiederanzuknüpfen, wo sie aufgehört haben.

Reisen bedeutet einer Fünf sehr viel; sie muß einfach wissen, was hinter der nächsten Straßenecke oder jenseits der Hügel passiert. Fünfen sind rastlos, unruhig, ungeduldig und geborene Spieler. Sie scheuen kein Risiko und steuern ihr Ziel auf dem kürzesten Weg an. Glücklicherweise haben sie eine unverwüstliche und ausdauernde Natur.

Fünfen suchen ihre Abenteuer sowohl im geistigen als auch im körperlichen Bereich. Über eine neue Idee nachzugrübeln, ist für sie genauso anregend wie die Erforschung eines unbekannten Ortes. Sie lieben es, über alles auf dem laufenden zu sein, und sind stets bestens informiert. Diese Menschen lassen sich nichts vormachen. Nur um ein wenig Abwechslung zu haben, werden sie nicht auf eine haarsträubende Sache hereinfallen, dafür sind sie zu realistisch.

Anpassungsfähigkeit besitzen die Fünfen im Übermaß. Wenn das Leben ihnen übel mitspielt, scheinen sie es spielend zu überwinden und kommen rasch wieder auf die Beine. Aber sie sind leicht reizbare Menschen, die hauptsächlich von ihren Nerven leben, und das ist auch ihr empfindlichster Punkt. Haben sie einmal diese Energie ausgeschöpft und ihre Kraftreserven aufgebraucht, ist es schwierig, mit ihrer Reizbarkeit auszukommen. Aber größtenteils sind sie interessante, anziehende Charaktere, denen es nie an Gesellschaft mangelt, die stets ein offenes Ohr oder einen freundlichen Rat für Freunde mit Problemen haben.

Fünfen haben eigentlich keinen gravierenden Charakterfehler, aber dafür zahlreiche kleinere Mängel. Ihre Unberechenbarkeit kann manchmal sehr irritierend sein; sie sind ein wenig rücksichtslos, wenn eine interessante Sache sie voll in Anspruch nimmt; leicht eingebildet, wenn sie das Gefühl haben, etwas besonders gut erledigt zu haben, und überkritisch anderen gegenüber. Auch gehen sie mit ihrem Geld recht sorglos um, spekulieren gern an der Börse oder riskieren auch manche Wette.

Die richtige Berufswahl zu treffen, ist für die Fünfen ein Problem, denn sie fühlen sich zu vielen unterschiedlichen Dingen hingezogen, und ihr Enthusiasmus für eine Sache währt meist nicht lange. Es ist ihnen auch voll bewußt, daß sie eigentlich in jedem Beruf erfolgreich sein könnten, denn sie verfügen über zahlreiche Fähigkeiten, aber insgeheim haben sie Angst zu versagen. Sie werden von Selbstzweifeln geplagt, die sie aber so gut zu verbergen wissen, daß niemand ahnen kann, was sich hinter der tüchtigen, beherrschten Fassade verbirgt, die sie der Welt präsentieren.

Haben sie sich schließlich für einen Beruf entschieden, zeigen die Fünfen rasch, welch eine wertvolle Kraft sie für jeden Arbeitgeber sind. Sie glänzen durch ihre Scharfsinnigkeit, ihre Kreativität und sprudeln vor neuen, originellen Ideen über. Man kommt gut mit ihnen aus, obwohl es manchmal etwas schwierig ist, sie bei der Stange zu halten. Sie sind zwar rastlos, wissen aber genau, wie man ein Team organisiert, und besitzen einen unfehlbaren Instinkt, wem sie einen Teil ihrer Arbeitslast übertragen können. Durch ihre Fähigkeit, geschickt zu delegieren, gelingt es ihnen, langweilige, monotone Aufgaben auf andere abzuwälzen, ohne dabei den Eindruck zu erwecken, sich vor der Verantwortung zu drücken.

Fünfen lieben das Spiel, deswegen übt die Börse eine unwiderstehliche Anziehungskraft auf sie aus so wie jede Art von Maklergeschäft, denn es beinhaltet jenes Element des Risikos, nach dem sie sich zu sehnen scheinen. Viele Fünfen sind höchst erfolgreich im Handel, als Mediziner oder Künstler; andere wiederum zieht es zu den Medien, zur Werbung oder Forschung.
Im persönlichen Leben steht die Fünf für Sexualität. In der Zahlenkunde repräsentiert die Fünf den natürlichen Mann, den sinnlichen Menschen. Und das trifft auf die Fünf beiderlei Geschlechts zu. Sogar ihr Symbol, die Schwalbe, zeigt noch in der Luft einen höchst akrobatischen Hochzeitstanz. Die männliche Fünf wird wohl nicht wirklich verlangen, daß Sie sich vom Kronleuchter schwingen, aber jeder Frau, die sich mit einer Fünf einläßt, steht entweder ein Mordsspaß oder ein schlimmer Schock bevor, je nachdem wie sie erzogen wurde und wie ihre Einstellung zum Sex ist. Aber das sollte Sie nicht abschrecken, denn die Fünf ist ein rücksichtsvoller und zärtlicher Partner; er ist nie grundlos eifersüchtig und streitet nur, wenn man ihn provoziert. Sollten Sie es allerdings schaffen, ihm die natürliche Gelassenheit zu rauben, so ist er zu allem fähig. Also spielen Sie nicht leichtfertig mit seiner Zuneigung. Das läßt er sich nicht gefallen, und er wird dafür sorgen, daß Sie am Ende schlecht dabei wegkommen.
Er geizt nicht mit Geld, liebt eine behagliche Umgebung, stört sich nicht an einer gewissen Unordnung und kommt mit seinen Verwandten meistens gut aus, außer sie mischen sich in seine Angelegenheiten ein.
Weibliche Fünfen sind echte Frauen und genießen die Rolle, die sie im Leben spielen, und kosten sie voll aus. Viele heiraten erst um die Dreißig, weil sie ihre Jugendjahre mit Weltreisen verbringen, um unterschiedliche Kulturen und Lebensarten kennenzulernen. Sie wissen, daß sie erst ihre Wanderlust

befriedigen müssen, ehe sie sich niederlassen und die Verantwortung, die eine Ehe mit sich bringt, übernehmen können.
Haben Fünfen einmal den idealen Partner gefunden, so setzen sie alles daran, die Verbindung harmonisch zu gestalten. Sie sind auf ihre Weiblichkeit stolz, täuschen nie Kopfschmerzen vor und lieben ihre Familie. Die Rolle als Frau und Mutter ist für sie eine lohnende Aufgabe, obwohl sie scheinbar nicht sehr erpicht auf die Hausarbeit und das Kochen sind. Eine weibliche Fünf ist für jeden Mann, der das Glück hat, mit ihr verheiratet zu sein, ein wertvoller Schatz.
Fünfen sollten Kleider und Mobiliar in den sehr hellen Tönen aller Farben wählen. Grau harmoniert besonders gut mit ihren Charakteren. Auch Weiß steht ihnen ausgezeichnet, da es ihren Teint besonders vorteilhaft zur Geltung bringt, und schimmernde und glitzernde Stoffe unterstreichen ihre vitale Persönlichkeit. Fünfen sollten sehr dunkle oder leuchtende Farben vermeiden, denn sie lenken von ihrer eigenen Ausstrahlung ab. Als Schmuck sollten sie blasse Steine wählen. Funkelnde Diamanten sind unerläßlich, in Silber oder Platin gefaßt.

SECHS – Der Friedensstifter

Symbol: Taube
Lektion: Verantwortung für die Familie und Gemeinschaft zu übernehmen
Weg: gegenüber den Bedürfnissen anderer aufgeschlossen zu sein, Mitgefühl und Verständnis zu zeigen, liebend und fürsorglich zu sein, Ungerechtigkeiten möglichst durch eigenes Urteilsvermögen auszugleichen
Ziel: anderen zu dienen und zu helfen und Unterstützung zu gewähren

Fragen Sie eine Sechs, was sie sich am sehnlichsten im Leben wünscht, und sie wird ohne zu zögern antworten: »Nur ein wenig Frieden und Ruhe.« Das ist das Wichtigste auf der Welt für sie, und sie scheut keine Mühe, das zu erreichen.
Sechsen lieben ihr Heim über alles, wobei der Schwerpunkt auf dem Familienleben liegt. Sie sind hervorragende Eltern, ausgeglichen und beherrscht, immer bereit zuzuhören und alles liegen- und stehenzulassen, wenn ein Familienmitglied in einem schwierigen Entwicklungsstadium ihre Hilfe braucht. Sechsen sind sich der Verantwortung als Eltern voll bewußt und nehmen ihre Verpflichtungen sehr ernst. Ihren Kindern verschaffen sie jeden erdenklichen Vorteil im Leben und sorgen für ihre Ausbildung, wobei vor allem Bücher eine wichtige Rolle spielen. Die Häuser der Sechsen sind meistens gut mit Lektüre über alle erdenklichen Gebiete ausgestattet. Sie sind davon überzeugt, daß die Ausbildung nach der Schule nicht aufhört und daß man nie zu alt dafür ist, noch etwas hinzuzulernen – sie selbst sind wahre Büchernarren.
Alle Sechsen sind kreativ und irgendwie künstlerisch begabt. In einer schönen Umgebung blühen sie nachgerade auf, und es macht ihnen nichts aus, wenn der Wohnraum eng ist, solange er ihren ästhetischen Ansprüchen genügt. Kräftige, strahlende Farben gefallen ihnen am besten, obwohl die Wohnung sorgfältig mit ausgewähltem schmückendem Beiwerk und Bildern arrangiert werden muß. Meist haben sie die Gemälde, die in ihren Wohnungen hängen, selbst gemalt. Sechsen besitzen auch eine angeborene Sehnsucht, andere Menschen glücklich zu machen, und scheuen keine Mühe, zu helfen. Als Gastgeber sind sie hervorragend, und Einladungen zu ihren Essen sind sehr begehrt.
Sechsen sind für gewöhnlich im Beruf sehr erfolgreich und nehmen relativ früh in ihrem Leben verantwortungsvolle Positionen ein. Aber sie mißbrauchen ihre Macht selten und üben

sie mit einer Weisheit und einem Einfühlungsvermögen aus, die überaus erstaunlich für ihr Alter ist. Menschen, die näher mit ihnen zu tun haben, respektieren ihre Ehrlichkeit und Diskretion, und im Laufe der Jahre werden viele ihrer Kollegen zu engen Freunden.
Friede und Ruhe mag der Sechs zwar am meisten am Herzen liegen, aber wenn sie etwas erreichen will, zeigt sie Durchsetzungsvermögen und Entschlossenheit. Die Sechs muß gewinnen! Sie tut am liebsten alles selbst, und obwohl sie anderen gern hilft, nimmt sie keine Hilfe von anderen an. Die männliche Sechs weigert sich, Arbeit zu delegieren, kann Unterstützung nicht akzeptieren und befürchtet insgeheim, ihren Lieben im Alter eine Last zu werden. Geld besitzt keinen hohen Stellenwert in ihrem Leben, aber die Sechsen, denen es gelungen ist, ein kleines Sümmchen anzusparen, werden oft zu Förderern der schönen Künste, wenn auch nur im kleinen Rahmen.
Zwei Berufssparten werden von Sechsen hauptsächlich bevorzugt. Zum einen stellen sie sich gern in den Dienst am Nächsten wie in der Krankenpflege, Fürsorge, Medizin, der Geistlichkeit oder Eheberatung, während andererseits ihre künstlerische und kreative Ader Ausdruck finden kann als Maler, Bildhauer, Schriftsteller, Musiker, Lehrer und Innenarchitekt. Wofür die Sechsen sich auch immer entscheiden, sie sollten auf jeden Fall anstrengende Berufe oder eine Politikerlaufbahn meiden, denn diese stünden im Widerspruch zu ihrem Bedürfnis nach Frieden und Ruhe.
Unsere »Friedenstaube« hat wie alle anderen Symbole auch einen negativen Charakterzug. Bei ihr wirkt er sich in Form einer gewissen Selbstsucht aus. Manchmal ist sie sehr dominierend und versucht, anderen ihre Meinungen aufzuzwingen. Gelegentlich führt ihr Wunsch, jemandem zu helfen, dazu, daß diese Person gefühlsmäßig von ihr abhängig wird.

Sechsen beiderlei Geschlechts sind zutiefst im Herzen hoffnungslose Romantiker. Ihre Liebe ist eher ritterlich als sexuell. Sie sehen in der Liebe mehr das Ideal, das man hüten und in Ehren halten soll, als die rein physische Vereinigung, die nur der Lust dient. Diese Menschen schreiben Gedichte, schicken Blumen und widmen ihrer Angebeteten Lieder. Ihnen liegt mehr die Bewunderung und Anbetung aus der Ferne als die leidenschaftliche Hingabe. Sechsen sind gütig, loyal und ihrem Partner in geistiger wie körperlicher Sicht treu. Ihr strenger Moralkodex erlaubt ihnen nicht einmal einen harmlosen Tagtraum von jemand anderem. Sechsen erwarten eheliche Treue im Austausch dafür, daß sie ihren Partner auf ein Podest stellen. Sollte ihr Gefühl für Anstand und Ehre je verletzt werden, dann gibt es einen gefühlsmäßigen Ausbruch, der einem Vulkan gleicht.

Weibliche Sechsen sind mütterliche Typen, die es vorziehen, zu Hause zu bleiben und für ihre Familie zu sorgen. Sie sind geborene Nestbauer und widmen jede freie Minute dem Haushalt. Alles um sie herum muß gefällig sein und jeder Mensch glücklich. Nur dann sind sie zufrieden und können ein erfülltes Leben führen.

Farben sind besonders wichtig für eine Sechs. Sie sollte helle, kecke Farben wählen, vor allem Blautöne. Auch die Schattierungen von Rosa und Rosarot harmonieren gut mit ihrer Persönlichkeit. Schwarz und dunkles Purpur sollte sie meiden. Die Edelsteine der Sechs sind der Türkis und der Smaragd in jeder beliebigen Fassung.

SIEBEN –
Der Geheimnisvolle

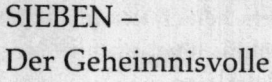

Symbol: Eule
Lektion: den Geist zu entwickeln, um Weisheit und Verständnis zu gewinnen
Weg: studieren, lernen, die Wahrheit suchen, Antworten auf die Probleme des Lebens finden; versuchen Sie stets nur Bemerkenswertes zu sagen; verbringen Sie viel Zeit allein (das ist wichtig für Ihre seelische Entwicklung); beschäftigen Sie sich mit der Vergangenheit und dem Okkulten; lesen, denken, meditieren Sie
Ziel: die Fähigkeit, Ihre Weisheit klug zu nutzen und andere zu führen

Die Sieben ist die Zahl der Magie und des Zaubers, und jene, die durch ihre Schwingungen beherrscht werden, sind in der Tat ganz besondere Menschen. Sie handeln, sprechen, denken oder kleiden sich nicht wie andere, unterscheiden sich in allem von den Menschen, mit denen sie gewöhnlich verkehren – sie sind einfach anders! Ungewöhnliche Charaktere in jeder Hinsicht – unkonventionell, unberechenbar und unbezähmbar. Sie gehen ihren eigenen Weg und verschwenden keinen Gedanken an eventuelle Konsequenzen. Was sie nicht auf die harte Tour lernen, hinterläßt keinen Eindruck bei ihnen. Die Sieben brauchen viel Zeit für sich allein zum Studieren, Forschen, Nachdenken und Meditieren. Sie scheinen dem Zwang zu unterliegen, das Unerklärliche erklären zu müssen, und besitzen die Begabung, Theorie und Praxis miteinander zu kombinieren, bis sie das Gefühl haben, wenigstens einige Antworten auf die unzähligen Fragen gefunden zu haben, die sie sich selbst stellen.

Die meisten Sieben fühlen sich irgendwann in ihrem Leben unwiderstehlich zum Okkulten hingezogen, und nicht wenige besitzen hellseherische Fähigkeiten. Einige erleben bemerkenswerte Träume, die sie mit einer fast unheimlichen Treffsicherheit interpretieren können.

Die Religion ist für sie wichtig, aber nicht in ihrem herkömmlichen Sinn. Geld und physisches Wohlbefinden bedeuten den Sieben wenig. Auf modische Kleidung und ihr Aussehen legen sie wenig Wert, Essen und Schlafen vergessen sie einfach, wenn sie von einer faszinierenden Forschungsarbeit gefesselt sind oder eine neue Idee bis zur logischen Schlußfolgerung durchdenken.

Die Sieben sind unabhängig und reisen gern, nur mit dem allernotwendigsten Gepäck belastet und mit knappen Geldmitteln ausgestattet. Unbequemlichkeiten scheuen sie keineswegs, im Gegenteil, sie scheinen sie zu suchen.

Negative Sieben gehen viele Risiken ein. Am gefährlichsten ist ihre Neigung, den Bezug zur Wirklichkeit zu verlieren. Wenn sie ihre hochentwickelte Phantasie nicht straff am Zügel halten, laufen sie Gefahr, die Grenzen der Wirklichkeit zu überschreiten und in eine Welt voller Träume und Hirngespinste einzutauchen, aus der sie nicht mehr herausfinden. Und weil sie einen ausgeprägten Hang zum Alleinsein haben, wird es ihnen mit zunehmendem Alter schwieriger, dauernde Verbindungen einzugehen; so bleibt ihnen am Ende nur die Einsamkeit.

Die Sieben müssen bei der Berufswahl Vorsicht walten lassen. Ihnen mangelt es nicht an guten Ideen, aber an der Ausführung liegt ihnen wenig. Man muß ihnen die Möglichkeit bieten, allein zu arbeiten, und darf sie keinem Termindruck oder einem festen Stundenplan unterwerfen. Für eine Sieben empfehlen sich folgende Berufe: Forscher, Bibliothekar, Archäologe, Astrologe, Erfinder, Wissenschaftler, Psychiater, Schriftsteller oder eine künstlerische Tätigkeit wie Maler, Bildhauer oder Musiker. Aber welchen Weg sie schließlich auch einschlagen, früher oder später entwickeln sie eine philosophische Einstellung zu allen Lebensfragen.

Die Sieben beiderlei Geschlechts ist ausgeglichen, gefühlsbetont und ziemlich leidenschaftlich. Sie hegt eine tiefe Abneigung gegen hitzige Debatten, zieht es eher vor, Mißstände ruhig, vernünftig und nüchtern zu diskutieren, bis eine gütliche Einigung gefunden wird. Vielen ist das unbeabsichtigte Glück beschieden, reich zu heiraten, und das ist gut für sie, denn ohne finanzielle Sicherheit, die sie selbst nie erlangen würden, kämen sie nicht durchs Leben. Die Anforderung einer Ehe gibt ihnen überdies den dringend benötigten Bezug zur Wirklichkeit.

Die weibliche Sieben unterscheidet sich wenig von ihrem männlichen Pendant und interessiert sich noch stärker für das Okkulte. Viele Frauen, deren Geburtsdatum eine Sieben ergibt, eignen sich als Medium, arbeiten als Hellseherin, Wahrsagerin oder als Psychologin.

Gold ist die Farbe der Sieben. Grün und Gelb sind ebenfalls schmeichelhaft sowie alle Pastellfarben. Kräftige, dunkle Farben sollten vermieden werden. Die Sieben hat eine reiche Auswahl unter den Edelsteinen: alle weißen Steine sind zu empfehlen sowie Mondsteine, Katzenaugen und Moosachate.

ACHT – Der Materialist

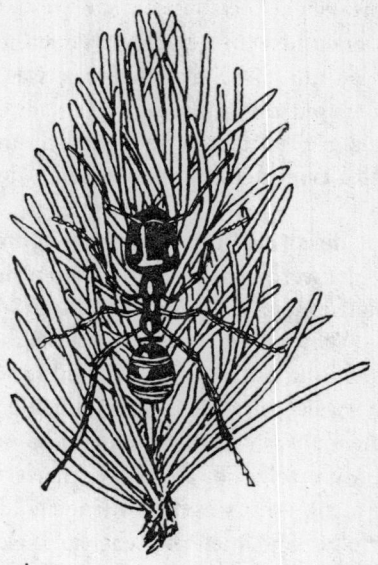

Symbol: Ameise
Lektion: materiell erfolgreich zu sein und Autorität zu gewinnen
Weg: harte Arbeit, Organisation, gesundes Urteilsvermögen; nutzen Sie Ihre Energie konstruktiv, und streben Sie ein bestimmtes Ziel an; seien Sie ehrgeizig; lernen Sie Haltung zu bewahren, Selbstsicherheit und Selbstbeherrschung
Ziel: als Vorbild Erfolg und Führungsqualitäten zu demonstrieren

Erfolg heißt das Spiel, auf das die Achten ihr Leben lang setzen. Erfolg zu haben, genügt ihnen nicht, sie müssen ihn auch demonstrieren. Sie streben nach Macht im großen Stil, Geld, um im Luxus leben zu können, und vor allem nach einem Platz bei den oberen Zehntausend. Alle Achten sind ausnahmslos Materialisten.

Die Achten erkennen für gewöhnlich ziemlich früh in ihrem Leben, daß sie nur mit harter Arbeit etwas auf dieser Welt erreichen. Sie sind zäh, praktisch veranlagt, stark und ungeheuer ehrgeizig. Sie arbeiten unermüdlich und schonungslos, um ihr Ziel zu erreichen, mit einem Eifer, der an Fanatismus grenzt.

Viele Achten, die an die Spitze kommen, können als *Selfmademan* bezeichnet werden, denn sie verlassen sich lieber auf ihre eigenen Erfahrungen, Verbindungen, ihren Verstand und ihre Schlauheit. Wenn nötig, können Achten hart und absolut skrupellos sein und nutzen jeden Vorteil für ihren Aufstieg.

Unglücklicherweise ist in der Zahlenkunde die Nummer Acht nicht nur die Zahl für materiellen Erfolg, sondern auch für materiellen Mißerfolg. Für die bedauernswerten Achten heißt es alles oder nichts – für sie gibt es keinen goldenen Mittelweg. Ihre Mißerfolge sind meistens ebenso spektakulär wie ihre Leistungen. Wenn sie abstürzen, dann in einen tiefen Abgrund – wo sie aber nie lange bleiben.

Vom negativen Gesichtspunkt aus gesehen, sollten Achten sich davor hüten, in ihrem unablässigen Kampf nach Ruhm und Macht allzu aggressiv und selbstsüchtig vorzugehen. Dabei laufen sie Gefahr, daß Geld ihr einziger Gott wird und sie nur noch rein materielle Werte im Leben sehen.

Im beruflichen Umfeld, in dem die Achten neunundneunzig Prozent ihrer Zeit verbringen, sind sie einfallsreich, eifrig und werden von einer ungeheuren Energie angetrieben. Sie sind absolut zuverlässig, wenn auch nicht unbedingt vertrauenswürdig – denn sie werden, wie wir wissen, alles und jeden benutzen, um weiterzukommen. Sie sind auch anpassungsfähig, diszipliniert und brauchen wenig Ermutigung oder Unterstützung. Für gewöhnlich ziehen sie es vor, selbständig zu arbeiten, damit niemand ihnen in die Karten sehen kann. Den Achten winkt kein glatter Weg zum Erfolg, aber ihre Entschlossenheit und Hartnäckigkeit läßt sie fast immer alle Hürden und Rückschläge überwinden. Ihr Lebensziel zu definieren, bereitet einer Acht keine Schwierigkeiten. Sie machen nie ein Geheimnis aus der Tatsache, daß sie der Boß sein wollen oder nur Menschen bewundern und respektieren, die es geschafft haben, an die Macht zu kommen.

Sie besitzen einen erstklassigen Kopf für Geschäfte, und viele tun sich als Bankiers, Makler, Rechtsanwälte und Direktoren hervor. Aber die Überehrgeizigen unter ihnen suchen Ruhm und Anerkennung in der Politik, der Regierung und dem öffentlichen Leben, auch um den Preis großer persönlicher Opfer.

Achten sind charmante, anziehende Wesen, allerdings fühlen sich die Menschen leicht von ihnen abgestoßen, denn beim ersten Kennenlernen erwecken sie den Eindruck, kalt und unnahbar zu sein, so als würden sie andere gern auf Armeslänge von sich fernhalten, um erst einmal herauszufinden, inwiefern sie ihnen nützlich sein könnten. Aber dieser erste Eindruck trügt. Achten haben einfach Schwierigkeiten, ihre Gefühle auszudrücken, und das wird oft irrtümlich als Desinteresse ausgelegt. Aber hinter der steinernen Miene verbergen sich Herzenswärme und Leidenschaft.

Unglücklicherweise schlummert in der Brust einer Acht auch zügellose Eifersucht. Viele durchaus erfolgreiche Verbindungen zerbrechen daran. Wenn sie jedoch erst einmal verheiratet ist, drückt eine Acht sich vor keiner Verantwortung der Familie gegenüber. Sie tut alles für sie und scheut kein persönliches

Opfer, vorausgesetzt natürlich, es beeinträchtigt nicht ihre geschäftlichen Interessen.

Achten lieben behagliche, luxuriöse Häuser, neigen aber zur Schlampigkeit. Sie verunzieren gern mit Kleidungsstücken und Papierkram die eleganten Möbel. Ihr Gefühlsleben ist ein ständiges Auf und Ab, und sie schweben entweder im siebten Himmel oder wühlen in den Tiefen der Verzweiflung. Irgendwie gelingt es ihnen nicht, ein Gleichgewicht zu finden.

Die weiblichen Achten müssen beruflich erfolgreich sein, sonst fühlen sie sich unglücklich und unausgefüllt. Im Idealfall verdienen sie genügend Geld, um eine Haushälterin, einen Gärtner und ein Kindermädchen zu beschäftigen. Sie möchten das Beste aus beiden Lebensmöglichkeiten – Karriere und Familie. Diese Frauen wissen genau, was sie vom Leben erwarten, und bekommen es auch. Bei der Wahl ihres Partners sind sie sehr vorsichtig, denn sie könnten unmöglich einen Mann akzeptieren, der weniger Geld und Einfluß besitzt als sie. Sie lieben das Geld und machen kein Hehl daraus.

Die passendsten Farben für die Acht sind Schwarz, Purpur, sehr dunkles Grau und Dunkelblau. Braun und Rostbraun sind ebenfalls schmeichelhaft. Sie sollen alle blassen Töne meiden, ebenso Hellrot, Gelb und Grün. Sie brauchen dunkle Farben, um aufzufallen. Das trifft auch auf die Wahl der Edelsteine zu. Sie sollten sich für matte Rubine, Amethyste, schwarze Diamanten und vor allem für dunkelgetönte Saphire entscheiden. Platin eignet sich zweifellos am besten für die Fassung, denn es ist das teuerste Edelmetall.

NEUN – Der Visionär

Symbol: Dachs
Lektion: eine liberale Lebenseinstellung zu entwikkeln
Weg: anderen einen Dienst erweisen, Mitgefühl und Verständnis zeigen; Interesse am Weltgeschehen entwickeln; den eigenen Idealen gerecht werden; geduldig sein, ein Vorhaben nicht auf halbem Weg aufgeben; andere so behandeln, wie man selbst gern behandelt werden möchte
Ziel: anderen zu einer großzügigeren Lebenseinstellung zu verhelfen und die Verbreitung allumfassender Liebe und Harmonie

Die Neun ist die letzte und vielleicht bedeutendste Liebes-Zahl, denn sie repräsentiert sowohl seelische als auch geistige Überlegenheit. Alle, deren Geburtsdatum diese Zahl ergibt, haben die angeborene Sehnsucht, einen Beitrag – wie klein auch immer – zur Verbesserung des Lebens auf der Erde beizutragen. Sie streben bessere Bedingungen, einen höheren Lebensstandard und eine gerechtere Verteilung des Reichtums an. Es geht ihnen darum, der Gesellschaft wieder qualitative Lebenswerte zu vermitteln.

Neunen sind idealistische Träumer und besitzen eine sehr tolerante Lebenseinstellung. Ihr Horizont ist grenzenlos, ihre Zuneigung allumfassend, und sie glauben, daß jedes auch noch so scheinbar bedeutungslose Wesen auf Erden von Wichtigkeit und beachtenswert ist.

Neunen verfügen über charismatische Führungsqualitäten und ein außergewöhnlich gutes Organisationstalent, denn sie sind einfallsreich, aktiv, entschlossen und mutig. Sie sind bereit, für ihre Ziele und ihre Überzeugung zu kämpfen, vor allem in ihrer Jugend, wenn ihre Persönlichkeit sich entwickelt. Ihr starker Wille und ihre kämpferische Einstellung reichen meistens aus, sie schwierigste Lebensphasen und Opposition überwinden zu lassen.

Doch trotz ihrer aufrichtigen Menschenliebe lassen sie sich das Zepter nicht aus der Hand nehmen, sonst schwindet ihr Enthusiasmus rasch dahin, und sie geben völlig auf, bis sie für eine neue gute Sache kämpfen können. Neunen können auch Kritik schlecht vertragen, denn sie sind durchwegs Egoisten mit einer sehr guten Meinung von sich selbst und den guten Werken, die sie tun.

In der Zahlenkunde ist die Neun eine mystische Zahl. Viele Neunen – vor allem die weiblichen – sind mit übersinnlichen Kräften begabt, die sich gewöhnlich in der Telepathie und Hellseherei offenbaren. Größtenteils sind diese Menschen sehr phantasievoll und folgen in schwierigen Situationen eher ihrem Instinkt als logischen Begründungen. Manchen wird auch ein Blick in die Geheimnisse der Zukunft gewährt, oder sie haben beunruhigende prophetische Träume. Die Liebes-Zahl Neun hat auch ihre negativen Aspekte. Die größte Gefahr für jene, die diesen Schwingungen unterliegen, droht ihnen von ihrer Impulsivität – die sich unkontrolliert in Gedanken, Worten und Taten ausdrückt. Auch sollten sie versuchen, nicht allzu dominierend, kleinlich und voreingenommen zu sein.

Sie neigen dazu, in Unfälle verwickelt zu werden, die vor allem durch Feuer oder Explosionen ausgelöst werden, und kaum eine Neun kommt ohne Blessuren durchs Leben.

Neunen treffen selten Entscheidungen über ihren einzuschlagenden Lebensweg, denn sie folgen einer inneren Berufung. Viele sind für große Taten bestimmt, obwohl der Weg zum Erfolg recht steinig ist. Neunen sind anregende und begeisterungsfähige Arbeitskollegen, die andere ohne offensichtlichen Druck beeinflussen können. Ihre Arbeitsmethoden sind allerdings manchmal ziemlich exzentrisch. Viele werden Lehrer, Dozenten, Ärzte, Staatsmänner, Diplomaten und Politiker, während die mehr künstlerisch begabten sich oft dem Malen, der Bildhauerei, Musik oder Schriftstellerei zuwenden.

Im Privatleben sind Neunen romantisch, leidenschaftlich und impulsiv – stets bereit, etwas Neues auszuprobieren – und überraschen oft mit einem Geschenk oder einer Kleinigkeit, die sie spontan gekauft haben. Neunen sind charmant, verständnisvoll und liebevoll, obwohl sie zu einer gewissen Unsensibilität den Bedürfnissen anderer gegenüber neigen.

Neunen sind leidenschaftliche und phantasievolle Liebhaber. Eine Verbindung mit einer Neun ist nie langweilig, und für jene, denen es an Lebenskraft fehlt, kann der Versuch, mit ihnen Schritt halten zu wollen, eine erschöpfende Erfahrung sein.

Neunen achten die Menschen, und viele bleiben mit ihren Schulfreunden ein Leben lang in Kontakt. Sie streiten zwar gern, aber es ist nie so ernst gemeint, daß ihre Ehe darunter Schaden leidet. Sie haben ein großes Bedürfnis danach, – vor allem von ihrer Familie – respektiert und bewundert zu werden. Eine männliche Neun muß das Haupt der Familie sein, und die weibliche Neun fühlt sich gern als die Macht hinter dem Thron. Sie haben auch ein heftiges Verlangen nach Liebe und sinnlicher Zuwendung. Aus diesem Grund machen sich viele Männer dieser Zahl zu kompletten Narren, wenn sie in die Hände einer skrupellosen Frau geraten, die ihre sinnliche Anziehungskraft dazu benützt, sie zu manipulieren.

In einer festen Beziehung wie der Ehe sind Neunen warmherzig und loyal, liebevoll und fürsorglich, ehrlich und vertrauensvoll und werden nur eifersüchtig oder schwierig, wenn man ihnen einen Grund dafür gibt. Sie versuchen, ihre Partner so glücklich wie möglich zu machen, und teilen meistens deren Wünsche und Sehnsüchte. Widersprüche werden ohne Zorn ausgetragen, und es gelingt ihnen oft auf humorvolle Weise, einen Kompromiß zu schließen. Im großen und ganzen kommt man gut mit ihnen aus.

Weibliche Neunen ähneln ihren männlichen Pendants sehr. Auch sie haben den ernsthaften Wunsch, anderen zu helfen, und vielen gelingt es, das mit den Anforderungen, die ein Heim und eine Familie an sie stellen, zu verbinden.

Rosa ist für eine Neun die passendste Farbe, bis hin zu Rosenrot, Karmesinrot, Rot und Purpur und den dunkleren Mauvetönen. Je kräftiger die Farbe, um so besser. Alle Blautöne harmonieren mit Neunen auch gut. Grün, Gelb, Braun und Schwarz sollten vermieden werden. Als Edelsteine eignen sich vorzüglich Rubine, Granate und Blutsteine in jeder gewünschten Fassung.

KAPITEL III

Ihr idealer Partner

Männliche Eins : Weibliche Eins

Gegenseitiges Entgegenkommen und Zusammenarbeit sind unerläßliche Voraussetzungen, wenn zwei Einsen beschließen, sich zusammenzutun, es sei denn, es gefällt beiden, ihre Zeit und Energie in einem unaufhörlichen Kampf um die Vorherrschaft zu vergeuden.
Der Einser hat in der weiblichen Eins eine ebenbürtige Partnerin gefunden. In intellektueller Hinsicht ist sie seine Doppelgängerin, mit einer beinahe identischen Lebenseinstellung. Sie ist dickköpfig, ungeduldig, ehrgeizig, fleißig und besitzt überdies ihren weiblichen Charme, den sie bedenkenlos einsetzt, um einen Vorteil herauszuschlagen. Dieses Paar wird sich sehr anstrengen müssen, um die Verbindung aufrechtzuerhalten. Es sollte stets vermeiden, in miteinander konkurrierende Situationen zu geraten – ein schwieriges Problem, falls sie zusammen arbeiten und leben. In solch einem Fall bleibt die Frage offen, wer als Sieger daraus hervorgehen wird.
Zweitens kann in einer 1:1-Verbindung der Einser die rosig gefärbte Vorstellung von einer netten kleinen Frau, die zu Hause auf ihn mit vorgewärmten Pantoffeln wartet, wenn er müde und hungrig von der Arbeit zurückkehrt, vergessen. Die weibliche Eins hat wahrscheinlich einen ähnlich dynamischen, angesehenen Beruf, also bleibt den beiden weiter nichts übrig, als sich die Hausarbeit zu teilen. In der Tat werden sie

bis auf die Wochenenden wenig Zeit miteinander verbringen, denn beide streben nach einer erfolgreichen Karriere, und deswegen fehlt ihnen die Zeit, zu Hause fernzusehen oder ein geruhsames Nickerchen im Lehnstuhl zu machen.

Die weibliche Eins sollte sich voll darüber im klaren sein, was ihr bevorsteht, wenn sie sich mit einem Mann ihrer eigenen Zahl einläßt. Er ist womöglich einer der wenigen Männer, der sie in ihrem Spiel schlagen kann und weiß, daß es dafür keine Regeln gibt. Ihn kann sie ganz gewiß nicht nach Belieben schikanieren. Sie wird einige gravierende Abstriche von ihrer »Zuerst-komme-ich«-Einstellung machen müssen, falls sie länger als ein paar Wochen mit diesem Mann unter gleichwertigen Bedingungen leben will. Sie wird sich daran gewöhnen müssen, häufiger den Ausdruck »wir« anstelle des »ich« zu gebrauchen, und einsehen müssen, daß ihr die Bühne nicht mehr allein gehört, wenn sie ihn zum Partner wählt. Die Zeit ihrer Soloauftritte ist dann vorbei. Es gibt entweder ein Spiel für zwei, oder die Show geht nicht mehr weiter.

Neben ganz bestimmten Vorstellungen haben die männlichen Einsen ein sehr ausgeprägtes Ego, und wenn möglich, sollte sie den Eindruck erwecken, etwas hilfloser und abhängiger zu sein, als sie in Wirklichkeit ist, um seine männliche Eitelkeit zu befriedigen. Sie weiß ganz genau, daß sie ihm in allem ebenbürtig, wenn nicht sogar ein bißchen überlegen ist, aber eine kleine Schmeichelei oder eine gespielte Unterwerfung von Zeit zu Zeit räumt viele Hindernisse in dieser schwierigen Verbindung aus dem Weg.

Wie auch immer, hinter geschlossenen Türen – im Schlafzimmer oder woanders – zeigt sich die aufregendste Seite dieser Verbindung, denn beide sind leidenschaftlich, gefühlvoll und erfinderisch von Natur aus, also sollte in dieser Hinsicht keiner von beiden Grund zum Klagen finden. Die weibliche Eins wird sich nicht mit der passiven Rolle begnügen. Sie fühlt sich als gleichberechtigte Frau, und selbst unter der Bettdecke geht das unaufhörliche Ringen um ein gerecht verteiltes Geben und Nehmen weiter.

Vorausgesetzt die Einsen fühlen sich in einer Verbindung glücklich und ausgefüllt, sind sie für gewöhnlich treu und anhänglich. Bemüht die männliche Eins sich also darum, nicht allzu despotisch aufzutreten, braucht er sich keine Sorgen zu machen, daß seine Einser- Frau ihr Vergnügen woanders sucht. Und umgekehrt! Diese Verbindung kann funktionieren und birgt ungeahnte Möglichkeiten, vorausgesetzt, beide Partner arbeiten mit vereinten Kräften an einem gemeinsamen Erfolg.

Männliche Eins : Weibliche Zwei

Die weibliche Zwei ist für den Einser die Traumfrau. Begegnet er ihr je im Leben, so darf er sie nicht mehr gehenlassen. Sie ist vielleicht nicht so dynamisch wie die Frauen, mit denen er konkurriert; sie verursacht vielleicht keinen Aufruhr, und die Männer verrenken sich nicht die Hälse nach ihr, wenn sie einen Raum betritt, aber er kann sich in ihrer Gesellschaft wenigstens völlig entspannen. Denn selbst die männliche Eins, die dazu neigt, Tag und Nacht zu arbeiten, wenn eine besonders faszinierende Aufgabe vorliegt, muß sich gelegentlich entspannen. Er kann nicht ständig unter Hochdruck stehen. Vor allem würde ihm diese Frau seine Position als Haupt der Familie nie streitig machen, denn sie erwartet, daß er diese Rolle übernimmt. Bereitwillig hilft sie ihm mit allen ihr zur Verfügung stehenden Mitteln, würde es nie wagen, ihn zu stören, wenn er sich konzentriert, und würde den Boden unter seinen Füßen küssen.

Die weibliche Zwei bringt viele Qualitäten in diese Verbindung ein. Sie ist ruhig, zugegeben, aber schließlich macht er Lärm

für zwei, also spielt das keine Rolle. Aber hinter ihrem passiven Äußeren verbirgt sich ein scharfsinniger Humor. Sie verfügt über eine wunderbare Phantasie und hat die untrügliche Gabe, jemanden auf den ersten Blick richtig einzuschätzen. Eine genaue Beurteilung des Charakters kann für die männliche Eins im Geschäftsleben manchen Vorteil bringen.
Unglücklicherweise mangelt es der weiblichen Zwei an Selbstvertrauen, und häufig quält sie sich mit Selbstzweifeln wie: »Ich frage mich, was er in mir sieht. Ich finde mich wirklich nicht interessant oder attraktiv.« Und die Antwort darauf lautet ganz einfach: er fühlt sich zu ihr hingezogen, weil Gegensätze sich eben anziehen. Er kann nicht verstehen, warum ihr jeder Ehrgeiz fehlt (obwohl er insgeheim froh darüber ist), er will wissen, was in ihrem Kopf vorgeht, weil sie so verschlossen ist. Vor allem ist sie eine wunderbare Zuhörerin, und das ist eine Eigenschaft, die großen Anklang bei ihm findet.
Sie dagegen bewundert ihn, weil er alles das repräsentiert, was ihr fehlt. Er weiß genau, was er im Leben erreichen will, er scheut keine Verantwortung, er ist sehr von sich überzeugt und sieht alles von der positiven Seite. Man kann sich an ihn anlehnen, und alle Zweien haben gelegentlich dieses Bedürfnis.
Der Einser muß seine Dame sanft behandeln, denn sie ist bei weitem nicht so dickhäutig wie er. Sie braucht ständig das Gefühl der Sicherheit und des Schutzes; sie ist leicht verletzlich, und ihre Mühen um ihn müssen stets anerkannt werden. Jedes kleine Lob bringt sie zum Lächeln, und ein wenig Ermutigung läßt sie aufblühen. Sie braucht einen starken Mann, auf den sie sich stützen kann, und die männliche Eins ist deswegen für sie wie maßgeschneidert.
Als Gegenleistung wird sie ihm den Haushalt so perfekt führen, daß alles wie am Schnürchen läuft, ihn nach Strich und

Faden verwöhnen, ihre Kinder mit Liebe und Fürsorge großziehen und als geborene Gastgeberin seine Geschäftsfreunde bewirten. Es könnte sich allerdings in dieser speziellen Verbindung herausstellen, daß Probleme entstehen, wenn sein Beruf es erfordert, daß er viel außer Haus ist oder regelmäßig Überstunden machen muß. Die weibliche Zwei ist ein häusliches Wesen und hat wahrscheinlich keine anderen Interessen, als die Abende und Wochenenden ausschließlich mit ihrem Mann zu verbringen, was nicht immer möglich sein wird. Dann könnten ihm ihr Schmollen und ihre wechselhaften Launen unerträglich werden. Sie ist auch unheilbar eifersüchtig auf alles, was ihr seine Gesellschaft streitig machen könnte.
Im Privatleben kann er eine königliche Behandlung erwarten, und seine Frau wird bewundernd zu ihm aufschauen, ihn umschmeicheln, seine Wünsche aufs Wort erfüllen, absolut treu sein – denn sie ist einfach vernarrt in ihn. Und genau das braucht er, denn wenn er ehrlich ist, muß er zugeben, daß er zutiefst ein kleiner männlicher Chauvinist ist, der davon überzeugt ist, daß die Frau ins Haus gehört.
Die weiblichen Zweien sind unverbesserlich romantisch, sanft, liebevoll und gütig, während ihr Partner der aggressivere und überschwenglichere Typ ist, was ganz gut paßt, denn ihm bleibt die Initiative in ihrem Liebesleben überlassen, obwohl sie stets begierig auf seine Anregungen eingehen wird. Sie ist eine introvertierte Person und übernimmt gern die sichere, passive Rolle bei allem, was sie tut. Sie ist schrecklich unsicher, findet aber seine Annäherungsversuche aufregend und gleichzeitig beruhigend, denn sie zeigen ihr, daß er sie noch immer begehrenswert findet. Und die tief verinnerlichte Gewißheit, sich bei der männlichen Eins gehenlassen zu können, erlaubt ihrer überaus lebhaften Phantasie Vorstellungen, die selbst ihn überraschen würden.

Männliche Eins : Weibliche Drei

Es ist überflüssig, den Einser zu fragen, was er an der weiblichen Drei so anziehend findet – ein Blick genügt, um das festzustellen: sie ist eine charmante, faszinierende Frau, strahlender Mittelpunkt jeder Gesellschaft. Mit ihrer auffallenden Frisur und gewagter, aber modisch eleganter Kleidung ist sie nicht nur attraktiv – diese Frau hat auch Verstand. Sie ist klug, wachsam, phantasievoll und besitzt die äußerst ärgerliche Angewohnheit, anderen stets einen Schritt voraus zu sein – eine unwiderstehliche Herausforderung für jeden Einser. Sie ist stolz, unabhängig und sehr direkt in ihren Formulierungen. Ihre ehrgeizigen Ziele sind sehr hochgesteckt, und sie ist gleichzeitig fest entschlossen, dem Leben die angenehmsten Seiten abzugewinnen.

Vergißt der Einser einmal die Arbeit – was selten vorkommt –, so ist er ein anregender Gesellschafter, vorausgesetzt, alle anderen ordnen sich ihm unter – selbst in der Freizeit muß die Eins den Ton angeben. Aber da er für gewöhnlich ausgefallene Ideen vorschlägt, trifft er selten auf Widerstand – ganz gewiß nicht von seiten der weiblichen Drei. Diese ist vielseitig begabt, anpassungsfähig und macht jedes Spiel mit. Sie liebt eine luxuriöse Umgebung, würde aber bereitwillig ihr behagliches Heim verlassen, um mit dem Mann ihrer Wahl in einem Zelt zu leben. Und dem Einser wäre so ein Ansinnen zuzutrauen, obwohl Zelt und Schlafsack für ihn womöglich nur ein Ferienvergnügen wären.

Die weibliche Drei ist eine talentierte Frau: sie besitzt mannigfaltige künstlerische und kreative Begabungen und drückt jedem Heim unweigerlich ihren Stempel auf. Die passendsten Farben für eine Drei sind Purpur und Mauve, die für die Eins nur als zweite Wahl in Frage kommen, deshalb sollten beide unnötigem Streit über die Innendekoration aus dem Wege gehen.

Der Einser hat ein ausgeprägtes Verantwortungsgefühl seinen Lieben gegenüber, und gerade diese Frau dürfte ihm einiges Kopfzerbrechen bereiten. Die Verschwendungssucht zählt nicht zu seinen Charakterschwächen, aber wenn die Drei einmal die Kauflust überkommt, kann es durchaus geschehen, daß sie ihr ganzes Haushaltsgeld für Geschenke für ihn und ihre Familie ausgibt. Bleibt es bei gelegentlichen Anfällen dieser Art, wird er nicht zuviel Aufhebens darum machen, aber sollte ihre verschwenderische Ader außer Kontrolle geraten, so kann er ganz schön unangenehm werden. Die Einsen suchen selten Streit, aber wenn es einmal dazu kommt, so behalten sie garantiert das letzte Wort.
Die weibliche Drei kann manchmal recht kostspielig und leichtfertig sein. Geht sie dann nicht mit der nötigen ernsthaften Aufmerksamkeit auf seine Ideen ein, könnten ihre »albernen« Angewohnheiten ihn in Rage bringen.
Der Einser ist ein aufregender Bettgefährte für jede empfängliche, heißblütige Frau, denn er ist charmant, gefühlvoll, leidenschaftlich und liebt gelegentlich ein ausgesprochen aggressives Vorspiel. Dieser Mann läßt sich nicht zum Narren halten, auch im Privatleben liebt er das Abenteuer, und eine Frau, die gern unter Migräneanfällen leidet, ist absolut nicht sein Typ. Aber das trifft auf die weibliche Drei nicht zu, denn sie behält stets einen klaren Kopf. Sie liebt die Abwechslung. Langweilige, uninteressante Männer ermüden sie rasch. Diese Dame braucht Anregung, und die bietet ihr der Einser im Überfluß. Dieses Paar ist füreinander geschaffen, und es ist nur eine Frage der Zeit, bis sie zueinander finden.

Männliche Eins : Weibliche Vier

Als persönliche Beziehung ist diese 1:4-Kombination nicht sehr vielversprechend, kann aber auf geschäftlicher Basis durchaus funktionieren. Für ein enges Zusammenleben haben der Einser und die weibliche Vier zu widersprüchliche Charaktere, ihre Ansichten und Meinungen sind zu unterschiedlich und unvereinbar.

Lassen Sie sich von den praktischen Schuhen und konventionellen Kleidern nicht täuschen – die weibliche Vier ist eine Rebellin. Sie kleidet sich zwar nicht wie ein Freak und schwingt bei Demonstrationen keine Spruchbänder mit aufrührerischen Parolen, denn das paßt nicht zu ihrem Stil, aber sie hat einen eigenartig verdrehten Zug in ihrem Charakter, der für ihre konträren Ansichten verantwortlich ist. In jeder Auseinandersetzung bezieht sie automatisch Stellung für die andere Seite. Sie muß einfach die allgemeingültige Ordnung auf den Kopf stellen und hat merkwürdige Anschauungen bei Sozialfragen und über Reformen aller Art. Erst wenn eine Sache aussichtslos verloren ist, wird sie sich dafür engagieren. Es erübrigt sich wohl, zu sagen, daß kranke Hunde ihre Lieblingstiere sind.

An dem Einser ist gewiß nichts Hündisches, und er humpelt auch nicht durchs Leben. Mit ungeheurer Zielstrebigkeit steuert er dem Erfolg entgegen. Er kümmert sich um die Zahl Eins, und die Probleme anderer Menschen sind ihm gleichgültig, außer sie bedrohen seine eigenen Ziele. Dann erst wird er etwas dagegen unternehmen.

Allein schon daran ist zu sehen, warum der Einser und die weibliche Vier überhaupt nicht miteinander auskommen können. Während er jeden zur Hölle schickt, wird sie automatisch Partei für die Gegenseite ergreifen, und es würde ihn doch ziemlich lächerlich machen, wenn ihn nicht einmal die eigene Frau unterstützt. Der darauffolgende Krach – in den eigenen vier Wänden – würde nukleare Ausmaße annehmen. Und dabei sind wir beim nächsten Problem – sie würde selbstverständlich für die einseitige Abrüstung eintreten, während er zweifelsohne für die Atombombe ist. Der Einser weiß nur zu gut, wie wichtig ein ausgeglichenes Machtverhältnis ist, und in so einem kritischen Moment könnte er vielleicht nicht widerstehen, den Feuerknopf zu drücken, falls er sich in unmittelbarer Nähe des Zielgebiets befindet.

Die weibliche Vier folgt gern ihrer eigenen fest eingefahrenen Routine, die sie über Jahre hinweg perfektioniert hat – montags waschen, dienstags bügeln, mittwochs einkaufen, etc. Das gibt ihr ein Gefühl der Sicherheit. Sie kennt jeden Schritt im voraus. Wie soll sie da je mit einer spontanen, impulsiven Eins zurechtkommen, die nur Eingebungen des Augenblicks folgt? Ganz einfach – es klappt nicht. Diese 1:4-Kombination ist eher eine Zeitbombe – jeder weiß, daß sie geschärft ist, aber niemand kann vorhersehen, wann die Explosion stattfinden wird. Das Liebesleben der beiden verläuft wahrscheinlich recht langweilig und ereignislos. Der Anfang mag ja vielversprechend sein, weil beide sich von der besten Seite zeigen, aber allmählich kehrt sie zu ihrer eingefahrenen Routine zurück: Lockenwickler im Haar, Nachtcreme im Gesicht, angebliche Kopfschmerzen und die beliebte Ausrede »du wirst die Kinder aufwecken«, bis ihm jegliche Lust vergeht und er es vorzieht, bis spät in die Nacht hinein zu arbeiten. Sollte es jedoch zufällig einmal passieren, daß ihre Bedürfnisse übereinstimmen, könnte daraus eine zärtliche, sanfte Beziehung entstehen – auf keinen Fall eine wilde leidenschaftliche Affäre, denn leider wird die Erde in einer 1:4-Kombination nie erbeben, sosehr sie es auch versuchen mögen.

Männliche Eins : Weibliche Fünf

Wenn männliche Eins und weibliche Fünf zusammenkommen, ist das, als würde man zwei Kampfhähne in einen Käfig sperren – die Federn fliegen. Die weibliche Fünf hat Zigeunerblut in den Adern. Sie will die ganze Welt bereisen, alles sehen und ausprobieren, was ihr nur einigermaßen attraktiv erscheint, weil sie eine Frau ist, die ständige Anregung braucht und sich schnell langweilt und rastlos wird, wenn sie nicht etwas Neues anfangen kann. Diesen Maßstab legt sie an die Männer in ihrem Leben an – findet sie sie nicht mehr amüsant, sind sie bald wie Schnee von gestern.

Wahrscheinlich wird sie erst mit Ende Zwanzig oder Anfang Dreißig eine feste Beziehung eingehen, nachdem sie ihre Reiselust befriedigt und einige Erfahrungen mit Männern gesammelt hat. Dann hat sie ihren Lebensstil gefunden, und die Möglichkeit einer Ehe wird ihre Neugier wecken – das hat sie schließlich noch nicht ausprobiert. Ihr Leben besteht wirklich aus einer einzigen Reihe von neuen Erfahrungen.

Und da taucht unerwartet der Einser auf: sie kann ihr Glück nicht recht fassen. Er ist so ein vitaler, tatkräftiger Mann. Er ist charmant, sehr attraktiv auf eine etwas rauhe Art, steht dem Leben positiv gegenüber und redet nicht gern über sich selbst. Gefühlsmäßig ist er sehr selbstbeherrscht und damit eine echte Herausforderung. »Das ist der Mann für mich«, denkt sie, »aber wie kriege ich ihn?«

Keine Sorge – er hat sie bereits entdeckt. Wie hätte er auch dieses faszinierende Wesen, das eben den Schauplatz betreten hat, übersehen können? Diesen Typ Frau trifft man nicht jeden Tag – tadellos gekleidet, schwer zu durchschauen, außerordentlich gut informiert und sehr weit gereist. Sie ist scharfsichtig, wählerisch, klug, originell und nervös wie ein Rassepferd. Darüber hinaus ist sie ebenso abenteuerlustig wie er und sehr, sehr sexy.

Es ist Liebe auf den ersten Blick. Die Affäre dieser 1:5-Kombination gleicht einem stürmischen Wirbelwind. Leider legt sich dieser Sturm nicht, ehe beide den fatalen Entschluß fassen, ein gemeinsames Heim zu gründen. Solange als Sicherheitsventil räumlicher Abstand zwischen ihnen herrscht, läuft alles wunderbar. Er kennt alle interessanten Orte, hat stets faszinierende Vorschläge für ihre Unternehmungen und gibt sein Geld gern für gemeinsame Abendessen, Vergnügungen, Blumensträuße und Überraschungsgeschenke aus, was sie sehr liebt.

Die weibliche Fünf ist auch die perfekte Gefährtin für ihn. Ihre Unberechenbarkeit hält ihn auf Trab und läßt sein Interesse nicht erlahmen. Ihr Kopf ist voller amüsanter Geschichten, sie ist stets bereit zu helfen, nimmt aber nicht gern Hilfe an und liebt es manchmal gefährlich zu leben. Er liebt Frauen mit Geist und Elan. Es ist ihm ein Vergnügen, ihre verborgenen Talente zu entdecken, vor allem, wenn diese mit seinen übereinstimmen.

Aber die Schwierigkeiten beginnen, wenn sie beschließen zusammenzuziehen. Sie entdeckt plötzlich, daß ihre Flügel gestutzt wurden – nie mehr kann sie ihren plötzlichen Höhenflügen nachgeben und tun, was ihr gefällt. Jetzt muß sie auf jemand anderen Rücksicht nehmen und ihren Teil der Verantwortung für das Familienleben tragen. Er dagegen scheint ihr nicht begreiflich machen zu können, daß die Karriere ihm sehr wichtig ist. Er hat keine Zeit, jeden Abend mit ihr in die Kneipe, in einen Club oder ins Kino zu gehen. Er ist ehrgeizig, will etwas im Leben erreichen, und das geht nur, wenn er sich in die Arbeit kniet.

Mit diesem Paar kann es sehr schnell bergab gehen, wenn beide nicht schnell und positiv handeln. Ein Kompromiß muß gefunden werden, und das ist gerade die brennende Frage – wird es ihnen gelingen? Können sie das Problem nicht lösen, so werden sie sich schnell auseinanderleben. Der Einser wird mehr und mehr und mehr Zeit im Büro zubringen, und die weibliche Fünf führt ihr eigenes Leben in ihrem Freundeskreis. Die Aussicht auf eine dauerhafte Beziehung ist tatsächlich nicht sehr hoffnungsvoll.

Ihr Liebesleben ist allerdings ein Aspekt, der sie zusammenhalten könnte, und wenn sie ihre Meinungsverschiedenheiten in der Umarmung vergessen und sich in leidenschaftlicher Hingabe verlieren können, dann sehen die Dinge vielleicht nicht mehr so schwarz aus, wenn sie aufwachen. Der Einser ist ein aufregender Liebhaber. Er ist rücksichtsvoll, gefühlvoll, verwegen und aggressiv, und da die Zahl Fünf für Sexualität steht, dürfte die weibliche Fünf die ideale Partnerin für ihn sein.

Männliche Eins : Weibliche Sechs

Die Kombination männliche Eins und weibliche Sechs sollte den Untertitel *Das Ungeheuer und die Schöne* tragen. Obwohl der Einser wirklich nichts Bestialisches an sich hat, so kann er doch sehr despotisch und ungestüm sein. Dann demonstriert er gern seine Macht und zeigt jedem, wer der Boß ist, vor allem zu Hause, wo er zu gern die Rolle des Herrn und Meisters spielt. Glücklicherweise ist er nicht so schlimm, wie man ihn gern darstellt. Wenn Not am Mann ist, ist er genau der Mensch, den man gern um sich hat; er gerät selten in Panik und unternimmt ruhig und bestimmt die notwendigsten Schritte. Er nimmt seine Verantwortung sehr ernst, versucht nie seinen Pflichten auszuweichen, ist unabhängig, fleißig und ehrgeizig. Er ist tatsächlich gar kein so schlechter Kerl.

Die weibliche Sechs wächst in die Rolle hinein, für die sie auf dieser Bühne ausgewählt wurde. Sie ist gütig, liebevoll, künstlerisch begabt, einfallsreich und alles in allem eine sehr char-

mante Person. Sie hat einen exquisiten Geschmack, ein ausgeprägtes Kunstverständnis und ist auch kreativ tätig. Außerdem ist sie noch eine überaus tüchtige Frau, die geborene Gastgeberin und eine hingebungsvolle Frau und Mutter. Ihr Herz gehört ganz der Familie. Das spürt man in der ersten Minute – wenn man ihr Heim betritt – an der friedvollen Atmosphäre und den schönen Dingen, mit denen sie sich und ihre Familie umgibt.
Wenn diese beiden Menschen sich zusammentun, ist es recht erstaunlich, mit anzusehen, wie gut sie miteinander auskommen und sich gegenseitig ergänzen. Der Einser hat sich seiner Karriere verschrieben und braucht für sein Wohlbefinden ein tägliches umfangreiches Arbeitspensum, während die weibliche Sechs ihm dabei gewiß nicht im Wege steht. Im Gegenteil, sie kann ihrem strebsamen Mann sehr oft eine große Hilfe sein. Sie bekommt keinen Wutanfall oder zieht sich in ihren Schmollwinkel zurück, wenn er wieder einmal anruft und sagt, daß er später nach Hause kommt. Natürlich genießt sie seine Gesellschaft, aber seine Abwesenheit gibt ihr Gelegenheit, eigenen Interessen nachzugehen. Ihr mangelt es nie an Vorhaben. Langeweile kennt sie nicht, wenn er Überstunden macht. Sie ist gesellig, hat einen großen eigenen Freundeskreis, und es macht ihr Spaß, im Handumdrehen eine improvisierte Dinnerparty für seinen Chef oder wichtige Kunden zu organisieren. Wie gesagt, sie ist die geborene Gastgeberin.
Diese 1:6-Kombination ist für beide Teile gleichermaßen vorteilhaft. Der Einser hat einen guten Beruf mit ausgezeichneten Zukunftschancen, und das bedeutet für die weibliche Sechs, daß sie nicht dazu gezwungen ist, außerhalb zu arbeiten, um zusätzlich Geld zu verdienen. Sie kann sich auf den Einser verlassen und braucht keine wichtigen Entscheidungen allein zu treffen. Er wird ihr stets mit Rat und Tat zur Seite stehen. Beide ergeben ein ausgeglichenes, harmonisches Paar, denn

Geben und Nehmen in ihrer Beziehung scheint so gerecht verteilt zu sein, daß sie ein friedliches, glückliches und gesichertes Leben führen können.

Aber ehe wir unsere Analyse abschließen, wollen wir noch einen Blick durchs Schlüsselloch ihres Schlafzimmers werfen, um zu sehen, ob sie wirklich in jeder Beziehung so im Einklang miteinander leben. Der Einser ist ein sinnlicher Mann. Er wird ihre Augen nie als tiefe, klare Seen der Liebe beschreiben oder ihre Lippen mit Rosenblättern vergleichen, weil ihm die poetische Ader nicht liegt. Er ist eher der starke, schweigsame Typ. Aber er ist sehr gefühlvoll, und seine Taten sprechen für sich selbst. Er ist charmant, aufrichtig, aufregend und manchmal sehr fordernd. Er ist ziemlich chauvinistisch und hat gern eine bescheidene, unterwürfige und gehorsame Ehefrau, während er sich insgeheim nach einer lauten frechen Frau sehnt. Die weibliche Sechs ist liebevoll, loyal und treu. Ihren Mann würde sie am liebsten auf ein Podest setzen und ihn sogar bemuttern, aber alle Sechsen sind hoffnungslos romantisch, und ihre Liebe ist eher ritterlich als sexuell. Sie könnte sehr wohl in sein Bild von einer begehrenswerten Frau passen, aber sie ist viel zu puritanisch, um in die Rolle der Verführerin zu schlüpfen. Glücklicherweise ist sie nicht dumm und durchaus in der Lage, ein Auge zuzudrücken, wenn es um die außerehelichen Aktivitäten ihres Partners geht, doch nur solange sie das Gefühl hat, daß ihre Liebe nicht darunter leidet.

Männliche Eins : Weibliche Sieben

Da es wohl offensichtlich geworden ist, daß die Einsen ziemlich abenteuerlustige Individuen sind, die unwiderstehlich von etwas Neuem und Ungewöhnlichem angezogen werden, ist es

nicht weiter verwunderlich, daß der Einser in den Bann der mysteriösen und höchst originellen weiblichen Sieben gerät. Sie stellt für ihn eine echte Herausforderung dar und ist eine Frau, der er kaum einen Korb geben wird.
Die weibliche Sieben ist grundverschieden von den Frauen, die er bisher kennengelernt hat. Sie ist eine kluge, geistreiche Person, die ihn leicht um den Finger wickeln kann. Sein Geld interessiert sie nicht, und das ist für ihn eine angenehme Abwechslung. Auf ihr Äußeres legt sie wenig Wert – ihre Kleider sind alt, unmodern und oft getragen, aber irgendwie passen sie gut zu ihr und unterstreichen eher vorteilhaft ihr Aussehen.
Der Einser besitzt die Neugier einer Katze und die kreative Phantasie eines Künstlers. Das könnte einer der Gründe sein, warum er diese Frau so faszinierend findet. Sie ist eine Einzelgängerin; sie ist verschwiegen; sie ist für ihn eine absolut unbekannte Größe und gibt ihm eine Menge Rätsel auf. Sie hat ein ungeheures Wissen über alles Okkulte, die Philosophie, unterschiedliche Religionen, die Geheimnisse des Lebens, andere Kulturen und Lebensstile und könnte ihm so vieles beibringen, was er nicht versteht. Er ist ein Mann, der stets bestrebt ist, seinen Horizont zu erweitern, um eine tolerantere Einstellung zu seiner Umwelt zu gewinnen, und ebendiese Gelegenheit bietet sie ihm – diese Chance darf er sich einfach nicht entgehen lassen.
Auch hier geht es um eine Verbindung, die für beide Teile von Vorteil sein kann. Während die weibliche Sieben durchaus bereit ist, den Einser in der Rolle als Schüler/Seelengefährte/Liebhaber/Ehemann zu akzeptieren und ihm vielleicht sogar die eine oder andere Anregung für seinen beruflichen Aufstieg gibt, stellt sich die Frage, welche Gegenleistung sie erwarten kann. Und die Antwort darauf ist – jede Menge! Der Einser ist ein mächtiger, ehrgeiziger Mann mit hohem Einkommen, das

er nur steigern kann, je höher er die Erfolgsleiter emporklettert. Wer wäre besser dafür geeignet, ihr Sicherheit, finanzielle Unabhängigkeit, geistige Anregung und natürlich die Liebe zu geben, die sie ebenso braucht wie genügend Zeit für ihr Studium, ihre Forschung und ihr Hinabtauchen in die mysteriösen und wunderbaren Geheimnisse des Übersinnlichen, an dem sie so leidenschaftlich interessiert ist? Tatsächlich sieht es so aus, als würde sie in dieser Verbindung etwas besser abschneiden als er – aber das bleibt fraglich. Vielleicht gibt sie mehr.
Der Einser ist, wie wir bereits wissen, ein leidenschaftlicher Mann, der auch im Bett weiß, was er will, und mit Charme, Schmeichelei und Überredungskunst sein Ziel erreicht. Aber wie steht's um die rätselhafte geheimnisvolle weibliche Sieben? Sie hat gewiß keine Angst davor, ihre Gefühle auszuleben, und ist eine sehr sinnliche Frau. Sie ist weder eifersüchtig noch besitzergreifend, und deshalb gibt es bei ihr keine häßlichen Szenen in dieser Hinsicht. Ihrer Phantasie sind keine Grenzen gesetzt, und ihre Intuition führt auch im Liebesleben zu traumhaften Erlebnissen. Vielleicht steckt ein Körnchen Wahrheit in dem alten Spruch, daß man auf die »stillen Wasser« achten sollte. Die weibliche Sieben gibt in der Öffentlichkeit kaum einen Laut von sich!

Männliche Eins : Weibliche Acht

Für diese Kombination existieren nur zwei Möglichkeiten – entweder sie funktioniert hervorragend, oder es gibt eine Katastrophe. Eine Verbindung wäre mit einem Kampf der Giganten zu vergleichen, denn in der 1:8-Kombination haben wir es mit zwei sehr starken, zähen und bestimmten Charakteren zu tun.

Der Einser ist sehr von sich überzeugt, und die »Ich-weiß-es-besser-Einstellung« der weiblichen Acht wird ihm nicht gefallen. Dabei weiß er, daß ihre Ratschläge sehr vernünftig sind. Armer Einser – die Hilfe der Acht ist für ihn unschätzbar, doch gleichzeitig macht sie ihn rasend. Er ist ein bestimmter und halsstarriger Mensch, der immer seinen Kopf durchsetzen will. Ihn von einem einmal eingeschlagenen Weg abbringen zu wollen, ist schier unmöglich, obwohl das der weiblichen Acht manchmal mit überzeugenden Gründen und logischen Argumenten gelingt. Für ihn ist diese Verbindung eine ausgesprochene Haßliebe. Zweifellos liebt und bewundert er sie, aber die Art, wie sie stets die richtige Antwort parat hat, weckt Haßgefühle in ihm.

Die weibliche Acht hingegen kann genauso hartnäckig, aggressiv und dickköpfig sein wie er und weiß genau, was sie vom Leben erwartet und wie sie es bekommt. Den Erfolg braucht sie mehr als alles andere im Leben, und außerdem will sie dafür bewundert werden. Die männliche Eins und die weibliche Acht werden sich in einer Verbindung stets gegenseitig übertreffen wollen. Nur wenn es ihnen gelingt, ihre übermächtigen Charaktere unter Kontrolle zu bringen, kann aus dieser Verbindung eine gesunde Rivalität entstehen, sonst droht ein Kampf auf Leben und Tod.

Unglücklicherweise sind beide zu stolz und eigensinnig, um nach einem ernsthaften Streit mit einem »Es tut mir leid« und »Wollen wir es noch einmal versuchen?« einzulenken. Die Verbindung geht unweigerlich in die Brüche, und sie werden ohne mit der Wimper zu zucken den gemeinsamen Hausstand unter sich aufteilen. Bleibt nur die Hoffnung, daß es nicht so weit kommt, aber leider ist die Scheidungsrate in der 1:8-Kombination sehr hoch.

Im Schlafzimmer oder irgendwo anders hinter verschlossenen Türen ist der Einser ein aufregender Liebhaber. Er ist charmant, gefühlvoll, leidenschaftlich und experimentierfreudig, obwohl er manchmal recht selbstsüchtig sein kann und erwartet, daß er mehr bekommt, als er gibt, vor allem nachdem er besonders schwer gearbeitet hat. Aber in der 1:8-Verbindung ist nicht er das Problem. Die Acht ist die Zahl des Extremen, und wenn die weibliche Acht in der Stimmung dazu ist, kann sie die ganze Nacht zu einer einzigen Liebesorgie machen, und wenn sie keine Lust hat, kann er sich gleich umdrehen und schlafen, denn es wird ihm nicht gelingen, sie zu erregen. Irgendwie schaffen sie es nie, ihre sexuellen Begierden ins Gleichgewicht zu bringen. Und da gibt es noch eine Eigenschaft, die dem Einser sehr zu schaffen machen wird: sie ist zügellos eifersüchtig. Sollte es beiden also tatsächlich gelingen, ihre Gegensätzlichkeiten in der Öffentlichkeit zu überwinden, so bergen die privaten Probleme noch genügend Zündstoff, um diese Verbindung zur Explosion zu bringen.

Männliche Eins : Weibliche Neun

Es besteht nicht der geringste Zweifel, daß diese Verbindung erfolgreich verlaufen kann, obwohl die männliche Eins eine sehr mächtige, despotische Persönlichkeit ist. Aber die weibliche Neun zählt zu den seltenen Wesen, die ohne zu erzürnen widersprechen können und auf ihre humorvolle Art stets einen Kompromiß finden. Mit anderen Worten – sie bekommt meistens, was sie will, ohne zuviel Wirbel darum zu machen.
Sie ist die ideale Gefährtin für den Einser. Es liegt ihr nicht, passiv darauf zu warten, seine Wünsche zu erfüllen, obwohl sie alles daransetzen wird, ihn glücklich zu machen und seine Interessen zu teilen. Sie ist eine intelligente Frau und hat eine sehr entschiedene eigene Meinung. Das bedeutet nicht nur, daß sie als gleichwertige Partnerin Probleme mit ihm diskutie-

ren kann. Ihre Ratschläge erweisen sich als sehr brauchbar, und ihre konstruktive Kritik gibt ihm manch neue Anregung. Man kann nicht behaupten, daß sie eingebildet ist, aber sie hat eine hohe Meinung von sich und duldet keine noch so wohlgemeinte Einmischung in ihre Angelegenheiten. Kritik verträgt sie schlecht, ist dagegen für Lob und Ermutigung sehr empfänglich. Am besten, man läßt sie ihre eigenen Fehler machen.
Der Einser hat zwei große Lieben im Leben: seine Frau und seine Arbeit – wobei die Arbeit oft die erste Stelle einzunehmen scheint. Manchen Frauen wäre das vielleicht unerträglich, aber nicht der weiblichen Neun. Wahrscheinlich hat sie selbst einen sehr interessanten Beruf und wird nie unter Langeweile leiden, falls er keine Zeit für sie hat. Sie ist amüsant, eine geistreiche Gesellschafterin, eine umgängliche Gefährtin und hat einen großen Freundeskreis. Die Neunen beiderlei Geschlechts sind sehr mitfühlend und helfen tatkräftig, wenn Not am Mann ist. In dieser Verbindung findet der Einser ideale Bedingungen. Er ist gern allein und liebt eine friedvolle Atmosphäre, um sich den Dingen zu widmen, die ihm am Herzen liegen, ohne daß seine Frau ihn ständig daran erinnert, welche Arbeiten im Haus zu erledigen wären. Er ist ehrgeizig, zielstrebig, selbstbewußt und braucht gewiß keine Ermutigung, um mit seiner Arbeit voranzukommen. Er ist eigensinnig und hat sehr bestimmte Ansichten und Angewohnheiten, und das scheint der weiblichen Neun zu gefallen. Sie ist loyal, uneigennützig, erfolgreich auf ihre Art und erwartet von ihm keine Unterstützung, wenn ihr einmal etwas mißlingt. Sie ist eine couragierte, unternehmungslustige Frau, die fest auf eigenen Beinen steht, und diese Selbständigkeit bewundert die männliche Eins sehr.
In der Intimsphäre ihres eigenen Heims funktioniert diese Verbindung sogar noch besser als im öffentlichen Leben. Den Einser kann man wirklich nicht als »Schlafmütze« bezeichnen. Er ist ein heißblütiger, sinnlicher Mann, der seiner Partnerin

gern das Gefühl gibt, noch einige Überraschungen parat zu haben, die sie erforschen kann. Die weibliche Neun mag zwar dazu neigen, sich Sorgen um die Probleme der Welt zu machen, aber nachts gilt ihre ausschließliche Aufmerksamkeit nur zwei Menschen, und dabei kommt vor allem der Einser auf seine Kosten. Sie ist eine leidenschaftliche Frau und zeigt rückhaltlos ihre Gefühle und Begierden, und obwohl der Einser das nie zugeben wird, ist sie ihm mehr als ebenbürtig.

Männliche Zwei : Weibliche Eins

»Laß mich doch erst einmal zur Besinnung kommen«, fleht er, während sie ihm bereits eine Schürze und das Staubtuch in die Hand drückt, kaum daß er die Türschwelle überschritten hat. Sie sollte ein wenig mehr Rücksicht auf diesen Mann nehmen, denn er hat einer karrierebewußten weiblichen Eins viel zu bieten. In dieser Verbindung erreicht sie mit Samthandschuhen weitaus mehr als mit ständigem Nörgeln und Herumkommandieren. »Bitte« und »Danke« sollte sie unbedingt in ihr Vokabular aufnehmen und regelmäßig anwenden.
Der Zweier ist empfindsam, und es mangelt ihm an Selbstvertrauen. Er ist ruhig, unschlüssig und ohne Ehrgeiz, aber ein bereitwilliger Helfer, ein guter Zuhörer, und vor allem möchte er, daß die Frau, die sein Leben teilt, glücklich ist. Seine Freude kommt sozusagen aus »zweiter Hand«, indem er zusieht, wie seine Lieben vorankommen und Erfolg haben. Er ist stolz, eine Gefährtin wie die weibliche Eins zu haben, und wird sie nach besten Kräften unterstützen. Es würde ihm nie im Traum einfallen, ihrer Karriere im Weg zu stehen, und er ist ihr ein verständnisvoller Partner. Wenn sie es vorzieht, ihre Erfüllung im Beruf anstatt am heimischen Herd zu suchen, so akzeptiert er diese Entscheidung rückhaltlos, vorausgesetzt sie gibt ihm

keinen Grund dazu, an ihrer Liebe oder Treue zu zweifeln. Leider ist der Zweier die Eifersucht in Person, und sie beherrscht ihn von Kopf bis Fuß. Die Qualen, die er erleidet, sind allerdings meist unnötig und selbstverschuldet. Sie entstammen größtenteils seiner lebhaften Phantasie und mangelnden Selbstsicherheit – wenn er eine bessere Meinung von sich hätte, bliebe ihm viel Kummer erspart.
Jede Frau hätte es mit ihm manchmal recht schwer, und die weibliche Eins, die sich nicht gerade durch Geduld auszeichnet, gerät leicht in Rage, wenn er sich nach unsinnigen Anschuldigungen in den Schmollwinkel zurückzieht. Selbst wenn sie wie Cäsars Frau über jeden Verdacht erhaben wäre, würde er einen Grund zur Eifersucht finden. Gelingt es ihm nicht, dieses zerstörerische Mißtrauen unter Kontrolle zu bekommen, und sie ist nicht bereit, mit tauben Ohren auf seine Eifersuchtsanfälle zu reagieren, könnte diese Verbindung daran zerbrechen. Aber die weibliche Eins kann es verhindern, daß dem Zweier jegliche Männlichkeit abhanden kommt und er total unter dem Pantoffel steht. Selbst wenn sie zu Hause die Hosen anhat, sollte sie in der Öffentlichkeit diese Rolle nicht demonstrieren. Ein sanfteres, weiblicheres Verhalten wäre angebracht. Ihre aggressive Einstellung bringt sie im Beruf zwar weiter, kann aber in der Verbindung mit dem scheuen, romantischen männlichen Zweier viel Schaden anrichten.
Die Intimsphäre dieser Beziehung kann ein Quell der Freude und des Vergnügens für beide sein. Der Zweier ist zärtlich, romantisch, rücksichtsvoll, phantasievoll und wird alles tun, um sie glücklich zu machen, während die weibliche Eins in ihrer lebhaften Abenteuerlust gern die Initiative ergreift.
Vorausgesetzt sie zügelt ihre Aggressivität und gibt dem Zweier nicht das Gefühl, sich übernommen zu haben, kann diese Beziehung auf allen Gebieten gut funktionieren.

Männliche Zwei : Weibliche Zwei

Zwei plus zwei ergibt nicht nur vier, sondern ist auch die Formel für das vollkommene Glück. Die männliche und die weibliche Zwei sind füreinander bestimmt, da ihre Wesen beinahe identisch sind. Sie könnten zwei Erbsen aus derselben Schote sein. Ihr Wunsch besteht darin, sich gegenseitig glücklich zu machen.

Der Zweier ist ein ausgeglichener Mann, dem der Antrieb und das Vertrauen fehlt, eine berufliche Spitzenposition anzustreben. Wahrscheinlich hat er einen gewöhnlichen »Neun bis fünf«-Job mit wenig Verantwortung und Aufstiegsmöglichkeiten. Aber die Arbeit ist geruhsam, bietet Sicherheit und befriedigt seine Bedürfnisse – keine Sorgen, wenig Probleme und keine Akten, die es zu Hause aufzuarbeiten gilt. Er ist nicht dynamisch, nicht eindrucksvoll und auch nicht besonders positiv eingestellt, aber in ihren Augen ist er ein Gott in Menschengestalt. Ihre ganze Welt dreht sich um ihn.

Wenn diese beiden einmal ihre angeborene Scheu überwunden und sich näher kennengelernt haben, werden sie feststellen, daß sie wunderbar miteinander auskommen. Wer könnte besser verstehen, wie sie fühlen und denken, als ein Pendant der eigenen Liebes-Zahl? Ohne weitere Erklärungen abgeben zu müssen, können sie ihren wechselnden Stimmungen nachgeben, denn beiden ist bewußt, wie unendlich schwierig das Leben für Menschen sein kann, die unter dieser Zahl geboren wurden.

Entschließen sich die beiden dann endlich, den Sprung in die Ehe zu wagen, wird sie wohl ihren Beruf aufgeben (weibliche Zweien sind nicht karrierebesessen). Dann kann sie ihre ganze Zeit und Energie ihrem Zweier widmen. Sie ist eine ausgezeichnete Hausfrau und geht sparsam mit dem Geld um. Sie zählt zu dieser allmählich aussterbenden Sorte von Frau, die vollkommen glücklich in der Rolle der »Nur-Hausfrau« ist. Insgeheim mag sie sich ja nach einem Mikrowellenherd sehnen, aber niemals nach einem einflußreichen Job, einem eigenen Gehaltsscheck oder der Unabhängigkeit, die ihre Freundinnen scheinbar haben.

Die männliche und die weibliche Zwei verbindet etwas, was die meisten Ehepaare auch nach jahrelangem Zusammenleben nicht zu erreichen scheinen. Viele Zweien verfügen über gewisse übersinnliche Fähigkeiten, die in Form von Hellseherei, Parapsychologie usw. Ausdruck finden, und wenn sie zusammen sind, scheinen sie auf eine einzigartige Weise telepathisch miteinander kommunizieren zu können. Auch über weite Distanzen hinweg stehen sie geistig miteinander in Verbindung. Aber dafür finden sie selten Verwendung, denn Zweien bleiben meistens beieinander und können ohne den anderen nicht sein.

Doch es gibt auch eine dunkle Seite im Charakter der Zwei, und darauf müssen beide besonders achten, denn in der 2:2-Kombination tritt sie praktisch mit doppelter Stärke auf. Beide können manchmal mißtrauisch, grausam und falsch sein, nicht zu erwähnen ihre gelegentlichen Anfälle von Reizbarkeit, Eifersucht und tiefer Depression.

Im Privatleben (und das muß für diese beiden scheuen, sensiblen Seelen sehr privat sein, damit sie sich wohl fühlen) drücken sie ihre Liebe füreinander wie in einem Märchen aus, wo der hübsche Prinz auf einem feurigen weißen Roß seine wunderschöne Prinzessin von einer Burg hoch oben in den Bergen entführt. Zweien sind unverbesserliche Romantiker – zärtlich, sanft, einfühlsam und rücksichtsvoll. Sie müssen sich unaufhörlich ihrer gegenseitigen Liebe versichern und werden bis in alle Ewigkeit glücklich miteinander sein.

Männliche Zwei : Weibliche Drei

»Was sieht sie nur in ihm?« ist die übliche Frage, die die Menschen automatisch stellen, wenn eine männliche Zwei und eine weibliche Drei sich zusammentun. Sie ist begabt, vielseitig und lebhaft, während er ruhig und von quälender Befangenheit ist.

Aber sie findet viele anziehende Qualitäten im Zweier, und doch ist es äußerst schwierig, diese Verbindung aufrechtzuerhalten. Nur übermenschliche Anstrengungen können dieses Paar auf Dauer aneinander binden. Denn unweigerlich wird sie im Laufe der Zeit, wenn sie ihn näher kennenlernt, Schwächen an ihm entdecken, die ihr gar nicht gefallen. Und von ihrem Standpunkt aus gesehen, könnten die Nachteile die Vorteile überwiegen und sie dazu bringen, die Verbindung zu lösen – denn die weibliche Drei hängt nicht lange verlorenen Illusionen nach.

Sie ist in ihrem Inneren eine ziemlich theatralische Person, und den ersten Akt hat sie vielleicht ganz erfreulich gefunden. Aber wenn der Pausenvorhang sich senkt und die beiden Hauptdarsteller sich in ihre Garderoben zurückziehen, um ihre Rollen im zweiten Akt festzulegen, könnte aus der unbeschwerten Komödie leicht ein Drama werden. Er kann so ein gütiger, aufmerksamer, stets hilfsbereiter Mann sein, der als erster nach einem Streit einlenkt und immer ein offenes Ohr für ihre Probleme hat – warum zerstört er dann alles durch seine wechselhaften Launen, seine Depressionen und seine fürchterliche Eifersucht? Dauernd spioniert er auf eine hinterhältige Art und Weise hinter ihr her. Seine grausamen Anschuldigungen und gefühlsmäßigen Ausbrüche sind mehr, als eine treue Ehefrau ertragen kann. So endet schließlich, was als glückliche und harmonische Verbindung begann, in einem schrecklichen Mißverständnis, aus dem sie so schnell wie möglich entfliehen möchte.

Doch jede Geschichte hat zwei Seiten, und deswegen wollen wir diese 2:3-Verbindung einmal von seiner Seite aus betrachten. Zunächst wagt er nicht seinen Ohren zu trauen, wenn diese stolze, unabhängige Frau sagt, daß es ihr ein Vergnügen wäre, mit ihm zu Abend zu essen. Es hat Tage gedauert, bis er den nötigen Mut zu dieser kühnen Frage aufgebracht hat, und sofort beginnt er sich Sorgen zu machen, ob das von ihm ausgewählte Restaurant ihr auch gefallen wird und wie er sie beeindrucken könnte.

Glücklicherweise kann er allmählich – je näher sie sich kennenlernen – seine anfängliche Unbeholfenheit überwinden, und er fühlt sich in ihrer Gesellschaft entspannter. Er hält sie für klug, einfallsreich, witzig, kreativ und überwältigend charmant, aber dann bemerkt er, daß auch andere Männer so denken. Und da beginnt das Verhängnis. Er hat immer an seinem eigenen Wert gezweifelt und fängt an sich zu fragen, was sie wohl tut, wenn er nicht bei ihr ist – wie ihre Arbeitskollegen wohl sind; ob sie letzten Donnerstag wirklich eine Freundin besucht hat – usw. Er braucht sie so sehr und kann den Gedanken nicht ertragen, daß sich etwas oder jemand zwischen sie schiebt. Er wird immer intoleranter, besitzergreifender, mißtrauischer und in sich gekehrter, während sie zunächst verärgert und abwehrend reagiert, um in der nächsten Minute alles als großartigen Spaß hinzustellen.

Wenn dieses Stadium erst einmal erreicht ist, wird einer von beiden aufgeben, und das ist meistens sie. Wie ihr Symbol, der Otter, ist sie amüsant, charmant, verspielt und kann ihr Publikum fesseln, aber versucht jemand, sie in ihrer Bewegungsfreiheit einzuschränken, verschwindet sie im Handumdrehen.

Finden die beiden allerdings zu einem harmonischen Zusammenleben, so kann ihr Liebesleben ein Quell tröstlichen Wohlbefindens sein. Er ist zärtlich, romantisch und sanft; sie ist warmherzig, rücksichtsvoll und geduldig mit seinen wechselhaften Launen. Wenn er deprimiert ist, gelingt es ihr immer, ihn irgendwie zum Lachen zu bringen, damit er seine Sorgen vergißt, und seine Hochstimmungen teilt sie mit ihm. Aber wenn ihre gemeinsamen Schwierigkeiten überhandnehmen, dann ist er meistens viel zu sehr damit beschäftigt, seinen Groll zu pflegen, um überhaupt zu merken, daß sie bereits fest und tief schläft.

Es ist wirklich eine Schande, daß eine Kombination, die ursprünglich so vielversprechend und hoffnungsvoll aussah, auf diese Weise endet: ein Partner vergräbt sich tief verletzt in verbitterter Enttäuschung, und der andere entscheidet, die ganze mißglückte Episode auf dem Konto der Lebenserfahrung abzubuchen.

Männliche Zwei : Weibliche Vier

Eine persönliche Beziehung zwischen der männlichen Zwei und der weiblichen Vier verläuft immer reibungslos, weil sie sehr ausgeglichen ist. Meinungsverschiedenheiten entstehen selten, werden rasch beigelegt und bald vergessen. Harmonie ist zweifellos das Schlüsselwort dieser Verbindung.

Der Zweier ist kein starker, dynamischer Mann, der das Leben im Sturm erobert oder um jeden Preis Erfolg haben will – das Gegenteil ist wohl eher der Fall. Er ist ruhig, taktvoll und versöhnlich; Ärger und Zwietracht sind ihm ein Greuel. Er ist ziemlich schüchtern und befangen und wird immer versuchen, einer Entscheidung auszuweichen. Und wenn er sich einmal zu einem Entschluß durchgerungen hat, ändert er womöglich eine Minute später seine Meinung wieder.

Die weibliche Vier dagegen ist die geborene Organisatorin. Mit Freude wird sie sein Leben in die Hand nehmen und auf ihre methodische Art bald alle seine Probleme lösen. Diese Frau steht mit beiden Beinen fest auf der Erde. Hindernisse, die sich ihr in den Weg stellen, irritieren sie höchstens und müssen einfach überwunden werden. Sie ist gelassen, tüchtig, fleißig, praktisch und geht klug mit Geld um. Ihr ist durchaus bewußt, daß es nicht auf Bäumen wächst, und weil der Zweier kein Großverdiener ist, übernimmt sie als Realistin die Verwaltung der Finanzen und legt auch einen Notgroschen auf die hohe Kante. Dies ist ihr ein Grundbedürfnis – denn nur eine finanziell abgesicherte weibliche Vier mit einem wohlgefüllten Bankkonto im Rücken ist auch eine glückliche und gelöste Frau.

Der Zweier ist ein sensibler Mann, der eher Kompromisse schließt, als seinen Standpunkt zu verteidigen. Von Menschen und Umständen läßt er sich leicht beeinflussen und hängt sein Fähnchen lieber nach dem Wind, als Stellung zu beziehen. Er ist nie von einer Sache so überzeugt, daß er dafür kämpfen würde, und deshalb wird er immer in untergeordneten Positionen anzutreffen sein. Aber sein sanftes Wesen, seine wunderbare Phantasie und die romantische Lebenseinstellung haben einen positiven Einfluß auf die weibliche Vier und öffnen ihr neue Dimensionen im Leben – bieten ihr geistige Werte in ihrem ansonsten recht nüchternen Alltag. Diese sachliche und zuverlässige Frau kann er in unbekannte geistige Höhen entführen. Gemeinsam können sie die Welt seiner Träume erforschen, wo nur Schönheit und Friede existieren. Zuerst wird sie Schwierigkeiten damit haben, denn sie ist keine phantasiebegabte Frau. Aber mit etwas Geduld und Ermutigung wird sie bald eine Seite in ihrer Persönlichkeit entdecken, die viel zu lange im verborgenen lag. Es fehlte nur der Schlüssel – in Gestalt des Zweiers –, um die Tür zu ihren edleren Gefühlen zu öffnen.

Leider hat der Zweier Schwächen, die besser hinter Schloß und Riegel aufbewahrt blieben. Er ist launisch, und Trivialitäten stürzen ihn in Verzweiflung und Depression. Er neigt dazu, sich die schrecklichsten Dinge vorzustellen, die nie wirklich eintreten, und kann durch eine unbedachte Bemerkung oder einen strengen Blick leicht verletzt werden, worauf er sich in vorwurfsvolles Schweigen zurückzieht. Außerdem ist er eifersüchtig und besitzergreifend, was alles noch verschlimmert. Aber seltsamerweise scheint dieses negative Verhalten die weibliche Vier nicht zu stören. Nachdem sie sich seine Klagen angehört hat, gibt sie ihm irgendeine Beschäftigung, um ihn von der Sache abzulenken – und diese Methode scheint zu funktionieren. Während er fleißig Holz hackt oder den Rasen mäht, widmet er sich ganz diesen Aufgaben und vergißt eingebildete Liebhaber oder den Rüffel, den sein Chef ihm erteilt hat. Sie schätzt ihn richtig ein und weiß ihn zu nehmen.

Im Privatbereich ihres eigenen Heims ist Harmonie das Schlüsselwort. Der Zweier ist ein unverbesserlicher Romantiker, ein Ritter in schimmernder Rüstung, in den Diensten seiner schönen Dame, um sie glücklich zu machen. Er ist fürsorglich, zärtlich, mitfühlend, galant und bringt mit edlen Worten und sanften Küssen seine Gefühle zu ihr zum Ausdruck. Eitel Glück und Sonnenschein könnte zwischen ihnen herrschen, denn sie ist eine Frau, die das Gefühl braucht, geliebt zu werden, selbst sehr gefühlvoll ist und ihre physische Liebe auch zum Ausdruck bringt, ohne ihren scheuen Partner abzuschrecken. Wenn er allerdings damit beginnt, den achten Vers eines Gedichts zu rezitieren, das er für sie geschrieben hat, darf sie unter keinen Umständen aus Gedankenlosigkeit über den nötigen Neuanstrich des Zimmers sprechen oder ihn fragen, ob er den Mülleimer hinausgetragen hat. Das wäre eine Todsünde. Es würde in Sekundenschnelle alles zerstören, denn nach einem derartigen psychischen Tiefschlag verstummt er womöglich für Tage, ja sogar Wochen.

Männliche Zwei : Weibliche Fünf

Der Zweier täte gut daran, diese Verbindung zu genießen, solange sie währt, denn die Aussichten auf eine dauerhafte Beziehung sind nicht besonders gut – außer er ist bereit, sein Image vollständig zu ändern und einen anderen Menschen aus sich zu machen.

Die weibliche Fünf ist eine aufregende Frau. Kühl, tüchtig und außerordentlich effizient, nimmt sie ihre eigenen Interessen wahr. Sie ist rastlos, unberechenbar und sitzt selten für fünf Minuten still. Die Freiheit des Verstandes, des Geistes und des Körpers sind für sie unerläßlich, und Lebenserfahrungen sammelt sie auf ihren weiten Reisen durch die Welt. Welch eine Chance hat da unser armer Zweier, wenn er scheinbar mit der ganzen Welt konkurrieren muß, um ihre Aufmerksamkeit zu erregen? Leider wird er sich für diese ungeduldige Dame nicht schnell genug ändern können. Sie ist längst über alle Berge, ehe er gelernt hat, etwas lauter oder mit mehr Autorität zu sprechen.

Aber irgend etwas an ihm muß sie anfänglich anziehend gefunden haben. Unglücklicherweise ist das bei einer 2:5-Beziehung auf einen Irrtum in der Charakterdeutung zurückzuführen. Sein Schweigen hielt sie fälschlicherweise für Stärke; sein ausgeglichenes Temperament für Selbstbeherrschung, und seine Schüchternheit fand sie reizvoll. Die brachte sie erst später – als sie ihn näher kannte – zur Raserei. Wenn ihr plötzlich die Erkenntnis kommt, daß sie in ihrer Beurteilung einen schrecklichen Fehler begangen hat, wird sie nicht lange darauf warten, ob dieses Wrack von einer Beziehung noch zu retten ist, sondern einfach ihre Koffer packen und ihr fröhliches Leben wiederaufnehmen, ohne auch nur einen einzigen Blick zurückzuwerfen.

Und selbst wenn diese Beziehung in allen anderen Dingen zu

ihrer beider Zufriedenheit funktionieren sollte, genügt ein Blick ins leere Schlafzimmer, um die Unvereinbarkeit beider Charaktere festzustellen. Wie wir bereits wissen, ist der Zweier ein Romantiker. Liebe ist für ihn eher eine Geisteshaltung als ein Gefühl, das physisch ausgedrückt wird. Ihm liegen edle Worte, lange bedeutungsvolle Blicke und verstohlene Küsse. Er zieht eine Liebe aus der Entfernung einer zu nahen Beziehung vor, und danach steht der weiblichen Fünf überhaupt nicht der Sinn. Die Fünf ist die Zahl der Sexualität, und sie erwartet Taten, nicht Worte. Die halten sie schließlich nachts nicht warm, außer sie beschließt, seine Gedichtbände zu verbrennen. Sie ist eine sinnliche, freizügige Frau, die einen heißblütigen, tatkräftigen Mann braucht, um ihre Bedürfnisse zu befriedigen. Kurz gesagt, diese Kombination funktioniert nicht!

Männliche Zwei : Weibliche Sechs

Diese friedliebenden Wesen mögen vielleicht nicht die Geschäftswelt in Aufruhr versetzen, denn dazu fehlt der Elan und die Aggressivität, aber beide wissen instinktiv, wie ihr eigenes behagliches Feuer zu schüren ist und wie sie miteinander glücklich werden. Der sensible Schmetterling (die männliche Zwei) und seine weiße Friedenstaube (die weibliche Sechs) ergeben ein hübsches, gut zusammenpassendes Paar. Und in der ruhigen, friedvollen Atmosphäre, die sie um sich herum schaffen, führen sie ein erfolgreiches Leben.
Die Zwei ist eine neutrale Zahl, die den jeweiligen Umständen entsprechend Gutes oder Schlechtes bedeuten kann, denn der Zweier läßt sich leicht von anderen Menschen und seiner Umgebung beeinflussen. In dieser Hinsicht kann die weibliche Sechs sehr positiv auf ihn einwirken. Sie scheint die positiven

Seiten in ihm zu fördern. Gemeinsam können sie ungeahnte Stärken in ihm entdecken.
Die weibliche Sechs ist eine talentierte Frau; sie interessiert sich für Malerei, Musik, Bildhauerei, Schriftstellerei und vieles andere. Sie hat einen Blick für Farben, liebt schöne Dinge, hat viele künstlerisch tätige Freunde und ist in ihr Heim vernarrt, in dem sie die meiste Zeit verbringt. Sie ist einfallsreich, ausgeglichen, selbstbeherrscht, mitfühlend und meistens irgendwie kreativ tätig.
Zutiefst ist auch der Zweier ein phantasievoller, kreativer Mensch, aber er wird von einem derartig starken Minderwertigkeitsgefühl beherrscht, daß er glaubt, man würde ihn auslachen, wenn er zum Cello greifen oder sich als Landschaftsmaler versuchen würde. Sein Ego gleicht einem rohen Ei, eine unbedachte Äußerung kann ihm jeglichen Mut nehmen. Er hat vor kritischen Bemerkungen tatsächlich so viel Angst, daß er nicht einmal wagt, etwas anzufangen. Aber mit der weiblichen Sechs an seiner Seite verliert er diese unbegründeten Selbstzweifel, denn sie hat erkannt, daß er entwicklungsfähige Talente besitzt. Bald wird sie ihn mit Schmeicheleien, sanftem Druck und gutem Zureden dazu bringen, seine Begabung zu nutzen. Sie hat eine überzeugende Art und kann auch sehr bestimmt sein. Ihr größtes Vergnügen besteht darin, Freunde und Gäste zu bewirten. Jeder in ihrer Nähe soll glücklich sein; sie bereitet anderen gern Freude. Und wenn der Zweier erst einmal seine anfängliche Schüchternheit überwunden hat, wird er sich bei ihren kleinen zwanglosen Essen bald wohl fühlen, denn in diesem Kreis gibt es keine Rivalität, die ihm im Geschäftsleben so sehr zu schaffen macht. Diese entspannte Atmosphäre gibt ihm die Möglichkeit, aus seinem Schneckenhaus herauszukriechen. Bald wird er überrascht feststellen, daß ihm ihre Freunde gefallen und er ihnen auch sympathisch ist. Das bewirkt Wunder an seinem unterernährten Ego. Allmählich

findet eine Metamorphose statt: die glanzlose, langweilige, braune Raupe entpuppt sich zu einem farbenprächtigen, überaus attraktiven Schmetterling.

Die weibliche Sechs bewirkt wirklich wahre Wunder an diesem Mann. Im Austausch dafür gewinnt sie einen treuen, liebevollen Partner, der keine Mühe scheut, sie glücklich zu machen. Er wird auch seine Eifersucht überwinden, denn durch ihre Offenheit und Loyalität ist sie über jeden Zweifel erhaben. Unter ihrem Einfluß verändert er sich zu seinem Vorteil, und selbst seine Launenhaftigkeit legt sich mit der Zeit.

Ihre gegenseitige Liebe wird zu einem wunderbaren Erlebnis für beide. Er ist so zärtlich und romantisch, verwöhnt sie mit bewundernden Worten, und seine Art, sie anzusehen, findet sie einfach unwiderstehlich. Er ist ein fürsorglicher, sanfter Mann. Auch sie ist für Romantik sehr empfänglich, die Liebe betrachtet sie als einen kostbaren Schatz, der sorgsam gehütet werden muß. Sie ist gütig, liebevoll, fürsorglich, neigt allerdings manchmal dazu, ihren Mann zu bemuttern, aber der männlichen Zwei gefällt das, und in dieser speziellen Verbindung richtet es keinen Schaden an.

Es besteht kein Zweifel, daß die männliche Zwei und die weibliche Sechs gut zusammenpassen.

Männliche Zwei : Weibliche Sieben

Eine Verbindung zwischen der männlichen Zwei und der weiblichen Sieben steht unter einem sehr geistig betonten Aspekt. Würde er nicht gelegentlich explodieren und der angestauten Spannung Luft machen, wäre diese Beziehung wohl zu friedlich und harmonisch.

Die weibliche Sieben ist lieb, freundlich und haßt Streit. Sie ist intelligent, zurückhaltend, überaus phantasievoll und kreativ veranlagt. So weit, so gut – mit diesen Seiten ihres Charakters harmoniert der Zweier völlig, aber darin liegt auch die Gefahr verborgen – denn sie neigt dazu, sehr geheimnisvoll zu tun, und das kann er absolut nicht vertragen. Warum erzählt sie ihm nicht, was sie vorhat, wo sie gewesen ist, und was sie in ihr Notizbuch schreibt? Es ist alles völlig harmlos, aber er würde es nicht glauben. Jedesmal, wenn das Telefon läutet, denkt er sofort an heimliche Liebhaber und stellt sich gern das Schlimmste vor, auch wenn die Situation noch so unverfänglich ist.

Falls er sie nicht beschuldigt, sich mit anderen Männern herumzutreiben oder das Haus zu vernachlässigen, kann diese Beziehung gut funktionieren. Er ist wie sie kreativ, sensibel und phantasievoll, und sie steckt voller verrückter und wunderbarer Theorien über philosophische Lebensbetrachtungen und fremde Glaubensansichten, über die sie stundenlang angeregt diskutieren können. Wenn es nur in seinen Kopf ginge, daß sie nur an ihm interessiert ist und weder Zeit noch die Neigung hat, mit anderen Männern zu flirten, würde alles gutgehen. Aber wenn sein Mißtrauen ihr unerträglich wird, ist sie durchaus imstande, ihre Beziehung kaltlächelnd abzubrechen.

Er ist sanft, gütig, fürsorglich und edelmütig, während sie faszinierend, geheimnisvoll, herausfordernd und gleichzeitig schwer faßbar ist. Außerdem ist sie eine leidenschaftliche Frau und übernimmt gern die Initiative, was ihn zunächst leicht verwirrt. Doch bald wird er sich daran gewöhnen, daß diese ungeduldige Dame ihn mitten in einer langen, blumigen Ansprache unterbricht und zur Sache kommt.

Vorausgesetzt, der Zweier kann seine Eifersucht unter Kontrolle bringen und die weibliche Sieben verbringt nicht allzuviel Zeit in ihrer Phantasiewelt, kann diese Kombination für beide eine lohnende Erfahrung sein.

Männliche Zwei : Weibliche Acht

In dieser 2:8-Beziehung ist die weibliche Acht die treibende Kraft, während der Zweier Widerstand leistet. Selbst wenn er nachgibt und tut, was sie sagt, ist die Angelegenheit noch längst nicht ausgestanden, denn sie hat bereits ein anderes Ziel für ihn anvisiert.

Vielleicht sollte er sich eine neue Brille zulegen, um alle die positiven Eigenschaften in ihr zu sehen, ehe es zu spät ist. Sie ist stark, praktisch und klug, genau die Frau, auf die er sich verlassen kann, die ihn unterstützen und sein Ego stärken wird. Sie ist verantwortungsbewußt, fleißig und überwindet alle Hindernisse, die sich ihr in den Weg stellen. Alles, was sie anpackt, wird sie zu einem guten Ende führen, einschließlich ihrer Ehe. Von Vorteil ist außerdem, daß sie einen eigenen Beruf hat und vielleicht sogar mehr Geld verdient als er, denn sonst könnte sie ihre hohen Ansprüche wohl kaum befriedigen. Der männlichen Zwei mangelt es an Selbstsicherheit. Er wird ständig von Minderwertigkeitsgefühlen geplagt. Ihre Einstellung gegenüber seinen beschränkten Verdienstmöglichkeiten trägt nicht gerade dazu bei, ihn moralisch aufzubauen.

Unablässig fragt sie sich, was sie je in ihm gesehen hat, denn er reagiert überempfindlich auf jeden Rat, den sie ihm gibt, bekommt einen Wutanfall bei der kleinsten Kritik, ändert alle fünf Minuten seine Meinung und grübelt ewig über jeden albernen Fehler nach, den er macht. Allzu leicht vergißt sie, was für ein guter Zuhörer er ist, wenn es etwas wirklich Interessantes zu erzählen gibt, wie gütig und fürsorglich er sie bei Krankheiten betreut und wie angenehm er sich von diesen ehrgeizigen, aggressiven Männern unterscheidet, mit denen sie jeden Tag im Beruf konkurrieren muß.

Wenn er nur gelegentlich darauf verzichten würde, den Ton angeben zu wollen, und sie etwas mehr Verständnis für seine

Gefühle aufbringen könnte, hätte diese Beziehung durchaus eine Chance, zu funktionieren. Aber meist ist das Gegenteil der Fall.

Was die Sache noch verschlimmert, ist die wahnsinnige Eifersucht, unter der beide leiden. Sie bemüht sich wenigstens, ihre zu verbergen, was ihm gar nicht gelingt. Es ist ein Wunder, daß dieses Paar zusammenbleibt, aber vielleicht stimmt das Sprichwort »Alte Gewohnheiten sterben schwer« in ihrem Fall, denn keiner von beiden will nachgeben. Wahrscheinlich haben beide sich so an die Situation gewöhnt, daß ihr Lebensstil ihnen völlig normal vorkommt.

Auch ihr Privatleben ist keineswegs als »normal« zu bezeichnen, wobei damit nicht angedeutet werden soll, daß ihre Sexualpraktiken sich wesentlich vom normalen Durchschnitt unterscheiden. Die weibliche Acht mag zwar den »Großen Gott Mammon« anbeten, aber im Bett vergißt sie ihr Geld, obwohl sie vielleicht manchmal klammheimlich unter der Matratze nachsieht und ihren Schatz zählt. Die Acht ist die Zahl der Extreme, entweder sie hat Lust auf Sex, oder sie will gar nichts davon hören. Fehlt ihr das Interesse, kann nichts sie umstimmen.

Für den Zweier bedeutet die Liebe ein ideelles Gefühl der Anbetung und Bewunderung. Besteht sie also auf getrennten Zimmern, weil er schnarcht, hat er nichts dagegen einzuwenden. Dann kann er sie aus der Ferne anbeten und seine Erinnerungen pflegen. Das ergibt kein sehr anregendes Bild, aber wenn beider Stimmungen gelegentlich übereinstimmen und ihre Liebe sich in einem Akt physischer Lust Ausdruck verschafft, kann das einem mittleren Erdbeben gleichkommen.

Männliche Zwei : Weibliche Neun

Vertrauen, Hoffnung und Güte prägen diese spezielle Kombination. Die männliche Zwei hat ein unendliches Vertrauen in die weibliche Neun und hofft insgeheim, daß ihre Verbindung ein unerschöpflicher Quell der Freude für beide wird. Die Neun ist zweifelsohne die Zahl der Nächstenliebe. Die Menschen, die unter dieser Zahl geboren wurden, sind gütig, liebevoll, großzügig, milde in der Beurteilung anderer und sehr verständnisvoll. Eine 2:9-Verbindung scheint unter einem guten Stern zu stehen.

Selbst in der heutigen Zeit der sogenannten Gleichberechtigung wünscht sich die weibliche Neun, sie wäre als Mann geboren worden. Sie hegt die Illusion, daß sie dann wesentlich mehr zur Verbesserung der Lebensumstände auf der Welt hätte beitragen können. Diese Frau lebt von Wunschvorstellungen. Sie hat großartige Ideen und ein noch größeres Herz. Dann kommt plötzlich der Zweier daher, und sie ist plötzlich sehr froh, doch eine Frau zu sein.

Anfangs erscheint er ihr als sehr schüchtern und ruhig, aber wenn sie ihn näher kennenlernt, entdeckt sie allerhand faszinierende Wesenszüge an ihm. Er ist zwar nicht sehr entscheidungsfreudig und dynamisch, kann launisch und schwierig sein, aber seine Liebe zu ihr ist tief und echt, und das ist für sie das Wichtigste.

Er dagegen bewundert sie über alle Maßen, denn sie verkörpert alle Qualitäten, nach denen er sich bei einer Frau sehnt. Sie ist anregend, außerordentlich attraktiv, nicht schön im klassischen Sinn, aber voller Charme und strahlt eine Aura der Würde aus, um die sie viele Frauen beneiden. Sie ist ehrlich, vertrauenswürdig, einfallsreich und steht zu ihrem Wort. Wenn sie schwört, ihm eine treue Ehefrau zu sein, wird sein eifersüchtiger Geist keine Sekunde daran zweifeln.

Die weibliche Neun hat einen Mann gefunden, der wirklich versteht, worum es ihr geht, und er hat in ihr eine Frau, die mit seinen wechselhaften Launen, seiner Unschlüssigkeit und seiner Empfindlichkeit leben kann.
Mit der weiblichen Neun kommt man in jeder Situation gut zurecht, aber in trauter Zweisamkeit mit dem Zweier wird sie noch bezaubernder und liebevoller als sonst. Sie ist leidenschaftlich, warmherzig, vertrauensvoll, treu und sehnt sich nach Liebe und physischer Zärtlichkeit. Die männliche Zwei ist zutiefst romantisch veranlagt; er ist sanft, fürsorglich und vor allem stets bemüht, andere zu erfreuen. In dieser Beziehung sollte keiner von beiden Grund zum Klagen haben, obwohl die weibliche Neun manchmal unter seiner zurückhaltenden Art leidet. Bereitwillig geht sie auf seine wunderbaren Worte und bedeutungsvollen Blicke ein, solange irgendwann Taten folgen. Sollte ihre Liebesbeziehung sich allerdings in poetischen Vorträgen erschöpfen, wird sie sich wortreich dagegen zu wehren wissen.

Männliche Drei : Weibliche Eins

Oft im Leben ernten die Menschen die höchste Belohnung, die bereit sind, die höchsten Risiken einzugehen, und das passiert in dieser speziellen Kombination – die Zeit, die sie miteinander verbringen, ist anregend, herausfordernd, aufregend und ganz bestimmt spannend.
Die weibliche Eins ist gewiß keines dieser unscheinbaren Weibchen, die bescheiden im Hintergrund bleiben. Sie ist attraktiv, charmant, tüchtig und ehrgeizig. Wahrscheinlich hat sie einen hochbezahlten, verantwortungsvollen Beruf, und ihre Zukunftsaussichten sind hervorragend. Sie ist positiv, originell, intelligent, zäh und äußerst beherrscht. Sie

weiß, was sie will, und braucht selten Rat oder Unterstützung von anderen.

Der Dreier ist ein talentierter Mann mit einem scharfsinnigen, klugen Verstand, der sich gleichzeitig mit verschiedenen Dingen beschäftigen kann. Er ist aufmerksam, lebhaft, phantasievoll, vielfältig und sehr witzig. Außerdem ist er sehr ehrgeizig, und das liebt die weibliche Eins an einem Mann; und er hat unwahrscheinlich viel Glück, was ihr manchmal schwerfällt zu glauben. Aufgrund seiner Vielseitigkeit und Anpassungsfähigkeit wird es ihr nie langweilig mit ihm; er ist eine schillernde Persönlichkeit, und sie weiß von einem Tag auf den anderen nicht, in welche Rolle er schlüpfen und was er tun wird, um sie in Atem zu halten.

Aber, wie wir bereits wissen, haben wir alle neben den positiven auch negative Seiten. Und diese beiden sind bestimmt nicht die berühmte Ausnahme der Regel. Die weibliche Eins kann gelegentlich sehr herrisch und starrsinnig sein; sie geht gern eigene Wege und haßt jegliche Einschränkung oder Bevormundung.

Der Dreier kann manchmal ein unausstehlicher Angeber sein, was ihr nicht besonders gefällt, außer natürlich er gibt mit ihr vor seinen Freunden an. Dann lächelt sie zuckersüß und tut so, als hätte sie nichts bemerkt. Aber was sie wirklich verrückt macht, ist seine Unfähigkeit, irgend etwas ernst zu nehmen, denn es gibt in ihrem Leben zwei Dinge (ihre Karriere und ihre Vorstellungen), mit denen sie nicht spaßt.

Eigentlich sollte dieses Paar die meiste Zeit gut miteinander auskommen, denn sie sind beide lebhaft und intelligent und können ihre Interessen und Gedanken mit einem gleichgesinnten Partner teilen. Gutes Aussehen genügt keinem von beiden für lange, denn sie brauchen einen Menschen, der auch Verstand hat, und in dieser 3:1-Kombination neigt die Waage sich zu ihren Gunsten. Die weibliche Eins empfindet ihren Partner als Herausforderung, weil er so vielseitig begabt ist und sie es nicht ertragen kann, in seinem Schatten zu stehen. Er dagegen bewundert ihre wilde, abenteuerlustige Natur. Er bewundert Frauen, die auf eigenen Füßen stehen und furchtlos jede sich bietende Chance ergreifen.

Im Privatleben ist dieses Paar sogar noch verwegener und phantasievoller als sonst. Er ist ein aufregender, einfallsreicher Mann, dessen Liebesleben nie in berechenbare Routine verfällt. Er steckt voller Überraschungen, Liebe und Spaß. Genau wie sein Symbol, der Otter, ist er kühn, amüsant, vielfältig und äußerst charmant.

Und die weibliche Eins läßt sich nicht lange bitten – sie kennt weder Schüchternheit noch Prüderie. Sie ist ganz Frau und verdient nur das Beste – und sie bekommt es auch, selbst wenn sie dafür gelegentlich die Initiative übernehmen muß. Um sie glücklich zu machen, braucht es einen besonderen Mann, und der Dreier ist für sie wie geschaffen.

Männliche Drei : Weibliche Zwei

Die männliche Drei und die weibliche Zwei sind wie die erste und zweite Geige in einem Orchester. In dieser Beziehung haben beide ihre Partien zu spielen, und als Duo sind sie von perfekter Harmonie. Solange die weibliche Zwei bereit ist, die zweite Geige zu spielen, während der Dreier den Ton angibt, wird kein Mißklang die Beziehung stören. Da den meisten Zweien eher die Nebenrolle liegt, weil es ihnen an Selbstvertrauen und Energie fehlt, geben sie ein wunderbares Gespann ab.

Der Dreier dagegen ist vielseitig und ehrgeizig, hoch begabt und in vielen Dingen bewandert. Er ist lebhaft, anpassungsfähig, scharfsinnig, aufmerksam, originell und höchstwahrscheinlich erfolgreich im Leben, denn neben seinem guten Urteilsvermögen ist er noch mit einem guten Maß an Glück gesegnet. Die weibliche Zwei ist eine ziemlich furchtsame Person, daher bietet ihr der Dreier in mancher Hinsicht Gutes. Er ist stark und beschützend und wird ihr jederzeit mit Rat und Tat zur Seite stehen. Weil er so extrovertiert ist, fällt es kaum auf, daß sie eher still und in sich gekehrt ist. Dieser scharfsinnige, intelligente Mann kann ihr genau die Ermutigung geben, die sie braucht, um ihre kreativen Talente auszuschöpfen. Und vor allem ist er ein umgänglicher Mann, den ihre wechselhaften Launen nicht ernsthaft stören. Sein Schwung und Elan reißt sie mit, und sie vergißt ihre eingebildeten Probleme. Wie sollte es ihr auch gelingen, in Depression zu versinken, wenn er sie zum Kichern bringt?

Das Geben und Nehmen ist sehr ausgeglichen in dieser Beziehung, weil auch sie sehr positiv auf ihn einwirken kann. Sie ist eine geduldige Zuhörerin, und er liebt es, über alles, jeden und vor allem sich selbst zu reden. Sie ist lieb, treu, taktvoll und immer bereit, ihm zu helfen. Sie verfügt über ein gesundes Urteilsvermögen, obwohl sie oft recht unschlüssig ist. Und stets wird sie versuchen, einen Streit beizulegen und einen für beide akzeptablen Kompromiß zu finden. Die weibliche Zwei hat gern Gesellschaft, und der Dreier hat viele Freunde, die er gern einlädt. Bei diesen Gelegenheiten ist er wirklich stolz auf sie. Als gute Gastgeberin, hervorragende Köchin und perfekte Partnerin für einen selbstbewußten Mann zeigt sie sich von ihrer besten Seite. Nie wird sie ihn zu etwas drängen, was ihm nicht liegt, und vor allem wird sie weder seine Autorität noch seine Beweggründe in Frage stellen.

Das Intimleben dieser 3:2-Kombination sollte ziemlich frei von Problemen sein. Der Dreier neigt weder zur Eifersucht, noch ist er besonders besitzergreifend. In der Liebe kann er treu, warmherzig und sanft sein, ohne zu leidenschaftlich oder überschwenglich zu werden, denn das würde die sensible, schüchterne weibliche Zwei erschrecken. Rücksichtsvoll und aufmerksam geht er auf ihre Stimmung ein und gibt dieser liebenden, anhänglichen Frau das Gefühl der Sicherheit, das sie so sehr im Leben braucht. Als unverbesserliche Romantikerin hat sie es gern, wenn er sie hätschelt, liebkost und ihr zärtliche Dinge sagt. Sie mögen zwar nicht das aufregendste Liebespaar sein, aber gewiß eines der glücklichsten, denn keiner von beiden erwartet zuviel oder mißt der physischen Seite ihrer Liebe übermäßig viel Bedeutung bei. Sie genießen es einfach zusammenzusein.

Männliche Drei : Weibliche Drei

Jede Situation, in die zwei Dreien verwickelt sind, birgt ein Risiko – sei es nun ein finanzielles oder ein mehr persönliches –, denn beide sind verwegene, eigensinnige Individuen, die sich viel zu sehr auf ihr Glück als auf ein gesundes Urteilsvermögen verlassen. Hier haben sich zwei Spielernaturen gefunden, und die Chancen, daß dieses Paar beisammenbleibt, stehen nicht sehr günstig. Wenn nicht beide lernen, etwas verantwortungsbewußter und rücksichtsvoller miteinander umzugehen, ist diese Verbindung zum Scheitern verurteilt. Der Dreier ist ein talentierter Mann, der viel in seinem Leben erreicht, aber seine Unbeständigkeit läßt ihn immer neue Dinge in Angriff nehmen. Er wird von der Angst getrieben, etwas zu versäumen, und wird zu einem Hansdampf in allen Gassen. Er hat einen scharfen Verstand, brillante Ideen, ist kühn und voller Elan, aber kann sich einfach nicht auf eine Sache konzentrieren. Immer scheint er den anderen – und sogar sich selbst – einen Schritt voraus zu sein. Die mangelnde Ernsthaftigkeit, mit der er dem Leben gegenübersteht, kann einen zur Raserei bringen. Vergleicht man die Menschen mit einem Kartenspiel, so wäre er unweigerlich der Joker – nie weiß man, wann er auftaucht oder wie er das Spiel beeinflussen wird.

Die weibliche Drei ist eine unabhängige Frau, die tut, was sie will. Sie ist umgänglich, freundlich und äußerst charmant. Sie ist intelligent, ein Glückspilz und hat sieben Leben wie eine Katze. Sie ist vielseitig, klug, einfallsreich und künstlerisch begabt, kann sich aber leider wie ihr männliches Pendant für keine bestimmte Sache entscheiden. Bald wird die Langeweile sie überkommen, und rastlos zieht sie weiter auf der Suche nach neuen Abenteuern.

Dreien beiderlei Geschlechts sind stolze, kultivierte Individuen, denen viel daran liegt, wie andere über sie denken. Auf die geringfügigste Einschränkung ihrer Freiheit reagieren sie verärgert, hassen es, anderen verpflichtet zu sein, und wollen unumschränkt herrschen. Sie sind halsstarrig und nehmen kein Blatt vor den Mund, was oft Ärgernis erregt. Takt und Diskretion zählen nicht zu ihren stärksten Seiten. Sie brauchen viel persönliche Freiheit und empfinden gemeinsame Abenteuer als einschränkend. Daher ist es nicht verwunderlich, daß diese Kombination selten funktioniert, denn beide sind sich zu ähnlich.

Auch die intime Seite ihres Lebens wird bald langweilig, denn sie ähneln einander wirklich zu sehr, um über längere Zeit hinweg ihr gegenseitiges Interesse zu wecken. Keiner von beiden ist eifersüchtig oder besitzergreifend; irgendwie scheinen sie tatsächlich wenig füreinander zu empfinden. Wenn die Stimmung sie überwältigt, können sie warmherzig, aufregend und impulsiv sein, aber wenn die Situation ihren Reiz verliert und sie sich nicht mehr amüsieren, verschwinden sie – wie ihr Symbol, der Otter – wie der Blitz.

Männliche Drei : Weibliche Vier

Nachsicht und Kompromißbereitschaft sind unerläßlich, soll diese Zahlenkombination überhaupt funktionieren. Das Hauptproblem dabei ist die Tatsache, daß die männliche Drei und die weibliche Vier – außer einer gegenseitigen physischen Anziehungskraft – kaum etwas gemeinsam haben. Falls es ihnen allerdings gelingt, die wenigen Interessen, die sie verbinden, zu kultivieren und ihre grundlegenden charakterlichen Unterschiede zu überwinden, dann besteht kein Grund, warum nicht eine stabile persönliche Beziehung daraus werden sollte. Das Resultat hängt ganz davon ab, welche Anstrengungen beide gewillt sind auf sich zu nehmen, und vor allem, wie stark ihre gegenseitige Zuneigung ist.

Der Dreier ist brillant, phantasievoll und vielseitig, neigt aber dazu, unnötige Risiken einzugehen und aus einem spontanen Gefühl heraus zu handeln – dafür wird die zur Vorsicht neigende weibliche Vier sehr viel Verständnis aufbringen müssen. Er ist lebhaft, charmant, aufmerksam und klug. Keine dieser Eigenschaften wird ihr Kopfzerbrechen bereiten, aber sein flinker Verstand, der ihn anderen stets einige Schritte voraus sein läßt, könnte sie manchmal aus der Fassung bringen. Er ist umgänglich, freundlich, sehr talentiert – vor allem in künstlerischer Hinsicht – und steckt voller origineller Ideen, für deren Ausführung es ihm allerdings an Geduld und Ausdauer mangelt. Außerdem ist er eigensinnig, überaus stolz, gelegentlich diktatorisch und reagiert auf jegliche Einschränkung äußerst gereizt. Auch in dieser Hinsicht muß die weibliche Vier ihn mit Samthandschuhen anfassen, damit sie ihren Willen durchsetzen kann. Der Dreier ist sehr wortgewandt und geht aus jedem Streitgespräch als Sieger hervor, also sollte sie es tunlichst vermeiden, sich mit ihm auf ein Wortgefecht einzulassen.

Die weibliche Vier ist zuverlässig, praktisch veranlagt, nüchtern und gerät selten außer Kontrolle. Sie nimmt das Leben sehr ernst, was man vom Dreier wirklich nicht behaupten kann, und das führt unweigerlich zu Konflikten. Sie ist tüchtig, umsichtig, fleißig und kann gut mit Geld umgehen. Nutzlose Verschwendung kann sie nicht ausstehen, und er geht mit materiellen Dingen recht sorglos um. Aber sie hat einen klugen Verstand, ihre Unterhaltung ist interessant, sie weiß amüsante Geschichten zu erzählen, und ihrem ansteckenden Gelächter kann man kaum widerstehen. Macht er sich die Mühe, hinter ihre ziemlich langweilige, humorlose, seriöse Fassade, die sie der Welt präsentiert, zu blicken, wird er bald entdecken, wie amüsant sie sein kann.

Wenn wir die physische, intime Seite dieser Beziehung betrachten, stellt sich heraus, daß sie sehr gut miteinander auskommen, denn schließlich brachte ihre körperliche Anziehungskraft sie überhaupt zusammen. Diesbezüglich bedarf es wohl keiner größeren Veränderungen, für ihr sexuelles Leben haben sie eine gemeinsame Formel gefunden. Durch die Liebe dieses Mannes wird das Leben der weiblichen Vier aufregender, vielfältiger und interessanter. Er ist gefühlvoll, loyal, warmherzig, impulsiv und ein sehr einfühlsamer Liebhaber. Die weibliche Vier ist eine fürsorgliche Frau, empfindsam, treu und fähig, sehr tiefe Gefühle zu entwickeln. Sie braucht stets die Gewißheit, geliebt und umsorgt zu werden, und der Dreier kann ihr diese Sicherheit bieten. Beide sind nicht übermäßig eifersüchtig oder besitzergreifend, deswegen liegen ihre Probleme miteinander selten im Privatbereich.

Männliche Drei : Weibliche Fünf

Langeweile gibt es nicht, wenn die männliche Drei und die weibliche Fünf sich zusammentun. Diese Kombination sorgt für mehr abwechslungsreiche Unterhaltung als jede Fernsehserie. Beide sind lebhafte, rastlose, ungeduldige, extrovertierte Individuen und neigen dazu, die Kerze von beiden Enden her abzubrennen, was ihrer Verbindung schaden kann. Nach dem ersten funkensprühenden Höhenflug muß einer gelegentlich auf die Bremse treten, soll eine dauerhafte Beziehung daraus werden. Der Dreier ist die passende Medizin für die weibliche Fünf, solange sie sich auf die verordnete Dosis beschränkt und nicht übers Ziel hinausschießt. Er ist ein charmanter, kluger Mann, der seine Wünsche klar und deutlich zum Ausdruck bringt. Er hat einen scharfen Verstand, jede Menge origineller Ideen und besitzt vielfältige Talente. Er hat ein glückliches, heiteres Naturell und läßt sich selten unterkriegen, denn er nimmt das Leben nicht allzu ernst. Der Dreier ist anpassungsfähig, umgänglich, impulsiv und ein Glückspilz. Er weiß, wie man dem Leben die vergnüglichsten Seiten abgewinnt, und es macht ungeheuren Spaß, mit ihm zusammenzusein – mit anderen Worten: er ist der passende Mann für die weibliche Fünf.

Aber in dieser Beziehung ist die weibliche Fünf der Katalysator. Sie setzt die Räder in Bewegung, und deshalb hängt es auch von ihr ab, ob die Verbindung hält oder zerbricht. Sie ist eine unruhige, abenteuerlustige Frau, die gern Risiken eingeht und alles ausprobieren muß, was Abwechslung verspricht. Sie haßt es, sich in ausgefahrenen Gleisen zu bewegen! Sie wird sich gegen jegliche Unterdrückung und Routine auflehnen; sie braucht das Gefühl, frei und unabhängig zu sein. Der schlimmste Fehler, den der Dreier begehen könnte, ist, diese Frau irgendwie einschränken zu wollen. Wird er zu besitzergreifend oder versucht er, ihr die Flügel zu stutzen und sie zu einem ruhigen Leben zu zwingen, verschwindet sie wie der Blitz. Sie hat einen flinken Verstand, ist entschlußfreudig und in ihren Handlungen äußerst impulsiv. Sie braucht viel Freiraum, und er muß ihr diesen einräumen, will er sie nicht verlieren. Gelingt es ihm, diese Bedingung zu erfüllen, hat diese Verbindung gute Aussichten.

Die weibliche Fünf liebt Aufregung, und der Dreier ist einem gelegentlichen exzentrischen Abenteuer keineswegs abgeneigt. Irgendwie sind diese beiden nie erwachsen geworden, und ihre Beziehung ist eigentlich eine Fortsetzung der kindlichen Mutproben. Wenn er sagt: »Das würdest du nicht wagen, oder?«, weiß er ganz genau, wie ihre Antwort lauten wird. Sie braucht nur eine leise Andeutung fallenzulassen, daß ihm der frühere jugendliche Elan fehlt und er behäbig wird, und schon ißt er ihr aus der Hand und ist nicht mehr zu bremsen. In dieser 3:5-Kombination müssen beide ihre Pferde im Zaum halten, sonst brennt ihre Beziehung innerhalb von einigen Monaten völlig aus.

Diese draufgängerische Art intensiviert sich natürlich noch im Privatleben. Der Dreier ist ein gesunder, heißblütiger Mann, und in der Abgeschiedenheit des Schlafzimmers ist die weibliche Fünf keineswegs eine Dame. Sie ist eine sinnliche, leidenschaftliche Frau mit sehr ausgeprägten Wünschen und Begierden und auch in dieser Hinsicht ihrem Partner gewachsen. Die Fünf ist die Zahl der Sexualität, und falls in dieser Beziehung jemand in vorgetäuschte Kopfschmerzen flieht, so ist es wahrscheinlich er, denn die weibliche Fünf kann manchmal zu viel von ihm verlangen. Und er sollte sich hüten, ihr allzuoft einen Korb zu geben, denn dann wird sie reizbar, schlecht gelaunt und sucht ihr Vergnügen bald woanders. Diese Beziehung erfordert vom Dreier sehr viel Kraft und Ausdauer, denn sollte er erste Anzeichen von Schwäche zeigen, wird er sie verlieren.

Männliche Drei : Weibliche Sechs

Die männliche Drei und die weibliche Sechs sollten wunderbar miteinander auskommen, denn ihre Persönlichkeiten sind sehr ähnlich und ermöglichen ein harmonisches Zusammenleben. Diese Beziehung kann jedem Schicksalsschlag standhalten. Doch für die weibliche Sechs existiert nur eine Partnerschaft in der Ehe, denn sie ist viel zu konventionell und idealistisch für eine außereheliche Beziehung. Bei ihr heißt es alles oder nichts, und der Dreier sollte sich ihr nur mit ehrlichen Absichten nähern, denn diese Frau fordert die totale Bindung.
Der Dreier ist ein ehrgeiziger Mann; er will in der Welt vorwärtskommen und wird sich nie mit einer untergeordneten Position zufriedengeben. Er braucht Autorität und ist klug und vielseitig genug, um sein Ziel zu erreichen. Außerdem hat er unglaubliches Glück bei allem, was er unternimmt. Selbst scheinbare Mißgeschicke wandeln sich irgendwie zu seinen Gunsten. Und die Begegnung mit der weiblichen Sechs vervollständigt sein Bild. Praktisch über Nacht wird aus ihm ein ausgeglichener, normaler, angesehener Ehemann, was sich auch sehr vorteilhaft auf seine berufliche Karriere auswirkt. Mit dieser Frau an seiner Seite kann er nur Erfolg haben.
Die weibliche Sechs ist loyal, treu und liebevoll – die perfekte Frau und Mutter. Eine eigene brillante Karriere bedeutet ihr nichts. Aber begehen Sie nicht den Fehler, sie für träge und langweilig zu halten! Die weibliche Sechs ist eine intelligente, kreative Person und ganz gewiß eine Bereicherung für den Dreier. Sie ist eine hervorragende Köchin, die geborene Gastgeberin, und wenn es darauf ankommt, Gäste großzügig und mit wenig Geld zu bewirten, kann ihr kaum eine andere Frau das Wasser reichen. Darüber hinaus ist sie eine interessante Gesprächspartnerin, verfügt über gute Menschenkenntnis und ist überwältigend charmant. Hat er seinen ahnungslosen

Geschäftspartner erst einmal in ihre gastliche Höhle gelockt, so ist ihm der vorteilhafte Abschluß gesichert.
Sie ergeben ein perfektes Team, denn sie verfolgen ein gemeinsames Ziel.
In jeder Beziehung, wie hervorragend sie auch sein mag, bleibt Raum für Verbesserungen, und darin bildet auch die 3:6-Kombination keine Ausnahme. Der Dreier kann manchmal sehr eigensinnig sein. Er sollte es sich zweimal überlegen, allzu despotisch auf seinem Standpunkt zu beharren, denn auch die weibliche Sechs hat sehr bestimmte Ansichten. Hat sie erst einmal einen Entschluß gefaßt, bringt sie niemand mehr davon ab. Der Dreier muß lernen, seine Verschwendungssucht zu zügeln, denn diese sparsame Frau kann es nicht ertragen, Dinge zu vergeuden, die irgendwann vielleicht einmal nützlich sein könnten.
Auch die weibliche Sechs muß in dieser Verbindung zu Zugeständnissen bereit sein. Sie muß ihre Neigung bezwingen, andere gefühlsmäßig von sich abhängig zu machen. Und sie sollte versuchen, nicht allzu pingelig auf Kleinigkeiten zu bestehen, denn nichts und niemand ist in diesem Leben perfekt. Außerdem sollte sie sich damit abfinden, daß er in einem Streitgespräch stets das letzte Wort behalten wird, und erkennen, daß ihr Sarkasmus wenig zur Problemlösung beiträgt. Er wird seinen Widerspruchsgeist nur anstacheln.
Die intime Seite dieser 3:6-Verbindung könnte sich als enttäuschend erweisen und vielleicht auch nur für den männlichen Dreier – denn die weibliche Sechs ist keine besonders sinnliche Frau. Sie ist eher der mütterliche als der sexy Typ, und obwohl sie fähig ist, tiefe Gefühle zu entwickeln, ist sie weder leidenschaftlich noch überschwenglich.
Der Dreier hingegen ist ein aktiver Mann von Welt, und die weibliche Sechs muß vor seinen außerehelichen Aktivitäten gelegentlich ein Auge zudrücken, wenn es ihr nicht gelingt,

seine Bedürfnisse zu befriedigen. Dazu ist sie womöglich bereit, solange sie das Gefühl hat, daß ihre gegenseitige Liebe dadurch nicht gefährdet wird.

Männliche Drei : Weibliche Sieben

Oberflächlich betrachtet scheint dies eine merkwürdige Kombination zu sein, die nur einigermaßen funktionieren kann, wenn beide Partner bereit sind, die Regeln einzuhalten. Der Dreier ist ein umgänglicher Mann, der sich problemlos den meisten Situationen anpassen kann. Er ist mutig, lebhaft und sehr charmant – also tatsächlich das genaue Gegenteil von der ruhigen, introvertierten weiblichen Sieben. Er ist äußerst intelligent, hat einen brillanten Verstand und ist kreativ, phantasievoll, originell und intuitiv. Seine Ideen sind ungewöhnlich, er nimmt kein Blatt vor den Mund und ist auch künstlerisch veranlagt. Das sind die Eigenschaften, die sie an ihm bewundert, denn sie braucht einen klugen Partner, der ihre merkwürdige Philosophie versteht und ihre Ziele anerkennt. Ein Mann, der nie Zeit hat, mit ihr manchmal zu träumen und zu phantasieren, paßt nicht zu ihr. Sie ist eine geistige Natur, und der Dreier ist aufgeschlossen genug, das Beste aus ihr herauszuholen, vorausgesetzt, er bedrängt sie nicht.
Überhaupt sollte er versuchen, sie nicht unter Druck zu setzen, denn sie ist von Natur aus langsamer als er. Sie braucht viel Zeit für sich, um zu studieren und zu meditieren. Dafür muß er Verständnis aufbringen und ihr genügend Freiraum lassen. Vor allem ist es wichtig, daß er auch ihre tiefgründigsten Theorien ernst nimmt und sich damit auseinandersetzt. Da er manchmal recht unüberlegt und leichtfertig sein kann, würde nichts ihre Gefühle mehr verletzen als der Gedanke, daß er sich über sie lustig macht. Und es wird oft vorkommen, daß er mit

ausdrucksloser Miene ihren manchmal etwas verschrobenen Ideen zuhören muß.

Und was ist so besonders an der weiblichen Sieben, daß er sie wählt, wo er doch die Auswahl unter den Frauen hat? Die Antwort ist ganz einfach – sie ist anders, ein Rätsel für ihn, und sie gibt ihm zu denken. Das braucht er. Hübsche, attraktive Frauen mag er zwar, aber sie langweilen ihn bald, während die weibliche Sieben wißbegierig, intellektuell, belesen und ziemlich geheimnisvoll ist. Sie ist ihm eine angemessene Widersacherin, bietet ständig Herausforderungen und läßt seine Phantasie auf Hochtouren laufen.

Diese begabte, ungewöhnliche, magische und geheimnisvolle Frau hat drei Regeln zu beachten, um dieser 3:7-Kombination eine Chance zu geben. Sie muß lernen, etwas praktischer und realistischer zu denken, mit Geld sorgsamer umzugehen und geselliger zu werden. Der Dreier hat gern Gesellschaft und viele Freunde und will nicht seine ganze Freizeit mit tiefsinnigen, ernsthaften Diskussionen mit ihr verbringen. Er hat ihr viel zu bieten, und das Geben und Nehmen sollte ausgeglichen sein, damit eine glückliche Beziehung daraus wird.

Erstaunlicherweise ist die mystische weibliche Sieben sehr irdisch und keineswegs vergeistigt, wenn es um ihre physische Liebe zum Dreier geht. Dabei zieht sie Taten den Worten vor und scheint eine völlig andere Frau zu sein. Dann ist sie sinnlich, gefühlvoll und sehr einfallsreich. Weil auch er leidenschaftlich und aufregend ist, sollte es ihnen gelingen, die wahre Bedeutung des Wortes Ekstase herauszufinden. Diesem Paar winkt ein glückliches, befriedigendes Liebesleben.

Männliche Drei : Weibliche Acht

Unglücklicherweise funktioniert diese Kombination nicht im persönlichen Bereich. Die Drei und die Acht sind widersprüchliche Zahlen (eine ungerade, die andere gerade), und in einer Verbindung treten erhebliche Meinungsverschiedenheiten und Persönlichkeitskonflikte auf. Das Lebensziel des Dreiers ist die Selbstverwirklichung, während die weibliche Acht nach materiellem Erfolg und Autorität strebt. Wenn diese beiden starken Charaktere sich also zusammentun, erfordert das eine übermenschliche Anstrengung und ungeheure Selbstbeherrschung auf beiden Seiten, die Verbindung aufrechtzuerhalten.

Der Dreier ist ehrgeizig, aber auch umgänglich, und er nimmt die Dinge nie wirklich ernst. Die weibliche Acht dagegen ist ebenso ehrgeizig, verfolgt ihre Ziele aber völlig skrupellos. Sie findet es gar nicht lustig, wenn er sie wegen ihrer Karrierebesessenheit neckt oder selbst eine Gelegenheit zum beruflichen Weiterkommen nicht wahrnimmt, einfach weil es ihm die Mühe nicht wert ist. Sie hätte es lieber, wenn er sich mehr auf eine Sache konzentrieren und sein kreatives Potential nutzen würde, anstatt als Hansdampf in allen Gassen durchs Leben zu tanzen. Geld bedeutet ihr alles, und er könnte weitaus besser dastehen, würde er es nur versuchen. Aber er tut es nicht.

Die männliche Drei haßt jegliche Routine. Er ist unbeständig, impulsiv, extravagant, eigensinnig, lehnt untergeordnete Positionen ab, reagiert gereizt auf jede Form der Unterdrückung oder Einschränkung, ist anderen nicht gern verpflichtet und vertraut viel zu sehr auf sein Glück. Was soll sie nur mit diesem Mann anfangen? Warum folgt er nicht ihrem Beispiel und macht etwas aus sich? Er treibt sie zur Verzweiflung, aber trotz seiner Fehler liebt sie ihn, denn er hat einen klugen Verstand, ist ein großartiger Unterhalter mit umwerfendem Charme. Sie findet ihn unwiderstehlich und gleichzeitig irritierend.

Die weibliche Acht ist aus ganz anderem Holz geschnitzt. Sie strebt ausschließlich nach materiellen Werten im Leben. Die Menschen werden nur nach dem beurteilt, was sie erreicht haben, und ihr wahres Wesen interessiert sie nicht. Sie ist stark, zäh, praktisch und manchmal hart und egoistisch. Jede Frau mit diesen Eigenschaften neigt dazu, mehr von ihrem Partner zu verlangen, als er geben kann. Bekommt sie diese aggressive, habgierige Einstellung nicht in den Griff, wird sie der Beziehung zum Dreier schweren Schaden zufügen. Wenig Männer halten es lange mit einer habsüchtigen, karrierebesessenen Frau aus.

Sogar die intime Seite dieser Beziehung ist voller Gefahren, wovon wenige auf das Konto des Dreiers gehen. Er ist loyal, warmherzig und liebevoll, niemals besitzergreifend und selten eifersüchtig. Er ist aufregend, phantasievoll, vielseitig und fürsorglich und ein aufmerksamer Liebhaber, der nur Erfüllung findet, wenn seine Partnerin willig und verständnisvoll auf seine Annäherungen reagiert. Eine Beziehung mit der weiblichen Acht dürfte ihm viele Probleme bescheren, denn ihre Zahl ist die Zahl der Extreme, mit ungeheuren Stimmungsschwankungen. Im Augenblick noch sanft und mitfühlend, kann sie gleich darauf schroff und abweisend sein. Ihr Gefühlsbarometer wechselt ständig zwischen Hoch und Tief, und er muß genau den richtigen Zeitpunkt treffen, will er sie verführen.

Männliche Drei : Weibliche Neun

Eine äußerst verträgliche Kombination – wenn diese beiden sich zusammentun, haben sie alles zu gewinnen und nichts zu verlieren.

Die Drei ist die Zahl der Aufklärung, und die Menschen, die

von ihr geleitet werden, sind mitfühlend und verständnisvoll. Der Dreier ist kreativ, künstlerisch veranlagt und kultiviert. Er ist talentiert, witzig, phantasievoll und vielseitig. Er hat einen brillanten Verstand, eine Fülle origineller Ideen und diesen gewissen Charme, dem die weibliche Neun nicht widerstehen kann. Er ist großzügig und impulsiv, steckt immer voller Überraschungen und interessiert sich unablässig dafür, was seine Partnerin tut oder wie sie sich fühlt. Er ist glücklich, umgänglich, nicht besonders am Geld interessiert und stets zu einem Kompromiß bereit, wenn das einen Streit rasch beendet. Er ist der Typ Mann, zu dem die weibliche Neun sich sofort hingezogen fühlt. Da sie über eine ausgezeichnete Menschenkenntnis verfügt, wird ihr nicht gerade bei der Einschätzung des Dreiers ein Fehler unterlaufen.

Die weibliche Neun ist ehrlich, vertrauensvoll und loyal. Auch sie kann einen Kompromiß mit Humor ertragen und sogar ohne Groll anderer Meinung sein. So wie er, besitzt auch sie einen klaren, scharfen Verstand, viel Phantasie, verfügt über einen reichen Wortschatz und hat diese impulsive Ader, die sie beide gelegentlich in Schwierigkeiten bringen kann. Sie ist sehr energisch, aktiv, mutig und eine Kämpfernatur. Außerdem ist sie einfallsreich, anregend, einflußreich und mit ihrer toleranten Einstellung und vielseitigen Anteilnahme die perfekte Partnerin für den Dreier. Die weibliche Neun ist geduldig und gibt nie auf. Die beiden zusammen ergeben ein unschlagbares Team.

Der Dreier drückt manchmal etwas zu unverblümt seine Meinung aus, aber seine Partnerin hat ein dickes Fell und nimmt es ihm nicht übel. Auch mit seiner Halsstarrigkeit kommt sie zurecht. Und wenn er zu herrisch wird, dann ist sie die Frau, die ihn nachdrücklich, aber taktvoll auf seinen Platz verweist. Eigentlich gibt es nichts, was diese Beziehung zerstören könnte, denn er ist nicht besonders streitsüchtig, und es liegt ihm

fern, die Gefühle dieser Frau, die er liebt, verletzen zu wollen. Diese Verbindung ist fast zu gut, um wahr zu sein, aber es ist eine in der Zahlenkunde bewiesene Tatsache, daß eine 3:9-Kombination die beste Voraussetzung für ein glückliches, zufriedenes Leben für beide Partner bietet.
Und diese Harmonie findet ihren Höhepunkt im Intimbereich – sie ist sozusagen das Juwel in der Krone einer bereits perfekten Beziehung. Der Dreier ist gütig, liebevoll und zärtlich. Seine tiefe Liebe zur weiblichen Neun findet Ausdruck im zärtlichen, hingebungsvollen Liebesspiel. Und ihre Gefühle entsprechen seinen: sie ist eine romantische, leidenschaftliche Frau, die nicht nur willig auf seine Annäherungen eingeht, sondern selbst gern die Initiative ergreift. Gemeinsam werden sie in der physischen Liebe unerhörte Wonnen erfahren und noch größeres Leid, sollten sie je voneinander getrennt werden. Diese Beziehung ist einzigartig unter Millionen.

Männliche Vier : Weibliche Eins

Die männliche Vier und die weibliche Eins haben einen langen, beschwerlichen Weg vor sich. Sie leben auf völlig verschiedenen Wellenlängen, und es erfordert gewaltige Anstrengungen, soll diese Verbindung überhaupt glücken.
Der Vierer ist ein Musterbürger – er ist gediegen, praktisch, zuverlässig, überaus angesehen und wird von seinem Arbeitgeber sehr geschätzt. Was in aller Welt bringt ihn dazu, sich mit einer tyrannischen, ungeduldigen Frau wie der weiblichen Eins einzulassen? Sie ist eindeutig nicht sein Typ, und außer ihrer gemeinsamen Vorliebe für harte Arbeit scheint beide wenig zu verbinden. Der Vierer ist ein mustergültiger Ehemann. Er ist tüchtig, systematisch und ein wunderbarer Verwalter. Mit Geld geht er sorgsam um, er ist absolut vertrau-

enswürdig und ein zutiefst häuslicher Mann, der seine Familie über alles liebt. Er ist nicht besonders ehrgeizig und mit einer untergeordneten Position glücklich und zufrieden. Eigentlich ist er viel zu träge und langweilig für die weibliche Eins. Es fehlt ihm an Energie und Lebenslust, um sie über längere Zeit hinweg zu faszinieren. Ganz zu schweigen von seiner Abenteuerlust – sie existiert nicht! Wahrscheinlich wird er ihr Verhalten nie verstehen, außerdem liegt es auch nicht in seinem Charakter, es überhaupt zu versuchen.

Die weibliche Eins ist eine ehrgeizige, karrierebewußte Dame, der es zu mühsam ist, Kraft und Zeit in die Gründung einer Familie und den damit verbundenen aufwendigen Haushalt zu investieren. Sie wird es eher vorziehen, in ihrem Beruf das Geld für eine Haushälterin zu verdienen, die ihr diese banalen, langweiligen Pflichten abnimmt. Sie ist vital, tatkräftig und mutig, überwindet jedes Hindernis und erträgt klaglos jede Mühsal, nur um ihr Ziel zu erreichen. Sie ist intelligent, selbstbewußt, hartnäckig und unabhängig. In einem Notfall kann man sich immer darauf verlassen, daß sie mit Umsicht und Gelassenheit die richtigen Entscheidungen trifft, weil sie die geborene Anführerin ist und stets alles unter Kontrolle hat. Sie strebt nach Macht und Einfluß und kann äußerst aggressiv, eigensinnig und tyrannisch sein. Warum sie sich auch nur im entferntesten zum Vierer hingezogen fühlen sollte, wird ein Geheimnis bleiben, obwohl er Sicherheit und Stabilität repräsentiert, beides wünschenswerte Eigenschaften. Er könnte einen sehr beruhigenden Einfluß auf sie ausüben, würde sie nur auf ihn hören. Weil sie um jeden Preis im Leben vorwärtskommen will, wird sie seine berechenbare Art bald langweilig finden und nach einem anderen Menschen oder etwas Neuem Ausschau halten, das ihrer rastlosen Seele eine größere Herausforderung bietet.

Die weibliche Eins ist eine vielbeschäftigte Frau, und für die

Stunden privater Intimität muß sie sich zwischen ihren zahlreichen sozialen und geschäftlichen Verpflichtungen Zeit nehmen. Der Vierer ist gütig, rücksichtsvoll und sensibel. Er wird alles in seiner Macht Stehende tun, um die Frau, die er liebt, glücklich zu machen, aber vielleicht ist er nicht stark und leidenschaftlich genug, um gerade die weibliche Eins zufriedenzustellen. Sie braucht einen starken Mann voller Lebenslust und Unternehmungsgeist. Die weibliche Eins ist abenteuerlustig, sportlich und schreckt gewiß nicht davor zurück, die Rollen zu vertauschen und selbst die Initiative zu ergreifen, wenn ihr der Sinn danach steht. Für seinen Geschmack ist sie wohl etwas zu emanzipiert. Er möchte geliebt und nicht eingeschüchtert werden, und sie will einen Mann und keinen Angsthasen im Bett haben.

Männliche Vier : Weibliche Zwei

Die Vier und die Zwei sind beides gerade Zahlen, und diese Kombination deutet auf eine harmonische Verbindung hin. Beide Partner tragen durch ihre Qualitäten dazu bei und fördern eher das Gute als das Schlechte im anderen. Diese Zahlen stehen auch für beruflichen Erfolg, und das bedeutet, daß beide beständige, tüchtige und umsichtige Personen sind. Der Vierer repräsentiert alles, was die weibliche Zwei je in einem Mann zu finden hoffte. Er weiß, wie man ein gemeinsames Leben aufbaut, und sie weiß instinktiv, was zu einem reibungslosen Ablauf gehört. Sie ergänzen einander perfekt, Meinungsverschiedenheiten treten selten auf. Er ist ehrlich, angesehen und gediegen. Er bietet ihr Sicherheit und Stabilität, also einen Lebensstil, den sie sich ersehnt. Sie braucht einen Mann zum Anlehnen, und er ist absolut zuverlässig. Der Vierer ist ruhig, praktisch, steht mit beiden Beinen auf der Erde und verliert nie die Übersicht. Sein Herz schlägt nur für seine Frau und Familie, und er ist ein patriotischer, häuslicher, gefühlvoller, idealer Ehemann. Er geht sorgfältig mit Geld um, verwöhnt aber die Frau, die er liebt, auf großzügige Weise. Für sie würde er jedes Opfer auf sich nehmen und erwartet als Gegenleistung nur, daß sie ihn liebt. Er ist diplomatisch, verständnisvoll, haßt Streit und scheut keine Mühe, um mit seinen Verwandten auszukommen. Die weibliche Zwei könnte keinen besseren Mann finden.

Nichts an der weiblichen Zwei ist aggressiv oder besitzergreifend – im Gegenteil: sie ist schüchtern, lieb und ziemlich gehemmt –, und genau das mag der Vierer an ihr. Bei dieser Frau weiß er, woran er ist, und er schätzt wie sie Ruhe und Frieden. Sie ist ausgeglichen, gütig und freundlich. Sie besitzt eine wunderbare Phantasie, ist kreativ, sensibel und zutiefst intuitiv. Ihre Gespräche sind interessant, ihr Humor ist überraschend scharfsinnig, und sie verfügt über ein gesundes Urteilsvermögen. Aber, so wie der Mond, hat auch sie ihre Schattenseite, und das kann die Beziehung problematisch machen. Ihre Stimmungen und Launen unterliegen einem ständigen Wechsel, und sie ist fast unfähig, eine Entscheidung zu treffen, weil sie dauernd ihre Meinung ändert und dazu neigt, eifersüchtig und besitzergreifend zu sein. Der Vierer wird manchmal von Mißtrauen und Verzagtheit geplagt. Beide müssen in dieser Hinsicht sehr behutsam miteinander umgehen.

Im Intimbereich sollten der Vierer und die weibliche Zwei wunderbare persönliche Freuden erfahren, obwohl sie nie den Rausch reiner animalischer Leidenschaft erleben werden, denn dafür sind sie beide zu brav und konventionell. Der Vierer ist ein zärtlicher, liebevoller Mann, stets voller Rücksicht für seine Partnerin und viel zu angepaßt, um neue Sexualpraktiken vorzuschlagen. Und die weibliche Zwei drückt ihre Liebe zu ihm auf eine sanfte, romantische Art aus, denn selbst wenn beide allein sind, ist sie sehr schüchtern und gehemmt. Aber keiner von beiden ist von ihrem Liebesleben enttäuscht, weil ihnen die Art, wie sie ihre Gefühle ausdrücken, richtig erscheint.

Männliche Vier : Weibliche Drei

Wenn es diesen beiden nicht gelingt, ihre Persönlichkeitsdifferenzen zu überwinden, wird die Beziehung sehr schwierig werden – die Gefahr des Scheiterns ist sozusagen vorprogrammiert.
Der Vierer mag die Dinge, wie sie sind, und haßt Veränderungen. Er ist solide, bodenständig und unerschütterlich. Die weibliche Drei dagegen segelt kühn durchs Leben, ist phantasievoll, vielseitig und sehr impulsiv.
Der Vierer ist ein Baumeister. Langsam und mit größter Sorgfalt schichtet er Ziegelstein auf Ziegelstein und errichtet sein Leben auf einem soliden Fundament. Er ist methodisch, fleißig, gleichmütig und gelassen. Nichts scheint ihn je zu erschüttern, und er gibt selten auf. Abkürzungen gibt es für ihn ebensowenig wie unnötige Risiken. Wie ein alter träger Fluß rollt der Vierer gemächlich dahin. Die Menschen halten ihn für einen stumpfsinnigen, freudlosen Mann, aber bei näherem Hinsehen entdecken sie, daß er einen klugen, schöpferischen Geist besitzt, interessante Gespräche führen kann und jede Menge amüsanter Geschichten zu erzählen hat.
Die andere Hälfte dieser Kombination, die weibliche Drei, spricht durch ihr Aussehen für sich. Das fröhliche Funkeln ihrer Augen verrät, daß sie lebhaft und lustig ist; ihr beschwingter Gang drückt ihre Bereitschaft aus, alles Neue auszuprobieren, und ihre Art, die Menschen zu betrachten, zeigt,

wie klug, aufmerksam und intelligent sie ist. Sie hat in der Tat einen sehr flinken Verstand, den sie auch zu gebrauchen versteht. Sie ist phantasievoll, schöpferisch, kreativ und intuitiv. Leider ergeht sie sich gern in leichtfertigen Reden, handelt oft gedankenlos und nennt die Dinge beim richtigen Namen. Ihre direkte, taktlose Ausdrucksweise ist oft beleidigend, wenn auch nicht beabsichtigt. Sie ist eine umgängliche, freundliche Frau mit einem umwerfenden Charme, wenn sie nur etwas mehr Selbstdisziplin und Beherrschung zeigen würde.

Der Privatbereich dieser Beziehung ruht auf dem solidesten Stein des Fundaments – der Liebe. Trotz ihrer unleugbaren charakterlichen Unterschiede verbindet diese beiden eine tiefe Zuneigung, die vor allem in der Intimität ihres Heims zum Ausdruck kommt. Der Vierer ist ein gefühlvoller Mann. Er ist gütig, rücksichtsvoll, treu und anhänglich. Er ist auch erstaunlich sensibel und braucht im Privatleben das Gefühl, geliebt zu werden; das gibt ihm die benötigte Sicherheit. Er ist weder übermäßig eifersüchtig noch besitzergreifend, ebensowenig wie die weibliche Drei. Sie ist loyal, warmherzig und fürsorglich. Ihre impulsive Ader ist im Privatbereich eher eine Bereicherung als ein Ärgernis, weil die männliche Vier dadurch nie vor Überraschungen sicher ist. Sie werden manches Tief in ihrem Zusammenleben zu überwinden haben, aber die Höhepunkte, die sie erreichen, wiegen bei weitem alle Probleme ihres täglichen Lebens auf.

Männliche Vier : Weibliche Vier

Diese beiden mögen ihr gemeinsames Leben zwar wie jedes andere verliebte Pärchen beginnen, aber wenn sie ihr kleines Liebesnest eingerichtet haben, ist daraus wohl ein prächtiger, märchenhafter, mit modernstem Luxus ausgestatteter Palast geworden. Warum? Weil die Vier die Zahl der Baumeister ist, also wird ein Vierer-Paar größer und besser bauen als alle anderen. Das Bedürfnis, etwas Dauerhaftes und Beständiges zu errichten, steckt ihnen im Blut, und mit bienenhaftem Fleiß wird ihnen ein spektakuläres Machwerk gelingen. Diese beiden sind die sprichwörtlichen »Müllers von nebenan«, mit denen jeder andere Schritt halten will. Doch wenn sich zwei Vieren zusammentun, müssen sie sich vor einer Gefahr in acht nehmen: in ihrem Streben nach materiellen Werten könnten andere vitale Aspekte des Lebens zu kurz kommen.

Der Vierer ist tüchtig, äußerst systematisch und scheut ganz gewiß harte Arbeit nicht. Er ist praktisch veranlagt, bodenständig, und man kann sich auf seine ruhige, besonnene Art verlassen, mit der er jedes Problem angeht und löst. Seine perfekte Planung, die bis ins letzte Detail durchorganisierte Arbeitsmethode läßt ihn ein immenses Pensum mit scheinbarer Leichtigkeit bewältigen. Er hat einen einfallsreichen, brillanten Kopf, ist von sich überzeugt und kann Menschen für sich einnehmen, ohne aggressiv oder aufdringlich zu wirken. Er neigt dazu, alles aus einem total unterschiedlichen Blickwinkel im Vergleich zu anderen zu sehen, und verbündet sich in einer Auseinandersetzung meistens mit dem Benachteiligten. Jeden Erfolg in seinem Leben hat er sich hart erarbeitet; er ist absolut vertrauenswürdig, folgt stets dem geraden Weg, ohne irgendwelche Abkürzungen, und geht sorgfältig mit Geld um. Er ist ein angesehener, geachteter, häuslicher Mann. Gelegentlich leidet er unter düsteren melancholischen Anwandlungen, die aber selten lange währen und keineswegs in Depressionen ausarten. Er ist solide, verläßlich, fleißig und der perfekte Partner für sein Pendant – die weibliche Vier.

Sie besitzt genau dieselben Eigenschaften wie die männliche Vier. Mit Übersicht und System verwaltet sie ihr Heim und umsorgt ihre Familie. Ihr Bedürfnis nach Sicherheit findet sie an der Seite des Vierers befriedigt. Er ist der ideale Ehemann für sie. Mittelpunkt ihres Lebens ist ihr Heim, und dort kann sie ihr perfektes Organisationstalent verwirklichen. Damit sie wirklich glücklich sein kann, muß ihr Leben ablaufen wie ein Uhrwerk.

Dieses Paar ist nicht besonders sinnlich oder an sexuellen Aufregungen interessiert, aber in ihrer Beziehung herrschen gegenseitige Achtung und Vertrauen – Qualitäten, die so oft die Freuden körperlicher Lust überdauern. Vieren sind gefühlvoll, treu und fürsorglich. Keiner von beiden ist eifersüchtig oder übermäßig besitzergreifend, und von ihrem Privatleben erwarten sie nur gegenseitige Liebe. Alles andere ist ein zusätzlicher Bonus.

Männliche Vier : Weibliche Fünf

Obwohl die männliche Vier und die weibliche Fünf so unterschiedlich sind wie Schwarz und Weiß, fühlen sie sich gerade von ihren Gegensätzen angezogen. Mit ein wenig Anstrengung auf beiden Seiten können sie allerdings die gröbsten Differenzen überwinden, und somit kann diese ungleiche Verbindung durchaus funktionieren. Der Vierer ist sehr pragmatisch veranlagt, und ein wenig phantasievoller Einfluß von der weiblichen Fünf kann ihm nicht schaden. Er ist praktisch, sie anpassungsfähig; er geht systematisch vor, sie ist etwas wirrköpfig; er ist gelassen, sie ist rastlos. Dieses Paar stellt das typische Beispiel für kontroverse Zahlen dar (gerade und ungerade), aber in dieser Beziehung überwiegen die Stärken die Schwächen des Partners. Tatsächlich hat der eine die Qualitäten, an denen es dem anderen mangelt, und das ermöglicht in der gegenseitigen Ergänzung ein erfolgreiches und erfülltes Zusammenleben.

Der Vierer ist mit einem Ziegelstein zu vergleichen. Er ist verläßlich und grundsolide und kann der weiblichen Fünf die Sicherheit bieten, die sie zwar vor anderen vorgibt abzulehnen; aber insgeheim braucht sie einen geschützten Hafen vor den Stürmen des Lebens. Abenteuer sind für die Jungen da, und erst mit zunehmendem Alter wird sie voll zu schätzen wissen, welch fürsorglicher, außergewöhnlicher Mann ihr Partner wirklich ist. Sie neckt ihn gern, vor allem wenn er wieder einmal besorgt die Stirn über ihre verrückten Pläne runzelt. Dann wird sie ihn spöttisch eine langweilige Schlafmütze nennen, aber ohne seine vernünftige bodenständige Art würde ihr Leichtsinn sie wohl in manches Dilemma stürzen.
Der Vierer arbeitet hart und achtet auf jedes Detail. Er ist geduldig, umsichtig und geht keine unnötigen Risiken ein. Schwierigkeiten betrachtet er als Herausforderung. Er ist angesehen, verantwortungsbewußt und erreicht mit wenig sehr viel, vor allem wenn es dabei um Geld geht.
Die weibliche Fünf besitzt einen flexiblen Verstand und verfügt über eine grenzenlose Energie. Sie ist klug, sprunghaft, ungeduldig und unberechenbar. Sie ist vielfältig begabt, doch ihr Hauptproblem liegt darin, sich für die richtige Sache zu entscheiden und daran festzuhalten, weil es ihr an der nötigen Ausdauer fehlt. Aber der Vierer bietet ihr eine beständige Richtung im Leben. Er ist der einzige Mann, der ihr die Flügel stutzen kann, ohne ihren Freiheitsdrang zu zerstören. Sie verlangt nach Aufregung, so wie andere Frieden und Ruhe brauchen. Sie kann egoistisch, gedankenlos und rücksichtslos sein, aber für den Vierer zählen ihre Kreativität, Originalität und Phantasie mehr. Eine Verbindung mit ihr einzugehen, ist womöglich das einzige Spiel, das er in seinem Leben wagt. Glücklicherweise werden bei ein wenig gegenseitigem Verständnis und dem echten Bedürfnis, miteinander auszukommen, beide für dieses Risiko belohnt.

Jede Frau, die einen Vierer zum Partner hat, sollte sich glücklich schätzen. Er steckt voller Überraschungen. Er ist gütig, liebevoll, gefühlvoll und ein Mann, der seine Liebe uneingeschränkt geben kann. Er ist großherzig, großzügig und möchte seine Partnerin einfach nur glücklich machen. Er ist zwar nicht besonders leidenschaftlich oder überschwenglich, hat dafür aber unzählige andere Qualitäten. Und im Austausch für seine Hingabe erwartet er nur ihre Liebe.

Die weibliche Fünf kann jedem heißblütigen Mann sehr zu schaffen machen. Sie ist sinnlich, den irdischen Wonnen zugetan und äußerst lebhaft. Sie weiß, was sie will, und wenn sie es nicht schnell genug bekommt, holt sie es sich selbst. Das spornt den Vierer an. Falls es ihm gelingt, sie nach außen hin zu zähmen, dürfte dieselbe Taktik auch im Privatleben Erfolg haben. Er sollte sie wie eine Zeitbombe behandeln, die zwar entschärft, aber nicht gänzlich außer Gefecht gesetzt werden sollte. Das ist eine recht knifflige Aufgabe, die aber beiden recht viel Vergnügen bereiten könnte.

Männliche Vier : Weibliche Sechs

Diese 4:6-Kombination bietet alle Voraussetzungen für eine sehr gesunde persönliche Beziehung, denn sie beinhaltet die richtigen Bestandteile für ein harmonisches Zusammenleben. Die Zahlen Vier und Sechs sind ausgewogen, gerade und durch zwei teilbar, was bedeutet, daß beide sehr viel gemeinsam haben, obwohl die weibliche Sechs eine etwas kompliziertere Persönlichkeit ist, da ihre Zahl auch noch durch drei teilbar ist – aber das werden wir später analysieren.

Der Vierer ist ein tatkräftiger, hart arbeitender Idealist. Er ist eher praktisch veranlagt und geht die Probleme des Lebens gelassen und vernünftig an. Er ist der geborene Organisator, und aus diesem Grund scheint ihm alles mit Leichtigkeit zu gelingen. Er ist davon überzeugt, daß mit logischem Denken und guter Planung fast alles erreicht werden kann. Aber trotz seiner gesetzten, ehrbaren Art ist er keineswegs langweilig. Er ist ein anregender Gesellschafter, redegewandt und steckt voller amüsanter Geschichten. Er ist patriotisch, häuslich und sehr umgänglich. Aber er ist auch leicht verletzlich, manchmal überempfindlich und leidet gelegentlich unter melancholischen Stimmungen, wenn die Last der Verantwortung zu schwer wird. Er repräsentiert Sicherheit und Ausgeglichenheit, beides Qualitäten, die die weibliche Sechs anerkennt und zu schätzen weiß.

Auch die weibliche Sechs ist zuverlässig, ausgeglichen und idealistisch. Sie verfügt über eine natürliche Begabung, im Haus harmonische Verhältnisse herzustellen, und weil sie mitfühlend und verständnisvoll ist, reagiert sie intuitiv auf gelegentliche Überempfindlichkeit und melancholische Stimmungen des Vierers. Ihr Lebensziel gipfelt darin, anderen zu helfen und Unterstützung zu gewähren, obwohl sie dabei leicht übertreibt. Sie ist warmherzig, ehrlich, loyal und sehr konventionell. Sie hat Charme, Würde und ein ausgeprägtes Anstandsgefühl. Dem Partner ihrer Wahl fühlt sie sich tief verbunden. Er ist der Mittelpunkt ihres Lebens. Keine Mühe ist ihr zu groß, Streit wird sie um jeden Preis vermeiden, und entstehen doch einmal Meinungsverschiedenheiten, wird sie einlenken und Zugeständnisse machen. Die Sechs ist die Zahl des Friedens, der Harmonie und Häuslichkeit, und dieser Erfüllung gilt ihr ausschließliches Streben. Die Kompliziertheit ihrer Persönlichkeit, die wir am Anfang erwähnt haben, wurzelt in ihrer künstlerischen Begabung. Sie ist kreativ, phantasievoll und hat einen Blick für Farben. Und diese Talente bringen nicht nur ihre Persönlichkeit wirkungsvoll zur Geltung, sondern kommen auch ihrem Heim zugute. Obwohl die

männliche Vier ihre kreativen Fähigkeiten nicht teilt, weiß er doch ihre Anstrengungen diesbezüglich zu würdigen.
Die gefühlvolle Harmonie in dieser Beziehung prägt auch ihre Intimsphäre. Ihr Liebesleben ist zwar kein Sinnenrausch, wird aber von Großzügigkeit und Rücksichtnahme geleitet. Der Vierer ist zutiefst ein »Softie«, denn er ist romantisch, sentimental und zärtlich. Die weibliche Sechs ist loyal, treu und liebevoll. Diese Kombination als persönliche Beziehung verspricht Glück und Erfüllung für beide.

Männliche Vier : Weibliche Sieben

Diese Kombination verspricht größtes Glück für alle Beteiligten, denn sie basiert auf den besten Charaktereigenschaften beider Welten. Der Vierer repräsentiert die materielle Seite, schafft das solide Fundament für ihre Beziehung, während die weibliche Sieben mit ihren ideellen Werten Kreativität, Phantasie und eine gewisse träumerische Atmosphäre beisteuert, an der es ihrem bodenständigen Partner mangelt. Gemeinsam verfügen sie über ein enormes Potential. Das Schlüsselwort für diese Verbindung kann nur Expansion lauten.
Der Vierer hat einen sehr ausgeprägten Charakter. Er arbeitet hart, ist tatkräftig, solide, praktisch und ausgeglichen. Außerdem ist er geduldig, fürsorglich, ehrbar und der ruhende Pol in dieser Beziehung. Geistige Höhenflüge liegen ihm nicht, und er übt einen beruhigenden, ernüchternden Einfluß aus, wenn die intuitiven Kräfte die weibliche Sieben über die Grenzen jeglicher Vernunft hinaustragen. Er ist intelligent, einfallsreich, häuslich und kann gut mit Geld umgehen, was sehr vorteilhaft ist, denn die weibliche Sieben ist in finanzieller Hinsicht ein hoffnungsloser Fall.
Obwohl der Vierer tüchtig und sehr systematisch ist, stellt er

gern jegliche Autorität in Frage, besitzt eine eigenwillige Betrachtungsweise und vertritt oft sehr ungewöhnliche und konträre Ansichten und Meinungen. Ihm und seiner Partnerin wird es selten an interessanten Diskussionsthemen mangeln. Er bringt Sicherheit, Beständigkeit und Ausgeglichenheit in die Beziehung. Im Austausch dafür erwirbt er Wahrheit und Weisheit, denn die weibliche Sieben findet Zugang zu seiner Seele. Sie ist sein Guru, sein privates Fenster zu anderen Welten, die sie gemeinsam in der friedfertigen Umgebung ihres Heims erforschen können.

Die Sieben ist eine magische Zahl, und die weibliche Sieben ist wahrhaftig magisch und mysteriös. Sie ist intellektuell, philosophisch, selbstbeherrscht und ziemlich geheimnisvoll, was den Vierer zunächst irritiert, bis er sie näher kennenlernt. Sie ist gebildet, reserviert, an allem Okkulten interessiert und womöglich hellseherisch begabt. Sie strahlt eher Würde als Charme aus, und Geld und körperliches Wohlbefinden bedeuten ihr wenig. Sie braucht sehr viel Zeit für sich allein, um nachzudenken, zu meditieren und zu studieren. Für den Vierer bleibt sie ein Rätsel, das er wohl nie lösen wird, obwohl seine Versuche, ihre Geheimnisse zu lüften, eine anregende, für beide Teile lohnende Lebensaufgabe sind.

Die Intimität ist für dieses Paar eine geistige wie körperliche Vereinigung. Sie könnten Höhen reinster Ekstase erreichen, weil sie einfach in jeder Beziehung harmonieren. Der Vierer ist rücksichtsvoll, gütig, fürsorglich und für einen derart nüchternen Mann erstaunlich gefühlvoll und romantisch. Die weibliche Sieben ist gefühlvoll und leidenschaftlich, ohne dabei die Kontrolle über ihre Emotionen zu verlieren. Es gibt Zeiten, da wird er sich fragen, ob ihre Gedanken wirklich bei ihm sind, oder ob sie in ihrer Phantasiewelt weilt. Aber das stört ihn nicht, denn Hauptsache ist, sie sind zusammen, und das werden sie höchstwahrscheinlich auch bleiben.

Männliche Vier : Weibliche Acht

»Arbeit und Vergnügen« – das ist das Ergebnis einer 4:8-Kombination. Diese beiden könnten entweder Arbeitskollegen sein, zwischen denen sich außerhalb des Büros eine enge persönliche Beziehung entwickelt, oder sie begegnen einander im Privatbereich und gehen später eine Geschäftsverbindung ein. Aber es spielt keine Rolle, wie und wo sie zueinanderfinden, denn eins ist gewiß: sie werden irgendwann gemeinsam leben und arbeiten. Der Drang, Geld zu verdienen, liegt ihnen im Blut, und mit ihrer doppelten Energie, ihrer Tüchtigkeit und ihrem Ehrgeiz kann dieses Paar nur das gemeinsame Ziel erreichen.

Zuerst wollen wir die weibliche Acht betrachten, denn sie ist die wahre Macht hinter dem Thron und die treibende Kraft in dieser Beziehung. Sie denkt in sehr großen Maßstäben und wird erst zufrieden sein, wenn sie sich ein kleines Königreich aufgebaut und nicht nur materiellen, sondern auch gesellschaftlichen Erfolg hat. Die weibliche Acht kann hart und absolut rücksichtslos sein, wenn es darum geht, ihr Ziel zu erreichen. Sie weiß genau, wie sie ihre Stärke, ihre praktischen Fähigkeiten und ihre Energie zu ihrem Vorteil einsetzen muß. Wenn jemand eine Medaille für Hartnäckigkeit und unermüdlichen Einsatz verdient, dann ist sie es. Die weibliche Acht ist anpassungsfähig, verläßlich, verantwortungsvoll und charmant. Als dominierende Persönlichkeit in dieser Beziehung muß sie sich vor Eigensinn, Egoismus und Aggressivität in acht nehmen, denn das sind Eigenschaften, die ihrer Persönlichkeit schaden können. Sie betrachtet auch ein gewisses Maß an Streitsucht als normal, und das dürfte dem Vierer Schwierigkeiten bereiten. Sie liebt den Komfort, Luxus und einen großartigen Lebensstil und wird ihren Partner so lange drangsalieren, an ihm herumnörgeln, ihn umschmeicheln und mit ih-

rem Charme bezaubern, bis er ihre Wünsche erfüllt. In dieser Beziehung ist sie die Löwin, und leider wird er immer das Lamm bleiben, das jederzeit geopfert werden kann.
Begehen Sie nie den Irrtum, die weibliche Acht als ein verspieltes Kätzchen anzusehen – diese Frau weiß, was sie will, und nichts und niemand wird sie daran hindern, ihr Ziel zu erreichen.
Der Vierer denkt nicht in so großen Maßstäben wie seine Partnerin, aber das könnte für sie von Vorteil sein, wenn er kleinere, aber grundlegende Fehler in ihrem großangelegten Plan aufzeigt und korrigiert. Er ist nicht so dynamisch und aggressiv wie die weibliche Acht, obwohl er genauso eigensinnig und entschlossen sein kann. Wie sie ist er praktisch veranlagt, arbeitet hart und kann sehr gut mit Geld umgehen. Aber seine Lebenseinstellung ist realistischer, und er erwartet nicht dieselbe enorme Belohnung für seine Anstrengungen. Er ist gelassen, tüchtig, systematisch und ein ausgezeichneter Verwalter, was sehr gut in ihre Pläne paßt. Gemeinsam könnten sie Berge versetzen, vorausgesetzt, die weibliche Acht drangsaliert ihn nicht zu sehr.
Die Acht steht auch für Rückschläge, und das kann bedeuten, daß sie mit ihren Plänen Schiffbruch erleidet. Dieser Beziehung steht entweder ein glorreicher Erfolg bevor, oder sie ist gänzlich zum Scheitern verurteilt, und es bleibt dahingestellt, ob die Verbindung vier oder vierzig Jahre dauert.
Leider gibt es bei diesem Paar wenige Momente der Intimität, denn die weibliche Acht unterliegt extremen emotionalen Schwankungen und zeigt wenig Interesse an der physischen Seite der Liebe. Gelegentlich kann sie zärtlich und mitfühlend sein, aber meistens ist sie ziemlich kühl und distanziert, denn es fällt ihr schwer, ihre Gefühle auszudrücken. Der Vierer ist ein rücksichtsvoller Mann, aber er ist auch nur ein Mensch und leicht verletzlich. Wird ihm erst einmal bewußt, daß

seine Annäherungsversuche nicht willkommen sind, gibt er womöglich ganz auf und widmet sich statt dessen der Lektüre eines Buches. Dieser Bereich ihrer Beziehung wird wohl immer problematisch bleiben.

Männliche Vier : Weibliche Neun

Die männliche Vier und die weibliche Neun bewegen sich im Katastrophengebiet, sollten sie je eine Verbindung in der harten skrupellosen Welt des Geschäfts eingehen, aber als persönliche Beziehung sieht die Geschichte ganz anders aus. Sie haben einander viel zu geben. Der Lernprozeß ist natürlich langsam, wenn alle Anregungen positiv aufgenommen und verstanden werden sollen. Der Vierer kann seiner Partnerin praktisches Wissen vermitteln und profitiert dafür von der anregenden, stimulierenden und gut informierten weiblichen Neun. Sie teilt ihre weltliche Klugheit mit ihrem Partner. Vorausgesetzt, diese Verbindung kann sich Schritt für Schritt entwickeln und ist keinem Zeitdruck ausgesetzt, könnte ihr Erfolg beschieden sein.
Der Vierer ist womöglich der beste Lehrer, den die weibliche Neun sich wünschen kann. Er ist geduldig, ausdauernd, achtet auf Kleinigkeiten und beherrscht sein Fachgebiet. Seine Schülerin ist intelligent, interessiert und wißbegierig – eine sehr gute Ausgangsbasis für beide. Er ist ein ruhiger Typ, der denkt, ehe er handelt, während die weibliche Neun ziemlich reizbar und impulsiv ist. So kann er ihr helfen, ihren Enthusiasmus unter Kontrolle zu bekommen und weniger Fehler zu machen. Indem sie sein beständiges, verantwortungsbewußtes Beispiel nachahmt, wird sie entdecken, wie eine vernünftige Einstellung gelegentlich Wunder bewirken kann. Und in der Auseinandersetzung mit der Realität gewinnt sie Abstand zu den

Problemen und kann sie aus einem sachlicheren Blickwinkel betrachten. Das ist nur ein Bruchteil der Vorteile, die er ihr zu bieten hat, denn jeder Tag in seiner Gesellschaft birgt neue Entdeckungen.
Und was ist mit der weiblichen Neun? Durch ihre weitsichtige Denkungsart kann sie ihrem Partner den richtigen Lebensweg zeigen. Sie ist mitfühlend, verständnisvoll, idealistisch und wie der Vierer sehr geduldig. Sie hat viele Interessen und einen umwerfenden Charme. Sie kann nicht nur die Menschen um sich, sondern ihre ganze Umgebung beeinflussen. Sie besitzt einen starken Willen, einen klaren Verstand, überrascht mit ungewöhnlichen Geistesblitzen und verspürt den echten Wunsch, die Welt zu verbessern. Der Vierer ist Wachs in ihren Händen, und bald wird er an ihrer Seite gegen Hunger, Armut und politische Unterdrückung kämpfen. Sie ist eine begabte, kluge Frau, die unablässig das Lebensziel der Zahl Neun – weltweit Liebe und Harmonie zu fördern – verfolgt und ihm somit zu einer toleranteren Lebenseinstellung verhilft.
In der Intimsphäre ihres Schlafzimmers können die beiden auch voneinander lernen. Der Vierer bringt Romantik, Gefühl und Rücksicht in ihr Liebesleben, während sie impulsiv, selbstlos und überschwenglich ist. Seine Sanftheit wirkt ausgleichend und beruhigend auf ihr stürmisches Gemüt. Gemeinsam sollten sie viel Freude und Glück erfahren, die nur wahre Liebe und tiefe Zuneigung in einer Beziehung wachsen lassen.

Männliche Fünf : Weibliche Eins

Gehen Sie in Deckung, wenn die männliche Fünf und die weibliche Eins die Startrampe verlassen und gemeinsam über die Rennpiste einer persönlichen Beziehung rasen. Glückli-

cherweise sind beide Fahrer äußerst anpassungsfähig und flexibel; und das könnte die Rettung für diese 5:1-Kombination bedeuten. Beide sind sehr unbeständige, wankelmütige Individuen, und es erfordert sehr viel Geschick und Reaktionsvermögen, die Anforderungen des anderen zu bewältigen.
Auf den Fünfer trifft am besten die Bezeichnung Zappelphilipp zu. Er ist rastlos, ungeduldig und überempfindlich. Nie nimmt er Rücksicht auf sich selbst, strapaziert seine Nerven bis zum Äußersten, brennt die Kerze von beiden Seiten an, geht die fürchterlichsten Risiken ein und verausgabt seine geistigen Kräfte derart, daß er ständig am Rande eines Nervenzusammenbruchs lebt. Der leiseste Druck kann ihn reizbar und übellaunig stimmen. Eigentlich braucht er eine Frau, die ihn bemuttert, aber die weibliche Eins tut das gewiß nicht. Sie ist der Auffassung, wenn er die elementarsten Regeln wie gesunde Ernährung, ausreichend Schlaf usw. mißachtet, dann soll er das Rennen verlieren. Sie folgt den Gesetzen des Dschungels, wo nur der Stärkste überlebt.
Aber der Fünfer besitzt viele gute Eigenschaften, die seine Schwächen ausgleichen. Er ist äußerst scharfsinnig, ein guter Organisator und kluger Delegierer. Hat er eine Niederlage erlitten, so erholt er sich selbst von einem schweren Schlag rasch und ist bald wieder auf der Höhe. Er ist abenteuerlustig, attraktiv und kann ohne Aufregung nicht leben. Alles andere, wie finanzieller Gewinn oder gesellschaftliches Ansehen, was er im Laufe seines ereignisreichen Lebens erreicht, geschieht rein zufällig, denn er sucht Nervenkitzel, nicht Belohnung durch Erfolg.
Die ehrgeizige, aggressive weibliche Eins fordert die besten und gleichzeitig die schlimmsten Eigenschaften des Fünfers heraus. Diese Beziehung mag nicht von Dauer sein, aber solange sie besteht, haben diese beiden aktiven, dynamischen Persönlichkeiten im Kampf um den ersten Platz sicher sehr viel Spaß

daran. Sie praktizieren die Kunst, dem anderen immer um eine Nasenlänge voraus zu sein, und versuchen ständig, sich gegenseitig auszutricksen. Aber die weibliche Eins geht aus diesem Wettkampf wahrscheinlich als Siegerin hervor, denn sie hat die Ausdauer und Entschlossenheit, an denen es dem Fünfer mangelt. Er neigt eher dazu, aufgeben, wenn mit allzu harten Bandagen gekämpft wird, obwohl er sich durchaus dafür entscheiden könnte, einen zweiten Versuch zur Zähmung dieser Frau zu einem späteren Zeitpunkt zu wagen.
Die weibliche Eins ist eine Karrierefrau. Sie setzt ihren eigenen Kopf durch und fürchtet sich vor nichts. Sie ist zielstrebig, selbstbewußt, couragiert und selbständig. Sie besitzt den wahren Pioniergeist und fühlt sich gewöhnlich zu Neuem und Ungewöhnlichem hingezogen, eine Neigung, die sie mit ihrem Partner teilt. Sie ist intelligent, logisch, kreativ und hartnäckig, aber leider auch halsstarrig, aggressiv und schrecklich herrisch. Beide können ihre Familie und ihre Freunde gelegentlich in Verlegenheit bringen, weil sie aus ihren Gefühlen füreinander kein Hehl machen und diese auch außerhalb ihrer Intimsphäre ausdrücken. Beide sind überschwenglich, extrovertiert und impulsiv. Landen sie dann schließlich hinter verschlossenen Türen, gibt es in ihrem Liebesleben keine Tabus. Wie im übrigen Leben kann auch hier nichts die weibliche Eins aufhalten, und ihr Partner ist kein bißchen besser (oder schlimmer). Die Fünf ist die Zahl des natürlichen Mannes, des sinnlichen Menschen und wird diese Erwartungen bestimmt erfüllen.

Männliche Fünf : Weibliche Zwei

Nie dürften sich diese beiden Menschen begegnen, denn in einer 5:2-Konstellation gibt es keine Übereinstimmung! Sie sind das Beispiel in der Zahlenkunde für die Unverträglichkeit zweier widersprüchlicher Zahlen. In dieser Kombination herrschen grundlegende Meinungsverschiedenheiten vor. Physische Anziehungskraft reicht nicht aus; ihre Schwierigkeiten liegen im gegenseitigen Unverständnis der Charaktere. Obwohl diese knifflige Kombination in vereinzelten Fällen funktionieren kann – doch nur wenn beide in hohem Maße Verständnis füreinander aufbringen –, wird sie wohl nicht von Dauer sein, denn der Fünfer schätzt seine Freiheit zu sehr, und die weibliche Zwei ist viel zu schüchtern und unschlüssig, um ein Machtwort zu sprechen, damit er bei der Stange bleibt.

Wie es scheint, ist der Fünfer gewöhnlich der Hauptschuldige, wenn es Probleme in einer Beziehung gibt. Er ist klug, unverwüstlich, einfallsreich und mit einer ungeheuren Abenteuerlust, einer Sehnsucht nach Aufregung und Nerven, so gespannt wie Klaviersaiten, ausgestattet. Und genau wie ein Klavier muß er gelegentlich neu gestimmt werden. Er liebt die Erkundung neuer Orte, die Erprobung neuer Ideen, haßt jeglichen Trott und liebt die Gefahr, das Risiko und manchmal auch das Spiel. Er ist vielseitig begabt und beherrscht etliche Dinge recht gut, neigt aber dazu, sich zu verzetteln, und es mangelt ihm an der Ausdauer, etwas zu Ende zu bringen. Die weibliche Zwei wird das bald feststellen, wenn er anfängt, anderen Frauen schöne Augen zu machen – wobei er auch vor ihren engsten Freundinnen nicht zurückschreckt. Die weibliche Zwei wäre ohne ihn wohl besser dran, obwohl er diesen gewissen Charme ausstrahlt, dem so schwer zu widerstehen ist. In dieser Beziehung wird sie wahrscheinlich Lehrgeld zahlen müssen, aber diesen Fehler wird sie vermutlich nur einmal begehen.

Die weibliche Zwei gehört zu den Naiven dieser Welt. Sie ist unterwürfig, anspruchslos, empfindsam und zurückhaltend. Außerdem ist sie ziemlich schüchtern, schrecklich befangen, wechselt ständig ihre Meinung und ist durch ihre leichte

Beeinflußbarkeit auch äußerst unschlüssig. Aber sie ist auch sehr kreativ, hat eine ausgeprägte Phantasie, ist großzügig, freundlich und viel zu gut für einen unverbesserlichen Schurken wie der Fünfer. Sie liebt Schönheit, Harmonie und Ordnung, also wird es ein grausames Erwachen für sie geben, wenn dieser schlampige, rastlose Mann in ihr Leben einbricht, alles verändert und dann wie ein Wirbelwind wieder verschwindet. Die weibliche Zwei ist gefühlvoll, sanft, launisch, leicht verletzbar, und die leiseste Kritik oder eine schroffe Bemerkung können sie völlig aus dem Gleichgewicht bringen. Es könnte einige Zeit dauern, ehe sie sich von der Verheerung, die ein Fünfer in ihrem Leben anrichten würde, wieder erholt.

Selbst die starke physische Anziehungskraft, die die beiden ursprünglich zusammenbrachte, reicht nicht aus, um diese Verbindung aufrechtzuerhalten, denn ihre Ansichten über die Liebe, und wie man sie zum Ausdruck bringen sollte, sind grundsätzlich verschieden. Die weibliche Zwei ist ganz Herz und Seele. Sie ist zärtlich, romantisch und verträumt, während der Fünfer sinnlich, sexy und ungezwungen ist. Sein Liebesspiel ist oft grob, animalisch und unorthodox. Nie wird er Gedichte zum Lob ihrer Schönheit verfassen, und genausowenig wird sie auf seine gewagten Spiele eingehen können.

Männliche Fünf : Weibliche Drei

Die rastlose Schwalbe (die männliche Fünf) und der unbeständige Otter (die weibliche Drei) geben ein lebhaftes und sehr bemerkenswertes Paar ab. Beide sind sie aktive, kreative, extrovertierte Persönlichkeiten mit anpassungsfähigen Naturellen und klugen Köpfen, die ehrlich daran glauben, daß das Leben zum Leben da ist. Die einzige Gefahr, vor der sie sich hüten müssen, ist ihr Hang, die Dinge zu übereilen.

Wenn beide Zahlen ungerade sind, impliziert das, daß die Beziehung relativ harmonisch verlaufen dürfte, denn beide Partner bringen einzigartige Qualitäten ein und fördern ineinander eher die positiven als die negativen Eigenschaften. Wir wollen nun betrachten, wie das im wirklichen Leben funktioniert.

Der Fünfer ist ein rastloses Individuum. Um nicht in langweiligen Trott zu verfallen, braucht er ständig Anregungen. Leider verliert er sehr schnell das Interesse an allem Neuem und sieht sich gelangweilt nach anderen Dingen um, die er noch nicht ausprobiert hat. Und diesbezüglich hat die weibliche Drei viel zu bieten – sie ist klug, einfallsreich und steckt voller origineller Ideen. Wenn es ihr nicht gelingt, ihm Abwechslung und Spaß zu verschaffen, dann kann das niemand. Der Fünfer ist dauernd auf der Suche nach Abenteuern. Er liebt Reisen, Begegnungen mit fremden Menschen und erforscht gern unbekannte Gebiete. Er muß dauernd in Bewegung sein, und kommt dabei noch ein Schuß Risiko und Gefahr hinzu, um so besser, denn er ist ein Spieler. Auch hier kann die weibliche Drei ihm unentbehrlich werden, denn sie scheint ein Teufelsglück zu haben; mit ihr an seiner Seite kann einfach nichts schiefgehen. Selbst wenn er müde und gereizt ist (weil er seine Nerven andauernd über Gebühr strapaziert), bekümmert sie das wenig. Seine verdrießliche Laune ignoriert sie einfach, denn sie weiß, daß er nach einigen Stunden Ruhe am Morgen wieder der gewohnte unberechenbare und ungeduldige Zeitgenosse ist. »Wie um alles in der Welt kannst du ihn ertragen?« fragen ihre Freunde oft voller Erstaunen, wenn er wieder einmal etwas besonders Bizarres oder Unüberlegtes getan hat. Und ihre Antwort lautet immer gleich: »Weil er ein ungewöhnlicher Mann ist, der mich auf Trab hält.« Es erübrigt sich zu erwähnen, daß auch sie einer gelegentlichen Verrücktheit nicht abgeneigt ist.

Die weibliche Drei ist eine recht ungewöhnliche Dame. Sie ist hochbegabt, vor allem auf künstlerischem Gebiet, resolut, ehrgeizig, selbständig und vielseitig. Der Fünfer teilt ihre künstlerischen Neigungen, und seine Kritik kann manchmal sehr konstruktiv und hilfreich sein, obwohl sie ziemlich zornig werden kann, wenn sie mit seinen Ansichten nicht übereinstimmt. Ihre Ausdrucksweise kann manchmal sehr direkt sein. Sie sagt immer, was sie denkt, ganz gleich, ob sie damit vielleicht jemanden beleidigt. Sie ist nicht nur begabt, sondern außerdem auch noch scharfsinnig, aufmerksam und anderen gewöhnlich einen Schritt voraus. Es bereitet ihr ein diebisches Vergnügen, andere mit ihrem raschen Verstand einzuwickeln, und in dieser Hinsicht ist der Fünfer ihr gewachsen, obwohl sie meistens am Ende doch als Sieger aus Streitgesprächen hervorgeht.

Diese beiden können viele gemeinsame Wege im Leben gehen, weswegen sie wohl auch gut miteinander auskommen. Er braucht Fortschritt und neue Erfahrungen, während sie jede sich ihr bietende Gelegenheit nutzt, um sich weiterzuentwickeln. Selbst ihre Lebenslektionen sind fast dieselben. Er muß lernen, mit der Freiheit umzugehen, und sie muß lernen, durch Selbstverwirklichung persönliche Freiheit zu erlangen.

In ihrer Intimsphäre haben sie ein Höchstmaß an Übereinstimmung und Zufriedenheit gefunden. Ein Blick in ihre glücklichen Gesichter zeigt, daß es auf diesem Gebiet keine Probleme gibt. Die Zahl Fünf steht für Sexualität, aber die weibliche Drei ist ebenso aufregend, unberechenbar und sinnlich wie er. Er mag sich zwar für den Supermann halten, aber dafür ist sie die Zauberfee!

Männliche Fünf : Weibliche Vier

In dieser Konstellation bewahrheitet sich das alte Sprichwort »Wo ein Wille ist, da ist auch ein Weg«, denn es erfordert große Anstrengungen von beiden Partnern, damit diese Beziehung einigermaßen funktioniert.

Ihre gravierendsten Schwierigkeiten liegen wohl in den gänzlich verschiedenen Persönlichkeiten. Hier haben wir ein weiteres Beispiel für gegensätzliche Zahlen (eine ungerade, die andere gerade); hinzu kommt, daß die Fünf eine »geistige Zahl« (ein Denker) und die Vier eine »praktische Zahl« (ein Macher) ist. Aber Gegensätze ziehen sich ja oft an, und das geschieht wahrscheinlich in dieser Verbindung. Der Fünfer ist einfallsreich und anpassungsfähig; die weibliche Vier ist solide und praktisch veranlagt. Vorausgesetzt, beide gehen vorsichtig zu Werk, könnte die Beziehung Erfolg haben.

Für den Fünfer ist es beinahe unmöglich, Vorsicht walten zu lassen. Er ist ein rastloser, ungeduldiger Mann, der schwer einzuschätzen ist, weil er selten über längere Zeit hinweg ein bestimmtes Ziel anpeilt. Er ist stets angespannt, überstrapaziert seine Nerven, denkt und entscheidet rasch, handelt impulsiv. Er ist ein Abenteurer, liebt Reisen und sucht Stimulation in der Begegnung mit neuen Menschen und Orten. Er ist ungeheuer vielseitig. Seine größte Schwierigkeit liegt darin, sich für eine Sache zu entscheiden. Unzählige Dinge wecken sein Interesse, langweilen ihn aber bereits wieder nach kurzer Zeit. Er braucht Aufregung wie die Luft zum Atmen, frönt der Spielleidenschaft und geht manchmal die beängstigendsten Risiken ein. Er ist schwungvoll und unverwüstlich, seinem Geist sind keine Grenzen gesetzt. Negativ kann sich allerdings sein übertriebenes Selbstvertrauen auswirken, denn er lehnt jeglichen Rat oder Zuspruch von anderen ab, und das bedeutet, daß er manchmal sehr egoistisch, gedankenlos und

rücksichtslos sein kann. Mit anderen Worten: er ist ein charmanter, anziehender, aber absolut unzuverlässiger Mann. Für gewöhnlich ist es besser und leichter, Dinge selbst zu erledigen, als ihn um seine Hilfe zu bitten. Entweder er vergißt einfach, worum man ihn gebeten hat, oder er gibt die Angelegenheit mittendrin auf, weil er plötzlich Gefallen an etwas anderem findet.
Glücklicherweise ist die weibliche Vier eine außergewöhnlich ruhige, praktische, bodenständige Frau, die ihm die eine oder andere Lektion in bezug auf Organisation und Vernunft erteilen könnte. Sie ist fleißig, tüchtig und zuverlässig. Sie kann etliche seiner Mängel aufwiegen und Fehler beheben, obwohl sie es bald satt haben wird, seine Unordnung aufzuräumen, seine Probleme zu lösen und die ganze Verantwortung zu tragen. Sie braucht ein festes, solides Fundament, auf dem sie ihr Leben aufbauen kann, während er bereits neuen Ideen nachjagt, noch ehe der Zement getrocknet ist. Es bedarf einer gewaltigen Anstrengung, diese Beziehung aufrechtzuerhalten, und wie üblich muß der Fünfer den größten Beitrag dazu leisten.
Der Fünfer ist ein lebenslustiger, heißblütiger Mann. Sollte er in eine gefühlsmäßige Verbindung mit der weiblichen Vier verstrickt werden, tut er gut daran, einige seiner primitiveren Instinkte zu zügeln, damit sie ihm nicht vor Schreck davonläuft. Er ist sinnlich, überschwenglich, abenteuerlustig und vielleicht ein wenig zu sexy für eine konservative Dame. Die weibliche Vier ist gütig, liebevoll und fürsorglich, aber ihr fehlen womöglich die animalischen Untertöne, die ihr Partner in das Liebesspiel einbringt. Ein bißchen weniger Selbstdisziplin würde ihr guttun. Gelingt es ihm, seine Leidenschaft etwas zu zügeln, und wagt sie, etwas leichtfertiger und abenteuerlustiger zu werden, so hat diese Konstellation gute Erfolgschancen.

Männliche Fünf : Weibliche Fünf

Dies ist eine zu flüchtige und unbeständige Konstellation, von welchem Gesichtspunkt aus man sie auch betrachtet. Alle Fünfen sind rastlos, wankelmütig, überdreht und aufrührerisch. Zwei Fünfen zusammen ergeben eine potentielle Zeitbombe, die jeden Augenblick explodieren kann. Eine Beziehung zwischen zwei Fünfen steckt voller Gefahren und sollte, wenn möglich, um jeden Preis vermieden werden.

Männliche Fünf : Weibliche Sechs

Wenn der temperamentvolle, leicht erregbare Fünfer eine gefühlsmäßige Bindung mit einer ruhigen, häuslichen Frau wie der weiblichen Sechs eingeht, so kann das Ergebnis eine angenehme Überraschung für seine Familie und Freunde werden, die bereits verzweifelt jede Hoffnung aufgegeben hatten, daß er je zur Ruhe kommen würde. Tatsächlich übt die weibliche Sechs einen derart beruhigenden Einfluß auf ihn aus, daß er zum ersten Mal in seinem Leben Ordnung in seine Gedanken bringt.
Sich selbst überlassen, hat der Fünfer stets Schwierigkeiten, ein erstrebenswertes Ziel zu finden, denn er ist vielseitig begabt, und es gibt zu viele Dinge, die ihn gleichzeitig interessieren. Es mangelt ihm an Ausdauer und Beständigkeit, jedes zunächst faszinierende Projekt langweilt ihn bald, und er beschließt, etwas Neues auszuprobieren. Er ist stets angespannt, rastlos, ungeduldig, sucht geistige und physische Abenteuer, und es ist äußerst schwer, ihn bei der Stange zu halten. Er liebt das Spiel und Risiken, Reisen, Begegnungen mit fremden Menschen und erforscht leidenschaftlich gern exotische Orte. Er ist ein kluger, einfallsreicher Mann – und

das ist der weiblichen Sechs bewußt: sie wird dafür sorgen, daß er seine Fähigkeiten nicht vergeudet! Ehe sie sich begegneten, war er wohl nur ein Hansdampf in allen Gassen, aber nachdem sie ihn unter ihre Fittiche genommen hat, wird aus ihm bald ein Meister auf seinem Gebiet, dessen ausgezeichnete Arbeit allgemein bewundert wird.

Die weibliche Sechs verfügt über eine profunde Menschenkenntnis, und deswegen erkennt sie auch das Potential im Fünfer, das andere Frauen leicht übersehen. Sie glaubt, daß er die Mühe wert ist. Sie versteht es sehr geschickt, andere Menschen unauffällig zu manipulieren, weil sie die seltene Gabe des intuitiven Verständnisses der Bedürfnisse und Probleme anderer besitzt. Sie ist kreativ, intelligent, ausgeglichen, konventionell, couragiert, bestimmt und tatkräftig. Sie hat ein Auge für Schönheit, einen hervorragenden Sinn für Farben und künstlerische Fähigkeiten.

Selbst die Symbole für diese 5:6-Kombination – beides Vögel – bilden einen Einklang, und das ist sehr ermutigend. Die Taube der weiblichen Sechs repräsentiert Friedensliebe und Großzügigkeit, während die Schwalbe des Fünfers stets zu seinem Brutplatz zurückkehrt, ganz gleich, wie weit die Reiselust ihn fortgetragen hat. Das bedeutet, sie wird nie versuchen, seinen Freiheitsdrang einzuengen. Mit offenen Armen und ohne ein Wort des Vorwurfs heißt sie ihn willkommen. Diese ungewöhnliche Frau kann ohne Groll und Verbitterung seine Rastlosigkeit akzeptieren.

Perfekte Umstände gibt es im Leben für niemanden, und die Probleme dieses Paares liegen wohl in der Intimsphäre. Die Liebe der weiblichen Sechs ist mehr mütterlich als sinnlich. Eine feurige Verführerin kann man sie wohl nicht nennen. Ihre Zuneigung ist eher fürsorglich und romantisch. Ihre Begabung liegt darin, eine behagliche Atmosphäre zu schaffen, aber die große Leidenschaft oder animalische Wildheit sind ihr fremd.

Und das sind leider seine Gefühlsstärken; in dieser Andersartigkeit liegen auch ihre Probleme. Die Fünf ist die Zahl der Sexualität, und der Fünfer wird auch in dieser Beziehung seinem Ruf gerecht und möchte seine Gefühle voll ausschöpfen. Der weiblichen Sechs bleiben nur zwei Möglichkeiten: entweder sie akzeptiert ihn und gibt sich Mühe, seine Vorlieben zu befriedigen, oder sie verschließt die Augen vor dem Risiko, daß er sich außerehelichen Aktivitäten hingibt.

Männliche Fünf : Weibliche Sieben

Bei dieser Kombination hat man sofort das Bild einer Wippschaukel vor Augen: der Fünfer sitzt behaglich auf dem einen Ende, während die weibliche Sieben unsicher auf dem anderen thront. Wenn er oben ist, ist sie unten, und wenn sie glücklich ist, dann ist er es nicht. Aber jede Wippschaukel ist manchmal im Gleichgewicht, und dann befinden sich beide auf gleicher Höhe – Auge in Auge sozusagen. Dieser Zustand des Gleichgewichts in einer 5:7-Beziehung kann durch Rücksichtnahme, Mäßigung und sehr viel Geduld auf beiden Seiten erreicht werden. Aber so wie bei einer Wippschaukel können diese beiden nie für längere Zeit in perfekter Harmonie leben, und es scheint unvermeidbar, daß ihre Beziehung unter einem beträchtlichen Ausmaß an Hochs und Tiefs zu leiden hat.
Der Fünfer ist rastlos, überspannt und schrecklich ungeduldig. Er liebt Reisen, Begegnungen mit fremden Menschen und erforscht gern unbekannte Gebiete. Er bezieht sein Wissen und seine Erfahrung gern aus erster Hand anstatt aus Büchern. Sein größtes Problem liegt wohl darin, daß seine vielfältigen Interessen ihn daran hindern, sich über längere Zeit hinweg ausschließlich einer Sache zu widmen. Die Abwechslung ist sein Lebenselixier, und er will alles zumindest

einmal im Leben ausprobiert haben. Er ist abenteuerlustig, waghalsig, impulsiv und überaus charmant, aber er kann auch gedankenlos, kritisch und entsetzlich eingebildet sein. Sein Charakter hat in der Tat einige Schattenseiten, wie die weibliche Sieben bald feststellen wird. Sie ist eine Frau, die Friede, Ruhe und viel Zeit zum Nachdenken braucht. Diese Atmosphäre zu schaffen, wird ihr schwerfallen, solange der Fünfer rastlos umherstreift.

Dem weltgewandten, erfahrenen Fünfer ist wohl noch nie eine Frau wie die weibliche Sieben begegnet, und das zieht ihn unwiderstehlich an. Sie scheint in keines der Muster zu passen, die er kennt. Er beschließt, dieses Geheimnis zu ergründen, übersieht dabei aber, daß das eine Lebensaufgabe werden könnte.

Die weibliche Sieben ist ihm ein Rätsel, deren Vielseitigkeit sie in seinen Augen nur noch begehrlicher macht. Sie ist gebildet, kreativ und geheimnisvoll. Sie hat einen scharfen Verstand und eine ungewöhnliche Phantasie. Sie gebraucht ihren Intellekt zur Erforschung ihrer Umgebung und ist vor allem daran interessiert, die Wahrheit über die Natur und den Sinn des Lebens zu entdecken. Sie ist zurückhaltend, würdevoll und künstlerisch begabt. Sie hat wenig irdische Bedürfnisse; Geld und Ansehen sind ihr unwichtig – nur ihr eigener Glaube zählt. Wahrscheinlich sind ihre Ansichten recht unorthodox – tatsächlich halten die meisten Menschen den Großteil ihrer Ideen für ziemlich absonderlich. Eine Vorliebe, die sie mit dem Fünfer teilt, ist die Reiselust. Aber sie zieht es vor, abseits der Touristenpfade ein Land zu erkunden, und scheut auch keine Unbequemlichkeit und Anstrengung. Gelingt es diesem Paar, die Wippschaukel lange genug im Gleichgewicht zu halten, bis sie einen für beide Teile tragbaren Kompromiß finden, wie ihr Zusammenleben aussehen soll, könnte diese Beziehung zu einer sehr lohnenden Erfahrung werden.

Seltsamerweise hat dieses Paar nie Probleme im Liebesleben. Die weibliche Sieben ist zwar ruhig und zurückhaltend in der Öffentlichkeit, aber im Privatleben sieht das ganz anders aus. Sie ist gefühlvoll, leidenschaftlich und phantasievoll. Der sexy Fünfer hat in ihr eine gleichgesinnte Partnerin gefunden. Wie ihr Liebesleben aussieht, bleibt der Phantasie jedes einzelnen überlassen.

Männliche Fünf : Weibliche Acht

Die männliche Fünf und die weibliche Acht ergeben ein Erfolgsteam. Sie sind ein dynamisches Duo, wobei die weibliche Acht die Ideen, die der Fünfer ersinnt, fast ebenso schnell in die Wirklichkeit umsetzt, wie sie ihm einfallen. Und dieses Tempo, in dem ihr Leben abläuft, kann zu Mißverständnissen führen, außer sie sind beide sehr routiniert und lebenserfahren.
Der Fünfer ist gewiß lebenserfahren, scharfsichtig, klug, gerissen und unverwüstlich. Durch seine vielseitige Begabung hat er Erfahrung auf vielen Gebieten, also trifft auch die Bezeichnung »routiniert« auf ihn zu. Aber er ist viel zu nervös, ungeduldig, abenteuerlustig und risikofreudig für eine beständige Beziehung. Abgesehen davon, daß er manchmal rücksichtslos, zügellos und völlig unberechenbar sein kann, ist er doch ein sehr anziehender, lebhafter Mann mit einem unwiderstehlichen Charme.
Er ist originell, kreativ und erholt sich schnell von Rückschlägen. Er hat einen sehr beweglichen Verstand, der sich mit drei Dingen gleichzeitig beschäftigen kann. Er ist ein Spielertyp, hält ständig Ausschau nach neuen Ideen, besitzt einen tadellosen Geschmack und fürchtet nichts mehr, als in ausgefahrene Geleise zu geraten. Er ist fortschrittlich, genial und mit der weiblichen Acht an seiner Seite praktisch unschlagbar.

Die weibliche Acht hat ihre fünf Sinne beisammen. Sie ist stark, praktisch, klug und wünscht sich nichts sehnlicher, als in allem, was sie unternimmt, Erfolg zu haben, und das schließt ihre Beziehung ein. Sie ist intelligent, hartnäckig und ausdauernd, aber diese Qualitäten schlagen ins Negative um, wenn sie hart, egoistisch, aggressiv und herrschsüchtig wird. Doch für gewöhnlich ist sie eine überaus charmante, attraktive Frau. Sie ist ehrlich, zuverlässig, drückt sich nie vor ihren Verpflichtungen und ist stets bereit, für ihre Lieben Opfer zu bringen. Manchmal kann sie ein ziemlicher Tyrann sein, aber sie hat das Herz auf dem rechten Fleck. Wenn der Abenteurer (der Fünfer) und der Materialist (die weibliche Acht) an ihrer Beziehung zueinander nicht sehr viel Freude haben und davon profitieren, dann liegt irgend etwas im argen.

Leider könnte es mit dem Spaß und den Spielen vorbei sein, sobald die Schlafzimmertür geschlossen wird. Die Fünf ist die Zahl der Sexualität, aber die Acht ist die Zahl des Umgekehrten. Meist hängt es von ihrer Stimmung ab, ob es zum Liebesspiel kommt, und sie wird auch häufiger als andere Frauen die Ausrede mit den unerträglichen Kopfschmerzen benutzen. Aber glücklicherweise hat die Geschichte ein Happy-End. Wenn sie in verliebter Stimmung ist, dann kann die Zeit für beide zum Stillstand kommen, und der Fünfer wird sich wünschen, daß diese Laune sie öfter überkommen möge.

Männliche Fünf : Weibliche Neun

Eine 5:9-Konstellation ist weder sehr gut noch sehr schlecht – sie hält sich in der Mitte. Der Fünfer ist oft der Missetäter, wenn es in dieser Beziehung Schwierigkeiten gibt, denn er handelt gern unüberlegt und impulsiv. Aber die weibliche Neun, die unter der Zahl mit der stärksten Ausstrahlung

geboren wurde, kann ihn für gewöhnlich so weit positiv beeinflussen, daß die Dinge nicht außer Kontrolle geraten.
Würde man die Lebensziele der Menschen auf einer Skala aufzeigen, so würde die Zahl Neun zweifelsohne die höchste Markierung erreichen. Die Neunen beiderlei Geschlechts haben sich die Verbreitung allumfassender Liebe und Harmonie zum Ziel gesetzt und sind unermüdlich dabei, anderen die richtige Lebensweise zu zeigen. Also wird sie natürlich versuchen, den Fünfer für ihre Lebensauffassung zu gewinnen. Geht er dabei gelegentlich über Bord, so treibt ihr angeborenes Verständnis für menschliche Schwächen sie dazu, ihn zu retten. Welche Risiken er auch eingeht und wie rücksichtslos er sich benimmt, sie wird ihm immer verzeihen, und das ist genau der Grund, warum eine Kombination wie diese die harten Prüfungen der Zeit überdauern wird. Die weibliche Neun ist eine außergewöhnliche Frau, und zutiefst in seinem Herzen weiß der Fünfer das.
Der Fünfer ist zuerst und vor allem ein Abenteurer. Er haßt es, in ausgefahrene Geleise zu geraten. Damit er das Gefühl hat, ein ausgefülltes Leben zu führen, braucht er vierundzwanzig Stunden am Tag Abwechslung, Stimulation und Aufregung. Er ist ein kluger Mann – begabt, originell und kreativ –, aber er kann eintönige Routinearbeit nicht vertragen. Er ist sehr vielseitig, überspannt, unverwüstlich, einfallsreich und unbeständig. Nicht viele Frauen können über längere Zeit hinweg seine Art vertragen, aber die weibliche Neun schafft es, mit leichter Hand die positiven Seiten in ihm zu wecken, während er ihre geistigen und physischen Fähigkeiten ins schier Grenzenlose ausdehnt. Er ist donquichottisch, und es ist sehr schwierig, mit ihm Schritt zu halten, aber diese beiden sollten die Zielgerade eigentlich Hand in Hand überqueren.
Die weibliche Neun ist eine Frau mit großer visionärer Kraft. Sie ist tolerant, idealistisch und sehr, sehr bestimmt. Sie besitzt

einen umwerfenden Charme, hat vielseitige Interessen und das intensive Bedürfnis, der Menschheit in einer gerechten Sache zu dienen. Erfolg ist ihr beschieden, und ihre Leistungen sind oft brillant. Sie hat einen klaren, scharfen Verstand, viel Phantasie, ein vertrauensvolles Naturell und ist ehrlich und offen im Umgang mit anderen. Ihre größte Gefahr liegt – wie bei der männlichen Fünf – in ihrer Impulsivität und Tollkühnheit. In ihren Ansichten kann sie aber auch intolerant und voreingenommen sein. Sie ist unverwüstlich, systematisch und stets bereit, für die Durchsetzung ihrer Wünsche zu kämpfen. Der Fünfer braucht eine starke Frau an seiner Seite, und die weibliche Neun erfüllt diese Ansprüche.

In der Intimsphäre verstehen sich die idealistische Neun und die abenteuerliche Fünf ziemlich gut. Meistens stimmen ihre Sehnsüchte und Vorlieben überein, aber es ist unvermeidbar, daß sie Augenblicke großer Ekstase ebenso erleben wie Nächte tiefster Verzweiflung. Während der Fünfer sinnlich, irdisch und ungeduldig ist, ist die weibliche Neun romantisch, leidenschaftlich und impulsiv.

Männliche Sechs : Weibliche Eins

Es besteht wenig Zweifel, daß diese 6:1-Beziehung blüht und gedeiht, denn die Vorteile überwiegen die Nachteile bei weitem. Der Sechser hat einer Frau bezüglich Loyalität, Zuneigung und Liebe viel zu bieten, aber dafür muß sie ihm genügend Freiraum gewähren, damit er seine kreativen Talente verwirklichen kann. Diese können sowohl in Gestalt einer Statue der Venus im Garten oder als Wandgemälde in der Eingangshalle Ausdruck finden. Auf jeden Fall muß er seine künstlerische Begabung ausschöpfen, und sollte sie sich darüber ärgern, so muß sie einen Weg finden, um damit leben zu können.

Obwohl sie eine emanzipierte Karrierefrau ist, muß die weibliche Eins ihre Aggressivität im Berufsleben abreagieren. Eine herrische kleine Tyrannin ist wohl der letzte Mensch, mit der der liebenswürdige, ausgeglichene Sechser zusammenleben möchte. Er braucht Frieden, Harmonie und Gelassenheit und keine Streitereien, Diskussionen und Zwietracht. Wie sie sich im Beruf verhält, ist ihre Sache, aber zu Hause muß sie ihre Aggressivität zügeln.
Der Sechser ist ausgeglichen, phantasievoll, intelligent und treu. Sobald er verheiratet ist, geht er völlig im Eheleben auf, und er wird stets der Gesellschaft seiner Partnerin den Vorzug geben. Er gibt einen hingebungsvollen Ehemann, einen gewissenhaften Vater und einen Freund fürs Leben ab. Er hat moralische Grundsätze und ein intuitives Verständnis für die Bedürfnisse und Probleme anderer. Er liebt kräftige Farben und schöne Dinge, womit er sich überall, vor allem zu Hause, umgibt. Er ist aufgeschlossen, würdevoll, überaus anziehend und kann sehr charmant sein. Wie jeder andere, hat auch er seine »schwarzen Tage«, an denen er lustlos, unzufrieden, unausstehlich eigensinnig und unnachgiebig sein kann. Er ist ein Mann, dem man vertrauen kann, und die weibliche Eins sollte sich glücklich schätzen, ihn gefunden zu haben. Ein zweites Mal in ihrem Leben wird ihr wohl kaum ein Partner wie er begegnen.
Die weibliche Eins wurde mit einer Lebensaufgabe betraut. Sie muß unbedingt ihre einzigartige Individualität zum Ausdruck bringen, indem sie anderen den richtigen Weg weist und sie führt. Sie ist zuversichtlich, tüchtig, systematisch und scheut keine Mühe. Sie ist originell, scharfsichtig und wie ihr Partner, der Sechser, überaus kreativ auf ihrem Gebiet. Sie führt ein sehr ausgefülltes Leben, schafft es aber immer irgendwie, alles unter einen Hut zu bringen. Der Sechser führt gern ein gastliches Haus, und sie ist die perfekte Gastgeberin.

Sie ist großzügig, versöhnlich, vital, tatkräftig und gelegentlich etwas exzentrisch, was sich mit zunehmendem Alter verstärkt. Sie ist eine attraktive, aufrichtige Frau. Vorausgesetzt, sie kann ihre herrische Ader zügeln und in ihren Prinzipien etwas nachgiebiger sein, sollte diese Beziehung gut funktionieren.
In ihrem Schlafzimmer weiß der Sechser eine romantische, verführerische Atmosphäre zu schaffen, denn er selbst ist ein Träumer und Romantiker. Die weibliche Eins ist eher der irdische Typ, obwohl sie seinen Schmeicheleien nie widerstehen kann. Sie ist eine liebevolle, gefühlsbetonte und ganz gewiß aufregende Partnerin für jeden Mann, der das Glück hat, ihre Liebe gewonnen zu haben. Wie ein galanter Ritter wird er die Dame seines Herzens umwerben und ihre Gunst gewinnen. Diese Beziehung ist von Dauer, und kein Rivale kann sie zerstören.

Männliche Sechs : Weibliche Zwei

Das ist keine besonders dynamische Zahlenkombination, weil beide Partner ruhig, passiv und introvertiert sind. Es fehlt der für den geschäftlichen Erfolg nötige Antrieb und Ehrgeiz, aber im persönlichen Bereich sollte diese Beziehung besser als andere funktionieren. Die männliche Sechs und die weibliche Zwei aktivieren gegenseitig ihre besten Seiten, und so sollte diese Verbindung glücklich, harmonisch und gemütlich verlaufen. Die häusliche weibliche Zwei und die schöpferische männliche Sechs ergeben zusammen eine Atmosphäre in Schönheit und Wohlbehagen, mit einer vielversprechenden Zukunftsperspektive.
Der Sechser ist liebenswürdig, ruhig und konventionell. Er ist sehr vertrauensvoll und absolut vertrauenswürdig. Nichts

liebt er mehr als Ruhe und Frieden, vermeidet Streit um jeden Preis und verabscheut dominierende, überhebliche Menschen. Er besitzt großen Charme, eine anziehende Persönlichkeit und einen scharfen Verstand. Er ist gerecht, aufgeschlossen und behandelt die Menschen mitfühlend und verständnisvoll. Er ist zuverlässig, ehrlich und freundlich. Sein brennendster, wichtigster Lebenswunsch ist, sich schöpferisch zu betätigen. Er hat einen ausgezeichneten Farbensinn, einen feinen Instinkt für Kunst, Literatur und Musik und ein ausgeprägtes Schönheitsempfinden. Fühlt er sich in seinem Schaffensdrang irgendwie eingeschränkt oder gelingt es ihm nicht, seine Kreativität zu verwirklichen, so fühlt er sich frustriert und unglücklich. Das Malen, Schreiben oder Musizieren braucht er wie die Luft zum Atmen. Ein Sechser ohne Ziel und Beschäftigung ist in der Tat ein erbärmlicher Anblick. Bei der Verwirklichung seiner künstlerischen Ambitionen duldet er keinen Widerspruch, und er verfolgt eigensinnig sein Lebensziel.

Die weibliche Zwei ist ziemlich schüchtern und befangen. Sie haßt es, Entscheidungen treffen zu müssen, und wechselt ständig ihre Meinung. Unablässig braucht sie Ermutigung und Zuspruch, die ihr die männliche Sechs gern gibt, und außerdem bietet er ihr auch seine starke Schulter zum Anlehnen. Auch sie ist kreativ und überaus phantasiebegabt, allerdings empfindlicher und dünnhäutiger als ihr Partner. Aber hinter dieser gelassenen Oberfläche verbirgt sich eine humorvolle, scharfsinnige Gesprächspartnerin. Sie ist taktvoll und versöhnlich, liebt Schönheit, Harmonie und Ordnung. Erstaunlicherweise kann sie sich rasch an veränderte Umstände anpassen und fügt sich scheinbar leicht und mit viel Charme in jede neue Situation. Diese Frau besitzt wesentlich mehr Qualitäten, als auf den ersten Blick zu erkennen ist.

Die weibliche Zwei läßt sich lieber führen als selbst zu führen, und sie braucht unbedingt das Gefühl emotionaler und finanzieller Sicherheit. Sie ist eine vortreffliche Ehefrau, eine gewissenhafte und fürsorgliche Mutter und die ideale Gefährtin für die männliche Sechs. Die Rolle der Hausfrau liegt ihr zutiefst, denn ihr Heim liebt sie über alles. Ihre negativen Charakterzüge sind ihre Launenhaftigkeit, ihre Überempfindlichkeit, ihr Hang zur Melancholie und ihre übertriebene Eifersucht. Aber der Sechser, mit seiner tiefen Liebe und seinem unendlichen Verständnis, ist wohl der Mann, der ihr helfen kann, diese Schwierigkeiten zu überwinden.

Der Sechser ist romantisch – solange er lebt, gehört das Zeitalter der Ritter nicht der Vergangenheit an. Er ist warmherzig, liebevoll, treu und ist insgeheim ebenso eifersüchtig wie seine Partnerin. Die weibliche Zwei ist eine sanfte, sentimentale Frau, und beide ziehen ein mehr geistiges Liebesleben dem irdischen Sinnenrausch vor. Dieses Paar sucht die gefühlsmäßige Befriedigung und den Seelenfrieden. Ihre physischen Erfahrungen sind mehr ein Bonus als Voraussetzung.

Männliche Sechs : Weibliche Drei

Der Sechser zählt zu den ungewöhnlichen Männern, die mit fast jeder Frau auskommen, weil sie einfach eine warmherzige, freundliche Atmosphäre verbreiten und darüber hinaus noch gütig, aufmerksam und sehr gute Zuhörer sind. Die weibliche Drei bildet da gewiß keine Ausnahme, und ihre Persönlichkeit ist der seinen tatsächlich sehr ähnlich. Wenn diese beiden beschließen, gemeinsam ein Heim zu gründen, so sollte ihre Beziehung, basierend auf gegenseitigem Vertrauen, Liebe, Rücksicht und Ehrlichkeit, jedem Schicksalsschlag widerstehen. Haben sie einmal den Bund fürs Leben geschlossen, dann bleiben sie auch zusammen.

Der Sechser ist zwar ein umgänglicher, geselliger Mann, aber keineswegs ein Frauenheld. Er hat viele Freunde beiderlei Geschlechts und ist meistens beliebter Mittelpunkt jeder Party. Er besitzt die seltene Gabe, die Bedürfnisse und Probleme anderer intuitiv zu erfassen, und weckt die besten Eigenschaften in anderen Menschen. Er ist intelligent, phantasievoll und künstlerisch begabt. Sein Sinn für Schönheit findet oft Ausdruck in der Gestaltung seines Hauses. Er ist ausgeglichen, konventionell und ein häuslicher Mensch. Der äußere Eindruck zählt für die männliche Sechs, und wenn etwas nicht seinem Geschmack entspricht, wird er es seinen Vorstellungen entsprechend verändern.

Eines seiner Lebensziele besteht darin, anderen zu helfen und Unterstützung zu gewähren, wo nötig. Er wird seinen Idealen gerecht. Auf diesen charmanten Mann kann jede Frau stolz sein. Natürlich hat er auch negative Eigenschaften, aber keine ist besonders ausgeprägt. Er neigt dazu, seine Hilfsbereitschaft zu übertreiben und andere dadurch gefühlsmäßig von sich abhängig zu machen. Gelegentlich drängt er den Menschen auch ungefragt seine Meinung auf.

Die weibliche Drei ist nicht nur vielseitig, sondern auch klug, phantasievoll und amüsant. Sie hat einen lebhaften Geist, der anderen meistens einen Schritt vorauseilt, und eine sorglose Lebenseinstellung, die ihr manchmal zum Nachteil gereichen kann. Sie ist unfähig, irgend etwas allzu ernst zu nehmen, und das wird ihr irrtümlicherweise manchmal als Frivolität ausgelegt. Sie ist selbständig, klug, aufmerksam und steckt voller origineller Ideen. Mit ihrer Kreativität und ihrem Kunstverständnis harmonisiert sie mit dem Sechser.

Sie folgt oft einer impulsiven Eingebung, und selbst scheinbare Fehlschläge wenden sich für sie irgendwann zum Guten. Das Schicksal bestimmt ihr Leben, Fortuna ist ihr hold, und das Glück begleitet sie auf Schritt und Tritt. Der Sechser mag sie manchmal als etwas zu lebhaft empfinden, aber er verehrt und liebt sie trotzdem über alle Maßen. Denn wie könnte er einer derart glücklichen, begabten Frau wie der weiblichen Drei widerstehen?

Die weibliche Drei liebt eine geschmackvolle Umgebung, und das liebevoll eingerichtete, intim beleuchtete Schlafzimmer ist ihr Lieblingszimmer. Und das ist wohl verständlich, denn sie scheinen sehr viel Zeit darin zu verbringen. Die weibliche Drei ist warmherzig, liebevoll und spontan, aufregend, unberechenbar und steckt voller Spaß. Sie ist wie ein verspieltes Kätzchen und auch so anschmiegsam, aber der Sechser muß dafür sorgen, daß es ihr nicht langweilig wird, sonst zeigt sie ihre Krallen. Stimulation und Aufregung braucht diese Frau, und sie muß sie in ihrer Beziehung finden, um sich wirklich ausgefüllt zu fühlen. Glücklicherweise ist der Sechser dieser Aufgabe gewachsen. Er ist romantisch, aufmerksam und phantasievoll. Gelingt es ihm nicht, ihr die nötige Zerstreuung zu bieten, dann schafft es niemand.

Männliche Sechs : Weibliche Vier

Der Sechser ist ein häuslicher, friedliebender Mann, der sich gewiß nicht nach einem dramatischen Leben voller Aufregungen sehnt. Er sucht eine glückliche und konfliktlose Beziehung. Seine Partnerin ist eine solide, praktische, sehr bodenständige Frau. Sie erwartet eine sichere und dauerhafte Verbindung, und ein ruhiges, geordnetes Leben mit dem Sechser könnte die Erfüllung ihrer Sehnsüchte bedeuten. Für den Außenseiter sieht diese 6:4-Kombination vielleicht ziemlich spießig und langweilig aus, aber für dieses Paar ist sie perfekt. Der Sechser ist ein häuslicher Mann. Er ist liebevoll, mitfühlend und verständnisvoll. Seine Verpflichtungen nimmt er sehr ernst, und er ist immer bereit, anderen, die in Schwierig-

keiten geraten sind, zu helfen. Er ist intelligent, ausgeglichen, gesund und konventionell. Aggressive oder überhebliche Menschen meidet er um jeden Preis, er weicht Auseinandersetzungen aus und besitzt die Fähigkeit, ein Problem von beiden Seiten zu betrachten. Er ist aufgeschlossen, beherrscht und zuverlässig. Er liebt die Schönheit, hat einen ausgezeichneten Farbensinn und eine ausgeprägte Vorliebe für die Kunst.
Dem Malen, der Bildhauerei oder der Musik gilt seine ganze Leidenschaft, und er ist auch schriftstellerisch begabt. Am wohlsten fühlt er sich, wenn er irgendwie schöpferisch tätig ist, und sein Heim ist das Spiegelbild dieser großen Liebe für kreatives Schaffen.
Die weibliche Vier ist eine Arbeitsbiene. Sie ist tatkräftig, fleißig und sehr respektabel. Sie ist diplomatisch und aufmerksam, geht klug und sorgsam mit Geld um und ist absolut vertrauenswürdig und zuverlässig. Wie der Sechser liebt sie ihr Heim und ihre Familie über alles. Obwohl sie keineswegs Abenteuer sucht, scheint das Schicksal manchmal drastisch in ihr Leben einzugreifen und teilt ihr mehr als einen gerechten Anteil an ungewöhnlichen Ereignissen zu. Die weibliche Vier ist sensibel und sehr diszipliniert; eigentlich hat diese Frau wenig Aufsehenerregendes an sich, aber der Sechser ist ja auch nicht auf der Suche nach Sensationen.
Ihr Liebesleben verläuft ziemlich gleichförmig. Der Sechser ist ein liebevoller, treuer Mann. Seine Liebe ist mehr romantisch als sinnlich; er ist sentimental, fürsorglich, rücksichtsvoll und zärtlich. Und die weibliche Vier ist gewiß keine Verführerin. Sie hat eine sehr nüchterne Einstellung zur intimen Seite ihrer Beziehung, und obwohl sie zärtlich und gefühlvoll sein kann, wird sie nie völlig die Kontrolle über sich verlieren. Mäßigkeit ist ihr Leitspruch im Leben.

Männliche Sechs : Weibliche Fünf

Eine 6:5-Kombination bleibt immer rätselhaft, denn alles in dieser Beziehung deutet auf eine Katastrophe hin, und doch gelingt es diesen beiden manchmal, scheinbar unüberbrückbare Gegensätze zu überwinden. Wenn die temperamentvolle, aufregende weibliche Fünf sich mit einer Friedenstaube zusammentut, scheint eine bemerkenswerte Veränderung ihrer Persönlichkeit stattzufinden. Der beruhigende Einfluß des Sechsers hilft ihr dabei, Ordnung in ihre Gedanken zu bringen, so daß auch ihre Lebensanschauung klarer wird. An materiellen Werten hat sie nicht viel zu bieten, aber ihre lebhafte, abenteuerlustige und herausfordernde Art wiegt das bei weitem auf. Ihr Partner wird in jeder Hinsicht reich belohnt.

Der Sechser ist ruhig, gütig und ausgeglichen, mit einer ausgeprägten Vorliebe für sein Heim und die Familie. Er besitzt die seltene Gabe, die Bedürfnisse und Probleme anderer intuitiv zu erfassen, und weckt irgendwie die besten Eigenschaften in jedem Menschen. Er ist gerecht und gütig, hat eine ungeheure Zivilcourage und moralische Grundsätze. Außerdem ist er aufgeschlossen und beherrscht. Er ist loyal, treu und absolut zuverlässig. Er führt gern ein gastliches Haus und hat den ehrlichen Wunsch, jeden glücklich zu machen. Eifersucht und Zwietracht kann er weder ertragen noch tolerieren. Er meidet Streit, verabscheut aggressive und überhebliche Menschen und liebt nichts mehr als ein ruhiges, friedvolles und konfliktfreies Dasein.

Wie eine Katze bringt die weibliche Fünf Unruhe in die Taubenschar, wenn sie dem Sechser zum erstenmal begegnet. Aber ihre anfängliche Rastlosigkeit und Ungeduld legen sich bald im Zusammenleben mit dem Sechser, und ihre positiveren Eigenschaften kommen zum Vorschein. Sie ist klug, vielseitig, scharfsichtig, wählerisch; sie hat einen makellosen Geschmack, liest gern und ist bemerkenswert gut informiert. Sie hat einen flexiblen Verstand und beherrscht etliche Dinge recht gut. Sie ist aufgeweckt, originell, kreativ und könnte mit ein wenig mehr Ausdauer und Konzentration eine sehr erfolgreiche Künstlerin oder Musikerin werden. Ihre vielen Fehler aufzählen zu wollen, ist ein unmögliches Unterfangen. Sie ist unbesonnen, impulsiv, überspannt, kritisch, sarkastisch, unberechenbar und zügellos. Aber das alles ändert sich im Zusammenleben mit dem Sechser. Er geht so geschickt mit Menschen um, daß sie den Einfluß nie zu merken scheinen, den er auf sie ausübt. Die weibliche Fünf wird nur noch Wachs in seinen Händen sein.

Im Schlafzimmer haben sie andere Schwierigkeiten zu überwinden. Der Sechser ist altmodisch und liebt mehr die romantische und idealistische Form der Sinnlichkeit. Er ist warmherzig, liebevoll, zärtlich und sentimental – wie soll er da mit der unersättlichen weiblichen Fünf zurechtkommen? Ihre Zahl regiert die Sexualität und die animalischen Instinkte. Sie ist abenteuerlustig, überschwenglich und sehr fordernd. Dieses delikate Problem muß er sehr geschickt und taktvoll lösen, wenn er das harmonische Zusammenleben, das er aufgebaut hat, erhalten will.

Männliche Sechs : Weibliche Sechs

Häusliches Glück, Schönheit, Behaglichkeit und Zufriedenheit trifft man für gewöhnlich dort an, wo zwei Sechsen sich zusammengetan haben. Ihre Interessen liegen selten außerhalb ihres Heims und ihrer Familie. Sie leben einfach füreinander in einer Atmosphäre des gegenseitigen Vertrauens und der Liebe. Für zwei Sechsen gibt es nur ein Zusammenleben in der Ehe, nicht weil sie übermäßig konventionell wären, sondern weil ihnen dies als die einzig richtige Form der Gemeinschaft erscheint.

Alle Sechsen besitzen sehr viel Zivilcourage und Lebensgefühl. Sie sind gütig und ausgeglichen und lieben ihr Heim und ihre Familie über alles. Sie sind gewissenhafte Eltern, geben sich jede Mühe, Streit zu vermeiden, und geraten nur in Rage, wenn ihr Gefühl für Anstand und Ehre verletzt wird. Sie sind mitfühlende, verständnisvolle Menschen und sind im höchsten Maße vertrauensvoll und vertrauenswürdig. Die Rolle des Vermittlers liegt ihnen besonders, und man kann sich stets darauf verlassen, daß eine Sechs ein Problem von allen Seiten betrachten und es unparteiisch lösen wird. Sechsen sind anziehende Menschen und haben viele gute Freunde. Anderen helfen sie gern, und sie sind auch in der Lage, Unterstützung zu gewähren.

Der Sechser ist ein schöpferischer Mann, der am glücklichsten ist, wenn er irgendwie handwerklich tätig sein kann, während die weibliche Sechs mehr der mütterliche Typ ist. Sechsen beiderlei Geschlechts lieben schöne Dinge, kräftige Farben und eine gefällige Umgebung. Sie leben oft in ungewöhnlichen und beachtenswerten Häusern und vermitteln ihren Gästen gern das Gefühl, willkommen zu sein.

Ihr Intimleben ist voller Zärtlichkeit und Rücksichtnahme. Sie ziehen es eher vor, aus der Distanz zu bewundern, als sich der Leidenschaft hinzugeben. Die Liebe ist für sie mehr ein idealistisches Gefühl als ein Akt reiner physischer Vereinigung. Diese glücklichen Menschen sollten in ihrer Beziehung wenig Probleme erfahren, denn sie leben in absolutem Einklang miteinander.

Männliche Sechs : Weibliche Sieben

Der männlichen Sechs und der weiblichen Sieben mangelt es an Gemeinsamkeiten zur gegenseitigen Verständigung, und deswegen geht diese Verbindung meistens in die Brüche. Sie sind ein typisches Beispiel für widersprüchliche Zahlen (eine gerade, eine ungerade). In diesem Fall genügt physische Anziehung selten, um die Beziehung vor dem Scheitern zu bewahren. Zwischen ihnen gibt es zu ausgeprägte Meinungsverschiedenheiten, ihre Persönlichkeiten sind zu gegensätzlich, und es fehlt das Verständnis für die Gedanken und Motive des anderen.
Der Sechser ist künstlerisch veranlagt, und die Verwirklichung seiner visuellen Impressionen läßt ihm kaum Zeit, sich mit den Gedanken der weiblichen Sieben zu beschäftigen. Ihre verinnerlichte und geheimnisvolle Art, ihr Aufgehen in ihren Phantasien, läßt sie vollkommen das Interesse am Tun ihres Partners vergessen. Die weibliche Sieben ist der Frauentyp, mit dem der Sechser nicht zurechtkommt. Die beiden würden gut daran tun, ihre Beziehung auszukosten, solange sie Knospen trägt, denn vollerblüht führt sie zur Katastrophe. Halten sie dennoch daran fest, so wird einer von beiden sehr darunter leiden.

Männliche Sechs : Weibliche Acht

Das Schlüsselwort dieser Kombination lautet zweifelsohne »Potenz«, denn die Rollen beider Partner sind klar umrissen. Der Sechser bietet Unterstützung, Anregung und ein behagliches Heim. Die weibliche Acht will das Beste beider Welten – eine Karriere, eine Familie und ein gut geführtes Haus. Sie ist hartnäckig, aggressiv und ehrgeizig. Was spricht also dagegen, daß er zu Hause bleibt? Schließlich ist er von Herzen ein häuslicher Mann.

Zu Hause fühlt sich der Sechser am glücklichsten, und obwohl ihn die modernen Ideen der weiblichen Acht zunächst sehr befremden, ist er absolut bereit, das Arrangement auszuprobieren. Er ist einfühlsam, großzügig und hilft gern, langweilige und unerfreuliche Arbeiten zu erledigen, wenn jemand, den er mag, damit nicht fertig wird.

Die weibliche Acht ist im Beruf überaus tüchtig, aber an Häuslichkeit liegt ihr nicht so viel wie ihm. Der Sechser ist gütig, ruhig und ein wahrer Friedensstifter mit der seltenen Gabe, die Bedürfnisse und Probleme anderer intuitiv verstehen und die besten Eigenschaften im Menschen wecken zu können. Er liebt ein ruhiges Leben und möchte einfach, daß jeder in seiner Umgebung so glücklich wie möglich ist. Von Zeit zu Zeit quält ihn allerdings die Eifersucht, und er will genau wissen, was die weibliche Acht tut, wenn Überstunden zur Regel werden. In der Ehe zieht er die Gesellschaft seiner Frau jeder anderen vor, und natürlich möchte er die Abende und Wochenenden mit ihr verbringen. Der Sechser ist auf vielen künstlerischen Gebieten sehr talentiert. Er ist ein guter Musiker, ein begabter Künstler und Schriftsteller. Am wohlsten fühlt er sich, wenn er irgendwie schöpferisch tätig ist, und als Hausmann bleibt ihm genügend Zeit für die Verwirklichung seiner Talente.

Es besteht kein Zweifel daran, daß die weibliche Acht ein Karrieretyp ist. Sie ist gewinnsüchtig und macht kein Hehl daraus. Geld zu verdienen, liegt ihr, und sie kann es auch. In der Tat steht ihre Zahl für Geld, Macht und weltlichen Einfluß. Sie ist stark, praktisch veranlagt, klug, anpassungsfähig, fleißig und sehr diszipliniert. Rückschläge und Enttäuschungen überwindet sie spielend, und sie braucht weder Unterstützung noch Ermutigung, um bis an die Spitze vorzudringen. Der Wunsch, im Leben erfolgreich zu sein, ist ihr angeboren, und sie wird jede sich ihr bietende Gelegenheit nutzen, um voranzukommen. Sie hat keine Angst, ihre Gedanken offen auszusprechen, und sie kann hart, selbstsüchtig und absolut rücksichtslos in der Verfolgung ihrer Ziele sein.

Glücklicherweise ist sie so vernünftig, ihre Aggressivität vor allem im Berufsleben auszutoben, denn der Sechser kann Streit nicht vertragen. Mit seiner sanften Art und warmherzigen Zuneigung scheint er im Privatleben ihre weicheren Züge zu wecken. Er ist romantisch, und obwohl sie zu extremen Gefühlsausbrüchen neigt, gelingt es ihm meistens, sie in eine sanfte, liebevolle Stimmung zu versetzen, wenn sie alleine sind.

Männliche Sechs : Weibliche Neun

Diese Beziehung ist etwas ganz Besonderes, denn sie verbindet Schönheit (Sechs) mit Wahrheit (Neun). Die männliche Sechs und die weibliche Neun wissen instinktiv um das rechte Maß an Geben und Nehmen auf allen Bewußtseinsebenen.

Die Sechs ist die Zahl der Friedensstifter, also ist dem Sechser die Güte, Liebe und Rücksicht eigen. Er ist verständnisvoll, mitfühlend und immer empfänglich für die Sorgen anderer. Er ist einfühlsam, ausgeglichen und aufgeschlossen. Der Sechser besitzt sehr viel Zivilcourage und Lebensmut. Seine Fähigkeit, die positiven Eigenschaften im anderen zu wecken und ein Problem von allen Seiten zu beleuchten, ermöglicht es ihm meistens, eine unparteiische Lösung zu finden.

Der Sechser ist phantasievoll, idealistisch, absolut vertrauensvoll und vertrauenswürdig. Er ist ein freundlicher Mensch, umgänglich, besitzt ein anziehendes Naturell, ein charmantes Benehmen und jene altmodische Höflichkeit, die man heutzutage kaum noch antrifft. Er ist mit einem klugen Verstand ausgestattet und besitzt mannigfaltige künstlerische Talente. Außerdem ist er ein ungewöhnlich häuslicher Mann und wird alles in seiner Macht Stehende tun, um seine Lieben zu beschützen und sie glücklich zu machen. Er ist ein hingebungsvoller Ehemann, ein gewissenhafter Vater und ein Freund, der in der Not immer für einen da ist. Der Sechser ist ein anständiger, aufrichtiger Bürger.

Die weibliche Neun ist eine unverbesserliche Idealistin. Ihr Hauptanliegen ist es, anderen zu helfen, und sie hat den ernsthaften Wunsch, die menschlichen Lebensbedingungen und die Welt im allgemeinen zu verbessern. Sie ist eine Wohltäterin im besten Sinn des Wortes. Nie verliert sie die Hoffnung, und ihre optimistische Lebenseinstellung hilft ihr über problematische Zeiten hinweg. Sie ist bestimmt, aktiv und couragiert, ohne halsstarrig und herrisch zu sein. Sie besitzt einen klaren, scharfen Verstand, viel Phantasie und ungeheuren Charme. Sie wurde mit derselben künstlerischen Begabung wie der Sechser geboren, aber in ihrem Fall verbinden sich diese Talente mit Impulsivität, Leidenschaft und Inspiration. Sie besitzt die Gabe der übersinnlichen Wahrnehmung, die sich in hellseherischen oder telepathischen Fähigkeiten ausdrückt.

Die Neun besitzt die intensivsten Schwingungen von allen. Diese Menschen sind willensstark und eindrucksvoll. Darin bildet die weibliche Neun keine Ausnahme; sie ist eine Frau von hoher geistiger und spiritueller Kraft.

Das Intimleben dieser beiden spielt sich eher auf vergeistigtem Niveau ab; es ist mehr eine Vereinigung der Seelen als ein rein physischer Ausdruck der innigen Liebe, die sie zweifelsohne verbindet. Der Sechser ist der romantische Typ – sanft, einfühlsam und sentimental. Auch die weibliche Neun ist romantisch, aber doch etwas mehr erdverbunden. Wenn sie in der

Stimmung dafür ist, kann sie eine feurige, leidenschaftliche und impulsive Frau sein, die der männlichen Sechs manchmal ganz schön zu schaffen macht.

Männliche Sieben : Weibliche Eins

Dieses Paar muß nach unterschiedlichen Ausdrucksmöglichkeiten suchen, obwohl beide Zahlen ungerade sind und diese Kombination gewöhnlich gute Voraussetzungen für ein harmonisches Zusammenleben hat. Normalerweise wecken und fördern sie gegenseitig eher die besten als die schlimmsten Eigenschaften, aber das muß durchaus nicht sein, wie wir sehen werden, wenn wir ihre Charaktere näher betrachten.
Die weibliche Eins ist eine »Macherin«, der Siebener ein »Denker«. Er vor allem braucht sehr viel Zeit für sich, zum Nachdenken und um Ordnung in seine Gedanken zu bringen. Wenn aber beide sehr viel Verständnis für die Eigenarten des anderen aufbringen, könnte diese Partnerschaft durchaus erfolgreich verlaufen.
Der Siebener ist ein Einzelgänger. Er hat wenige und einfache Bedürfnisse. An Geld liegt ihm kaum etwas, und auf physischen Komfort kann er ganz verzichten. Die Sieben ist die magische Zahl, und man kann ihn als magisch, rätselhaft und aufreizend geheimnisvoll bezeichnen. Er hat ungeheure Geisteskräfte und die Fähigkeit, das Unbekannte zu ergründen, wobei er Theorie mit Praxis und das Wahrscheinliche mit dem Unwahrscheinlichen verknüpft.
Er ist äußerst phantasievoll, gebildet, kreativ und wird unwiderstehlich vom Okkulten und Mysteriösen angezogen. Seine Ansichten über Religion sind unkonventionell; er hat merkwürdig visionäre Träume, besitzt die Gabe der Intuition und Hellseherei. Ihn umgibt eine seltsam beruhigende Aura, die

sich positiv auf die Menschen seiner Umgebung auswirkt. Irgendwie gelingt es ihm, die Vorliebe der weiblichen Eins, unbedacht zu handeln, in logisch begründetes Vorgehen umzuwandeln, und das wirkt sich sehr positiv auf ihren Beruf aus. Reisen, ausgestattet nur mit dem Lebensnotwendigsten, unternimmt er gern. Er steht zwar nicht sehr fest mit den Beinen auf der Erde, ist auch nicht praktisch veranlagt oder zuverlässig, aber er ist ein höchst interessanter Mann, wenn das Eis erst einmal gebrochen ist und man ihn näher kennenlernt. Aus ihm spricht Weisheit, und sein Wissen ist einzigartig.

Die weibliche Eins ist eine typische Karrierefrau, obwohl ihr Charakter in vielem dem des Siebeners ähnelt. In ihren Adern fließt echter Pioniergeist, aber im Gegensatz zur männlichen Sieben bewegt sie sich mehr auf der materiellen Ebene. Sie legt wenig Wert auf Freundschaft oder Zusammenarbeit – alle Einsen neigen dazu, sich an die erste Stelle zu setzen, und sie bildet darin keine Ausnahme. Der Siebener mag zwar selbstsüchtig sein, was seinen Anspruch auf Zeit »zum Denken« betrifft, aber die weibliche Eins ist als »Macherin« ebenso rigoros in ihren Forderungen.

Die weibliche Eins ist selbständig, zielstrebig und entschlossen. Sie hat ein ausgeprägtes Verantwortungsbewußtsein, ein ungeheures Erfolgsstreben und auch die Fähigkeit, mit System und Ausdauer ihr Ziel zu erreichen. Wie der Siebener reist sie gern, denn das bietet ihr Gelegenheit, neue Erfahrungen zu sammeln. Aber bei ihr muß es erster Klasse sein.

Sie ist intelligent, logisch, fühlt sich zu Neuem und Außergewöhnlichem hingezogen und kann sehr wohl bis tief in die Nacht über die feineren Nuancen der philosophischen Ansichten ihres Partners diskutieren. Wie alle Menschen hat auch sie ihre negativen Seiten, die in Form von Halsstarrigkeit, Aggressivität und einer übersteigerten Abneigung gegen jede Art von Einschränkung zum Ausdruck kommen. Aber diese Schattenseiten ihres Charakters werden bei weitem durch ihren Charme, ihre Aufrichtigkeit und ihr großzügiges, versöhnliches Naturell aufgewogen.

Wendet der Siebener sich endlich einmal mehr irdischen Wonnen zu und ist die weibliche Eins nicht zu erschöpft vom harten Arbeitstag, so sind diese beiden erstaunlicherweise ideale Bettgefährten. Der Siebener ist leidenschaftlich, gefühlvoll und sehr einfallsreich. Er macht Liebe sowohl mit dem Verstand wie mit dem Körper, und mit der weiblichen Eins findet er Befriedigung auf beiden Ebenen – der physischen wie der geistigen. Die weibliche Eins geht alles mit Vitalität und Tatkraft an. Sie ist aufregend und demonstrativ und zögert nicht lange, bei Bedarf die Initiative zu ergreifen.

Männliche Sieben : Weibliche Zwei

Die männliche Sieben und die weibliche Zwei sind ein sehr vergeistigtes Paar und scheinen die meiste Zeit vollständig miteinander übereinzustimmen. Diese Zahlenkombination ist so friedlich und harmonisch, daß manchmal ein kleiner Zwist notwendig ist, damit sie nicht allzu selbstgefällig und überheblich werden.

Die Lebensaufgabe des Siebeners besteht darin, seinen Geist fortzubilden, um Weisheit und Verständnis zu erlangen. Und dieser Passion widmet er sich manchmal mit absoluter Ausschließlichkeit. Wenn er nicht gerade die Nase in ein Buch steckt, ist er meistens so in Gedanken versunken, daß er nicht einmal bemerkt, wenn jemand ins Zimmer kommt. Er ist gebildet, intellektuell und hat eine sehr philosophische Lebenseinstellung.

Der Siebener ist reserviert, würdevoll, zerstreut und schöpferisch. Er braucht viel Zeit für sich allein, um nachzudenken und zu meditieren. An Geld und physischem Komfort liegt ihm wenig. Er ist nicht besonders ehrgeizig oder karrierebesessen, aber als Ehemann krempelt er die Ärmel hoch, um für seine Lieben ein behagliches Heim zu schaffen. Er ist ein rätselhafter, in sich gekehrter, verschwiegener Mann und fühlt sich stark von der Magie und dem Okkulten angezogen. Anscheinend ist es ihm unmöglich, die traditionellen Erklärungen der Naturgesetze und den Sinn des Lebens zu akzeptieren, und er setzt seine ganze Energie und seinen Intellekt zur Erforschung der Umwelt ein.

Die weibliche Zwei findet ihn anziehend, faszinierend und gleichzeitig ehrfurchtgebietend. Sie ist ziemlich schüchtern, befangen und aufreizend unschlüssig. Sie ist ruhig, taktvoll, versöhnlich, gewissenhaft und bescheiden. Sie liebt ein friedliches und harmonisches Leben und verabscheut Ärger und Zwietracht. Sie ist die geborene Mitläuferin, empfänglich für neue Ideen, sehr intuitiv und manchmal selbst hellseherisch und mysteriös.

Jetzt kommen wir zu dem Zwist, der etwas Pfeffer in diese Verbindung bringt, und es ist die weibliche Zwei, die diese Zutat beisteuert. Sie ist besitzergreifend, eifersüchtig und launisch. Wenn ihr etwas nicht paßt, dann schmollt und weint sie und bläst Trübsal. Diese wenig erfreulichen Charakterzüge sorgen für den Ärger, der nötig ist, damit dieses Paar nicht in unerträglicher Selbstzufriedenheit versinkt.

Ihr Intimleben sollte ein Quell der Wonne für beide sein. Im Liebesspiel wird immer der Siebener den Ton angeben, und die weibliche Zwei reagiert gewöhnlich begierig und willig auf seine Annäherungen. Er ist verständnisvoll, gefühlvoll und leidenschaftlich und findet sein Vergnügen auf zwei Ebenen gleichzeitig, während sie sanft, einfühlsam, romantisch und scheu ist. Für beide ist auf lange Sicht gesehen diese Verbindung sehr vielversprechend.

Männliche Sieben : Weibliche Drei

Obwohl wir es hier mit zwei ungeraden Zahlen zu tun haben, sollten die männliche Sieben und die weibliche Drei sich in dieser Beziehung genügend Freiraum für die persönliche Entwicklung lassen. Der Siebener hat ein sehr starkes Bedürfnis, viel Zeit allein zu verbringen. Das ist für seine »innere Entwicklung« entscheidend, und die weibliche Drei darf ihm dieses Alleinsein nicht verweigern. Auch sie hat ihre Fehler, die als Unfähigkeit, die Dinge ernst zu nehmen, als Verschwendungssucht und übermäßiger Stolz Ausdruck finden. Vor allem muß sie ihre leichtfertige Ader bezähmen, denn dem Siebener fehlt jegliches Verständnis für Frivolität.

Der Siebener ist ein rätselhafter, geheimnisvoller Mensch, weil er unter dem Einfluß der magischen Zahl Sieben geboren wurde. Er ist gebildet, intellektuell und äußerst phantasievoll. Er verfügt über ungeheure Geisteskräfte, die er dafür einsetzt, das wahre Wesen hinter dem Schein der Dinge zu ergründen. Er ist ein Philosoph, ein Träumer, ein Mystiker und ein Erforscher des Lebens. An einer beruflichen Karriere, Geld oder physischem Komfort liegt ihm wenig. Er ist reserviert, würdevoll und schöpferisch, aber auch liebenswürdig, gutmütig und verständnisvoll. Tatsächlich ist er ein interessanter, kluger Mann – dessen nähere Bekanntschaft zu machen lohnenswert ist.

Die Drei ist die Zahl der Aufklärung, und die weibliche Drei ist brillant, phantasievoll und äußerst vielseitig. Sie ist charmant, lebhaft und hochbegabt. Weil sie auch sehr ehrgeizig ist, wird sie womöglich nach ihrer Heirat weiterhin ihre beruflichen Ziele verfolgen. Und hier kommt der weiblichen Drei ihre Anpassungsfähigkeit sehr gelegen, denn sie ist eine Frau, die ohne Schwierigkeiten die Wellenlängen wechseln kann. Mit Leichtigkeit verwandelt sie sich von der tüchtigen Karrierefrau

im Handumdrehen zur hingebungsvollen Frau und Mutter. Sie hat einen klugen Verstand und kann sich mühelos auf mehrere Dinge gleichzeitig konzentrieren. Sie kann klar und schnell denken, geht meistens als Siegerin aus einem Wortgefecht hervor und ergötzt sich insgeheim daran, weniger wendige Geister auszumanövrieren. Aber man darf bezweifeln, daß ihr das mit dem Siebener gelingt. Er ist einer der wenigen Männer, die ihrem scharfen Verstand Paroli bieten können.
Auch im Ausdruck ihrer physischen Liebe paßt dieses Paar bemerkenswert gut zueinander. Der Siebener ist ein aufregender, unberechenbarer Liebhaber – leidenschaftlich, gefühlvoll und einfallsreich. Die weibliche Drei ist warmherzig und impulsiv. Sie ist weder eifersüchtig noch besitzergreifend, erwartet aber amüsante Abwechslung. Beim ersten Anflug von Langeweile wird sie unruhig wie ein ungestümes Fohlen, bricht aber nicht aus der Verbindung aus, denn die rätselhafte männliche Sieben weiß sie stets aufs neue zu faszinieren.

Männliche Sieben : Weibliche Vier

Dieses Paar kann kaum als perfekt oder ideal bezeichnet werden. In dieser Beziehung fehlt der geistige Kontakt. Die beiden können sich zwar auf der praktischen, vernünftigen Basis der weiblichen Vier verständigen, aber es übersteigt bei weitem ihre Fähigkeiten, dem Siebener in philosophische Höhen zu folgen.
Der Siebener, unter der magischen Zahl geboren und stark von deren mystischen Schwingungen beeinflußt, legt viel Wert darauf, sich geistig weiterzuentwickeln, um Weisheit und Verständnis zu erlangen. Er ist ständig auf der Suche nach der Wahrheit und verbringt viel Zeit damit, nachzudenken, zu meditieren und zu studieren. Er will die Rätsel des Lebens lösen

und nutzt seine Kenntnisse uneigennützig, um anderen Wahrheitssuchern den rechten Weg zu weisen. Für die weibliche Vier ist dies alles viel zu schwierig, aber sie wird schließlich der Faszination dieser geheimnisvollen Anziehungskraft verfallen. Er ist künstlerisch veranlagt, phantasievoll und ein fürchterlich zerstreuter Wirrkopf. Aber die ordentliche weibliche Vier wird bald seine Bücher und Aufzeichnungen katalogisieren und nach Sachgebieten ablegen. Der Siebener ist ein liebenswerter, wenn auch ziemlich reservierter Mann. Er ist gutmütig, haßt Streit und wird freudig zustimmen, wenn sie seine Verwalterin, Haushälterin und vielgeliebte Frau werden will. Sie ist ruhig, ausgeglichen und zuverlässig. Und obwohl sie keinen Anteil an seiner Phantasiewelt nehmen kann oder ihn auf seinen geistigen Reisen begleiten wird, bietet sie ihm den starken, irdischen Anker, damit er nicht völlig den Bezug zur Realität verliert.

Die weibliche Vier ist fleißig und tüchtig. Sie kann gut mit Geld umgehen, ist gleichmütig, diszipliniert und unerschütterlich. Ihr Heim und ihre Familie liebt sie über alles. Sie hat ein ansteckendes Lachen und kann mit vielen amüsanten Geschichten anregend unterhalten. Zutiefst ist sie eine sensible Frau, und wenn man ihre Gefühle verletzt, verfällt sie leicht in Trübsinn und Depression.

Der Siebener und die weibliche Vier passen im Bett eigentlich nicht zueinander. Aber trotzdem scheint ihr Liebesleben zufriedenstellend zu sein, denn keiner von beiden beklagt sich darüber. Der Siebener ist gefühlvoll, leidenschaftlich, einfallsreich und verständnisvoll. Ihm fehlt jegliche Aggressivität, und wenn sie nicht in Stimmung ist, wird er geduldig den passenden Zeitpunkt abwarten. Die weibliche Vier ist sentimental, treu und rücksichtsvoll. Ihre sexuellen Bedürfnisse sind zwar nicht so stark wie die seinen, aber gegen ein regelmäßiges Liebesleben hat auch sie nichts einzuwenden. Keiner von beiden ist übermäßig eifersüchtig oder besitzergreifend, und wenn sie nicht so viele Hochs wie andere Menschen erleben, so halten sich ihre Tiefs ebenfalls in Grenzen.

Männliche Sieben : Weibliche Fünf

Diese Kombination ist für eine Katastrophe prädestiniert – sie ist eine Mischung aus Feuer und Wasser. Der Siebener braucht viel Zeit zum Nachdenken und liebt ein friedliches, ruhiges Leben; die weibliche Fünf ist absolut ungeeignet, ihm eine ausgeglichene, harmonische Atmosphäre zu schaffen.
Eine der wenigen Gemeinsamkeiten, die dieses Paar verbindet, ist ihre Vorliebe für Reisen, und auch darüber sind sie unterschiedlicher Auffassung. Der Siebener zieht es vor, abseits der Touristenpfade ungewöhnliche abenteuerliche Wege zu gehen, während die weibliche Fünf sich in Luxushotels der beliebten schicken Urlaubsorte wohl fühlt.
Der einzig erfreuliche Aspekt in dieser Beziehung dürfte wohl das aufregende Liebesleben sein, denn die Fünf ist die Zahl reiner Sexualität, und er wird von der magischen Zahl Sieben beeinflußt, was ihn zu einem sehr phantasievollen Liebhaber macht. Als flüchtige Affäre wäre diese Verbindung für beide unvergeßlich, aber sollten sie beschließen, eine dauerhafte Beziehung daraus zu machen, so kann es nur zu Enttäuschungen, Verbitterung und unweigerlicher Trennung führen.

Männliche Sieben : Weibliche Sechs

Wie wir in der umgekehrten männlich-weiblichen 6:7-Kombination gesehen haben, ist auch diese Verbindung sehr problematisch. Aber in der Zusammensetzung 7:6 bestehen ganz

andere Voraussetzungen. Anstatt einander zu bekämpfen, ziehen hier die männliche Sieben und die weibliche Sechs gemeinsam an einem Strang.
Der Siebener ist eine brillante, ungewöhnliche Persönlichkeit. Er ist wißbegierig, schöpferisch und äußerst phantasievoll, obwohl seine Kreativität sich mehr in Form von Gedanken und Ideen ausdrückt, im Gegensatz zu den eher greifbaren Leistungen der weiblichen Sechs. Er ist intellektuell, selbständig, originell und hat sehr ausgefallene, philosophische Ansichten.
Es fällt ihm schwer, traditionelle Erfahrungen und Meinungen zu akzeptieren, und er strebt stets danach, neue Wahrheiten auf unkonventionelle Art zu entdecken. Geld und körperliches Wohlbefinden bedeuten ihm wenig, aber er ist ein rücksichtsvoller, verständiger Mann. Hat er sich allerdings einmal entschlossen, eine enge Verbindung einzugehen, so wird er keine Mühe scheuen, seinen Lieben ein schönes und behagliches Heim zu schaffen. Den Siebener umgibt stets eine merkwürdig anziehende und magische Aura, und die Menschen fühlen sich zu ihm hingezogen.
Er ist würdevoll, reserviert und wirkt oft sehr geistesabwesend. Aber er ist gutmütig, freundlich und stets bereit, sein Wissen anderen zur Verfügung zu stellen, wenn er das Gefühl hat, es kann ihnen von Nutzen sein. Ruhe und Frieden braucht er am dringendsten, und die weibliche Sechs – die weiße Taube – wird dafür Sorge tragen, daß sein Leben problemlos verläuft.
Die weibliche Sechs ist intelligent, ausgeglichen und mütterlich. Heim und Familie bedeuten ihr alles, und weil sie eine mitfühlende, fürsorgliche Frau ist, die stets ein offenes Ohr für die Sorgen anderer hat, scheuen selbst Fremde nicht davor zurück, sich ihr anzuvertrauen. Sie ist aufgeschlossen, beherrscht und eine wunderbare Vermittlerin. Sie ist sehr geschickt im Umgang mit Menschen, besitzt die seltene Gabe,

intuitiv ihre Bedürfnisse und Probleme zu verstehen, und scheint stets die besten Eigenschaften in anderen zu wecken. Auf künstlerischem Gebiet ist sie ebenfalls sehr begabt.
In ihrer Zuneigung ist die weibliche Sechs eher romantisch und idealistisch – ihre Liebe ist mehr geistiger als sinnlicher Art. Mit dem Siebener als Liebhaber könnte ihr Gefieder etwas zerzaust werden, denn er ist ein leidenschaftlicher, gefühlvoller Mann. Er ist phantasievoll, demonstrativ und heißblütiger, als ihr vielleicht lieb ist. Aber auch dieses Problem wird sie lösen, denn er ist ein rücksichtsvoller und geduldiger Partner.

Männliche Sieben : Weibliche Sieben

Eine Kombination aus zwei Siebenen ist die absolute Perfektion. Streit gibt es selten zwischen ihnen, denn sie leben im Einklang miteinander. Aber die Siebenen neigen dazu, sich ihre eigene Traumwelt zu schaffen – eine Welt voller philosophischer Betrachtungen und ausgefallener Ideen –, losgelöst von der Wirklichkeit. Es ist unbedingt nötig, daß beide darauf achten, nicht gänzlich den Bezug zur Realität zu verlieren.
Die Siebenen beiderlei Geschlechts und unabhängig vom Alter ähneln einander sehr, und wenn wir hier den Charakter des Siebeners beschreiben, so trifft dies auch auf seine Partnerin, die weibliche Sieben zu. Er ist eine brillante, ungewöhnliche Persönlichkeit, die sich am wohlsten fühlt, wenn man sie in Ruhe läßt. Er ist gebildet, weise, intellektuell und besitzt die Fähigkeit, das Unbekannte zu ergründen, wobei er die Praxis mit der Theorie, das Erwiesene mit dem Unkonventionellen verbindet. Er ist nicht bereit, allgemein anerkannte Tatsachen zu akzeptieren, und benutzt seinen Intellekt, nach neuen Erkenntnissen zu suchen. Er ist bestens informiert und

hat eine große Vorliebe für Reisen. Als negativ sind seine Geistesabwesenheit, seine Zerstreutheit, Faulheit, seine pessimistische und sarkastische Art zu bewerten.

In der weiblichen Sieben hat er die ideale Partnerin gefunden, denn sie denken, handeln und fühlen wie eine Person. Dies ergibt eine wirklich harmonische, lohnende Beziehung, für die auf emotionaler und geistiger Ebene kein gleichwertiges Beispiel gefunden werden kann.

Die Intimität ist ein Fest für die Seele, den Geist und den Körper – ein Genuß auf allen drei Bewußtseinsebenen. Beide sind gefühlvolle, leidenschaftliche Individuen, die selbstlos und frei von eifersüchtigem Mißtrauen lieben können. Sie sind demonstrativ, schöpferisch, phantasievoll und natürlich unkonventionell. Ihre Schwingungen harmonieren miteinander, und die Melodien, die sie auf ihren eigenen Wellenlängen spielen, haben einen seltsam vergeistigten Klang. Im Zusammensein erfahren sie höchstes Glück.

Männliche Sieben : Weibliche Acht

Im Privatleben kann diese 7:8-Kombination ausgezeichnet funktionieren, obwohl beide Partner sehr unterschiedliche Charaktere haben. In der Tat sind sie ein sehr erfreuliches Beispiel für Gegensätze, die sich nicht nur anziehen, sondern auch zu einem harmonischen Gleichgewicht finden. Die Aussichten für diese Beziehung sind sehr vielversprechend, vorausgesetzt, die weibliche Acht wird nicht zu tyrannisch (was wohl ihr schlimmster Fehler ist) und der Siebener übt sich in der sanften Form der Konversation.

Der Siebener, beherrscht von der magischen Zahl, die nach Einsamkeit und Wissen verlangt, ist ein verschwiegener, geheimnisvoller Mann. Er ist mysteriös, schöpferisch, künstlerisch veranlagt und intellektuell. Zu seinen negativen Seiten zählen Geistesabwesenheit, Zerstreutheit und seine sarkastische Ader, aber für gewöhnlich ist er sehr gutmütig. Er hat einen scharfen Verstand und braucht viel Zeit zum Nachdenken und Meditieren, um sein Inneres weiterzuentwickeln. Er ist äußerst phantasievoll, und wenn er nicht vorsichtig ist, können ihn seine intuitiven Kräfte über die Grenzen der Realität hinaustragen. Er liebt Reisen, ist ein begieriger Leser und interessiert sich brennend für die Sitten und Gebräuche ferner Länder.

Die weibliche Acht ist eine ehrgeizige, karrierebesessene Materialistin – was um alles in der Welt verbindet sie mit einem mysteriösen Wahrheitssucher wie dem Siebener? Sie ist klug und phantasievoll, aber auch zäh, stark und praktisch veranlagt. Sie sehnt sich nach beruflichem Erfolg und gesellschaftlicher Anerkennung. Zeigt sie sich von ihrer besten Seite, so ist sie charmant, würdevoll, unermüdlich und fleißig, aber wenn der Mond im falschen Viertel steht, kann sie hart, selbstsüchtig und skrupellos sein. Ihre Zahl beinhaltet die krassen Gegensätze, und sie leidet ihr Leben lang unter extremen Gefühlsschwankungen. Aber damit muß sie fertig werden, und der Siebener kann ihre Stimmungen ertragen.

Im Intimleben haben die beiden die größten Probleme, und daran trägt die weibliche Acht die Schuld. Sie hat entweder Lust zum Lieben, oder sie hat keine: einen glücklichen Mittelweg gibt es nicht. Und ihre unheilbare Eifersucht verschlimmert die Sache noch. Ihr Schlafzimmer ist mit einem Minenfeld zu vergleichen, und der arme Siebener muß jede Nacht auf seinem Weg zu ihrem Bett darauf achten, daß er nicht versehentlich auf eine Mine tritt. Er weiß nie, was ihn erwartet. Er ist ein leidenschaftlicher Liebhaber mit einer aufregenden Phantasie, originellen und unkonventionellen Ideen, aber auch seine Geduld ist begrenzt.

Männliche Sieben : Weibliche Neun

Frieden, Harmonie und Verständnis bestimmen die 7:9-Verbindung. Die männliche Sieben und die weibliche Neun sind der lebende Beweis für das alte Sprichwort, daß große Geister ähnliche Gedanken haben; sie sind beide kluge Köpfe und stimmen in ihren Ansichten meistens überein. Aber wie bei allen hochgeistigen Kombinationen liegt die große Gefahr darin, daß sie zu vergeistigt werden und den Bezug zur Realität verlieren. Wenn sie es schaffen, von Zeit zu Zeit auf die Erde herabzukommen, so wird diese Beziehung nur an Stärke und Intensität gewinnen.
Der Siebener ist magisch, mysteriös und geheimnisvoll. Er braucht viel Zeit für sich allein, um seine Gehirnströme durch Nachdenken und Meditation wieder aufzuladen. Er ist ein ungewöhnlicher, intellektueller Charakter – manchmal etwas zu geistesabwesend, aber meistens sehr gutmütig, liebenswürdig und nett. Er ist schöpferisch, den Künsten zugetan und sehr philosophisch. Seine Zahl regiert das okkulte Wissen, die Hellseherei, die magischen Handlungen und Kenntnisse, also besteht seine Aufgabe hier auf Erden darin, zu lernen, die Wahrheit und die Antworten auf die Rätsel des Lebens zu finden. Sein Geist strebt nach Vervollkommnung, um mehr Wissen zu erlangen, und er verfolgt sein Ziel mit wahrer Hingabe und dem ernsthaften Wunsch, seine Lebensaufgabe zu erfüllen. Er ist selbständig, originell und sehr genügsam. Er liebt Reisen und hat sehr unkonventionelle Ideen über die meisten Dinge, einschließlich der Religion. Er haßt Streit und ist stets bereit, aus seinem unermeßlichen Wissensschatz zu schöpfen, um anderen damit zu helfen. Wie sein Symbol, die Eule, ist er ein weiser alter Vogel und der perfekte Partner für eine unorthodoxe Träumerin wie die weibliche Neun.
Die weibliche Neun ist eine Frau von hohem geistigem Niveau.

Sie ist tolerant, idealistisch und verfolgt ihre Ziele mit Entschlossenheit. Sie verläßt sich auf ihre Instinkte und ist empfänglich für plötzliche, inspirierende Einfälle. Sie ist ehrlich, vertrauensvoll, einfallsreich und unternehmungslustig. Es ist ihr ein Bedürfnis, anderen zu helfen, und sie ist stets bestrebt, ihre Tatkraft in den Dienst der Menschheit zu stellen. Sie ist loyal, selbstlos, willig und gelegentlich etwas exzentrisch. Die Impulsivität ist ihre größte Schwäche – wenn sie sich die Zeit nehmen würde, nachzudenken, bevor sie spricht oder handelt, könnte sie viele Probleme vermeiden. Aber vielleicht gelingt es dem Siebener, in dieser Hinsicht beruhigend auf sie einzuwirken. Die Sieben ist die magische Zahl, die Neun ist die Zahl der Mystik, und beide zusammen ergeben eine ganz besondere Beziehung.
Ihr Liebesleben wird von keinen bösen Dämonen wie Eifersucht, Selbstsucht oder sexueller Gleichgültigkeit überschattet. Gemeinsam erleben sie Höhepunkte sinnlicher und geistiger Erfüllung. Der Siebener ist ein gefühlvoller und leidenschaftlicher Mann, während die weibliche Neun romantisch, enthusiastisch und impulsiv ist. Diese Beziehung verkörpert wirklich etwas ganz Seltenes.

Männliche Acht : Weibliche Eins

Diese Beziehung basiert auf sehr starken Eigenschaften, einschließlich Mut, Entschlossenheit und Ehrgeiz. Beide Partner müssen ihre machtvollen Naturelle im Zaum halten. Eine Verbindung wie diese wird entweder ein großartiger Erfolg oder eine absolute Katastrophe. Bei diesen beiden stolzen, aggressiven Persönlichkeiten gibt es keine Zwischentöne.
Der Achter ist der stereotype Geschäftsmann. Er hat das angeborene Verlangen, Erfolg im Leben zu haben, und besitzt

alle Voraussetzungen dazu, jede sich bietende Chance weiterzukommen auszunutzen. Er strebt nach Reichtum und gesellschaftlichem Ansehen und arbeitet notfalls Tag und Nacht, um sein Ziel zu erreichen. Er ist stark, anpassungsfähig, diszipliniert und absolut skrupellos. Sein Wissen hat er durch harte Arbeit und persönliche Erfahrungen erworben. Er ist würdevoll, charmant und zäh. Die Acht ist eine schwierige Zahl mit großen Gegensätzen und potentiellen Rückschlägen. Die Niederlagen der Menschen, die von ihr beeinflußt werden, können ebenso spektakulär sein wie ihre Erfolge. Vom negativen Standpunkt aus betrachtet, ist der Achter anmaßend, skrupellos und streitsüchtig, aber wenn er sich von seiner besten Seite zeigt, ist er äußerst kühl, gelassen und eindrucksvoll.

Die weibliche Eins ist zur Karrierefrau geboren. Sie hat hochgesteckte Ziele und ungeheuren Elan. Oberflächlich betrachtet ist sie charmant, attraktiv, herzlich und aufrichtig, aber jeder, der sich ihren Wünschen in den Weg stellt, wird bald eine andere Seite ihres Charakters kennenlernen. Dann wird sie unduldsam, halsstarrig, intolerant und ausgesprochen aggressiv. Sie ist selbstbewußt, tatkräftig und wagemutig, besitzt eine enorme Konzentrationsfähigkeit und ein gutes Gedächtnis. Sie hat eine großartige schöpferische Phantasie, die Neugier einer Katze und die Fähigkeit, sich selbst auf die deprimierendsten Umstände einzustellen. In kritischen Situationen beweist die weibliche Eins ihre Tüchtigkeit, nimmt Probleme furchtlos in Angriff und hat ausgeprägte Führerqualitäten. Sie hat festgefügte Ansichten und Meinungen, eine intensive Abneigung gegen jede Form der Beschränkung und den überwältigenden Ehrgeiz, in allem, was sie anpackt, zu brillieren. Der Achter muß behutsam mit ihr umgehen, denn diese Frau ist eine Kämpferin. In der Tat müssen in dieser Beziehung beide Partner sehr viel Takt und Besonnenheit aufbringen, wenn sie auf Dauer zusammenleben wollen.

Der Achter ist ein treuer, anhänglicher Liebhaber, braucht aber ständig die Bestätigung, daß seine Partnerin ihm treu ist, denn beim leisesten Verdacht quält ihn maßlose Eifersucht. Seine Gefühle sind dauernd im Aufruhr, und seine Stimmungen wechseln von einer Sekunde auf die andere. Ist er eben noch zärtlich, fürsorglich und gefühlvoll, kann er im nächsten Moment schroff und distanziert sein. Er ist wie eine Wippschaukel, und die weibliche Eins muß sorgfältig prüfen, woher der Wind weht, ehe sie eine ihrer spontanen, amourösen Annäherungsversuche wagt, denn sonst riskiert sie eine Abfuhr – und die kann sie nicht oft ertragen.
Sie ist liebevoll, abenteuerlustig und ungeduldig. Glücklicherweise ist sie aber auch großzügig und recht versöhnlich; gerade diese Eigenschaften werden ständig auf die Probe gestellt, wenn sie ihr Bett mit einem Achter teilt. Ihr Liebesleben kann außergewöhnlich sein, läuft aber Gefahr, im Sande zu versikkern. Dauert die sexuelle Abstinenz zu lange an, droht die Verbindung zu zerbrechen.
Die Schuld daran liegt meistens bei dem Achter, und er sollte sich mehr anstrengen, wenn er die weibliche Eins behalten will. Sie steckt voller Initiative, und ihre Lebenslust kann sie in die Arme eines anderen treiben, wenn er sich nicht ändert.

Männliche Acht : Weibliche Zwei

Die männliche Acht und die weibliche Zwei scheinen eine gemeinsame Formel gefunden zu haben, denn sie leben friedlich und harmonisch miteinander, weil sie sich gegenseitig nicht auf die Zehen treten – oder zumindest nicht so häufig, daß permanenter Schaden entstehen könnte. Sie sind beide ehrlich, fleißig, zuverlässig, und aufgrund ihrer Offenheit miteinander wissen sie stets genau, woran sie sind. Der Achter besitzt zwar die Unart, die weibliche Zwei in Gesellschaft in den Schatten stellen zu wollen, aber da ihr nicht viel daran liegt, selbst im Rampenlicht zu stehen, fügt er ihr damit keinen wirklichen Schaden zu. Die weibliche Zwei zieht es vor, auf dem Rücksitz Platz zu nehmen, obwohl ihr Partner ein gefährlich aggressiver Fahrer sein kann, vor allem wenn er es eilig hat, ein Ziel zu erreichen.

Stark, zäh und praktisch ist die zutreffende Beschreibung für den Achter. Seine Zahl steht für weltliche Probleme, irdische Triumphe und materielle Erfolge (oder Mißerfolge). Mammon heißt sein Gott; den verheißungsvollen Glanz des Geldes sah er bereits in der Wiege, und ihm folgt er sein Leben lang. Er ist durch und durch ein Materialist, und in seinem Leben gibt es außer Geld wenig Werte. Er braucht den Erfolg, doch damit nicht genug, er muß ihn auch demonstrieren. Er wünscht sich gesellschaftliche Anerkennung, Statussymbole und eine dekorative Frau an seinem Arm.

Der Achter ist klug, phantasievoll und dynamisch, verfügt über enorme Reserven schöpferischer Energie, die er jederzeit, ganz gleich ob bei Tag oder Nacht, einsetzen kann. Er arbeitet hart, geht systematisch vor, ist sehr selbstbewußt und beherrscht. Er schafft es zur Spitze, dafür ist ihm kein Preis zu hoch. Dabei hilft ihm seine Härte, seine Selbstsucht und seine Skrupellosigkeit. Mit diesem charmanten, ehrgeizigen Partner, dem es schwerfällt, seine Gefühle auszudrücken, wird es die weibliche Zwei nicht leicht haben.

Die weibliche Zwei will gelenkt werden und braucht einen starken Mann, auf den sie sich verlassen kann. Die Zwei ist eine neutrale Zahl, und die Menschen, die damit geboren wurden, unterliegen mannigfaltigen gegensätzlichen Einflüssen, die das Gute oder das Böse in ihnen wecken können. Die weibliche Zwei ist leicht beeinflußbar und unschlüssig; sie neigt dazu, dauernd ihre Meinung zu ändern. Für gewöhnlich ist sie

schüchtern und gehemmt, aber wenn sie einmal aus sich herausgeht, zeigt sie erstaunlich viel Humor, Scharfsicht und ist eine faszinierende Erzählerin.
Sie ist taktvoll und versöhnlich, schöpferisch, phantasievoll und sehr intuitiv. Ihr größtes Problem sind wohl ihre Stimmungsschwankungen. Sie ist überempfindlich, leicht verletzbar, besitzergreifend und eifersüchtig. Um die männliche Acht ertragen zu können, muß sie sich eine etwas dickere Haut zulegen, obwohl unter der harten Schale der Acht ein weicher Kern steckt und ihn ähnliche Probleme quälen wie die weibliche Zwei.
Es ist schwer zu sagen, wie ihr Liebesleben aussehen wird, denn so viel hängt von der Stimmung ab, in der sie sich befinden. In einer schönen Nacht, wenn ihr Mond im richtigen Viertel steht und er Erfolg im Beruf hatte, steht ihnen das Paradies der Wonnen offen.

Männliche Acht : Weibliche Drei

Wenn die männliche Acht und die weibliche Drei sich zusammentun, entsteht daraus meistens eine gemäßigte, ziemlich neutrale Verbindung. Ihre Zahlen sind gegensätzlich (eine gerade, eine ungerade), und das bedeutet Persönlichkeitskonflikte und jede Menge Mißverständnisse, aber mit ein wenig Verständnis füreinander lassen sich diese Probleme lösen.
Die Acht gehört zu den drei Zahlen, die für Erfolg im Beruf stehen, und daher ist es nicht verwunderlich, daß im Achter ein angehender Magnat steckt. Die weibliche Drei zählt zur Kategorie »Expressivität«, was bedeutet, daß sie talentiert, schöpferisch und künstlerisch begabt ist. In dieser Beziehung zeigen sich keine unmittelbaren Probleme, und sie sollte eigentlich auf allen Ebenen harmonisch und erfolgreich verlau-

fen. Man kann sie zwar nicht als das perfekte Paar bezeichnen, aber die Waagschale senkt sich zu ihren Gunsten.

Der Achter macht kein Hehl daraus, daß er ehrgeizig ist. Der Wunsch, erfolgreich zu sein, ist ihm angeboren, und er arbeitet unermüdlich und schonungslos, um sein Ziel zu erreichen. Er sehnt sich nach Macht und Autorität und läßt in seinem langen, harten Kampf nach oben keinen Trick aus, um weiterzukommen. Er ist stark, zäh und praktisch veranlagt. Sein ungeheures Wissen hat er sich mühsam durch persönliche Erfahrungen erworben; er ist anpassungsfähig, verantwortungsbewußt und zuverlässig. Seine Mittel setzt er intelligent ein, und notfalls kann er hart und skrupellos sein. Manchmal ist er aggressiver, als die Situation es verlangt, und betrachtet ein gewisses Maß an Streitsucht als völlig normal. Er ist ein dickköpfiger, aggressiver, manchmal hartherziger Raffer, und die weibliche Drei muß ihm enormen Widerstand entgegensetzen, wenn sie nicht einfach überrannt werden will.

Allerdings ist die weibliche Drei weder schüchtern noch zurückhaltend. Sie ist scharfsinnig, charmant und steckt voller Lebenslust. Sie ist brillant, phantasievoll und vielseitig; sie hat Stil und Mut. Sie ist aufmerksam, gerissen und talentiert. Sie steckt voller origineller Ideen und schöpferischer Pläne. Sie hat einen scharfen Verstand, denkt unheimlich schnell und ist anderen meistens geistig weit überlegen.

Die weibliche Drei neigt dazu, kein Blatt vor den Mund zu nehmen, selbst wenn Takt und Besonnenheit angebracht wären. Ihre direkte Ausdrucksweise ist manchmal unbeabsichtigt beleidigend, aber was den Achter betrifft, so ist diese unverblümte Art wohl die beste Angriffs- und Verteidigungstaktik. Die Drei ist warmherzig, charmant und spontan großzügig. Ihre größte Schwäche ist ihre Unfähigkeit, irgend etwas ernst zu nehmen, was leicht zu Frivolität und Verschwendungssucht führt. In einer Beziehung mit dem Achter muß die

weibliche Drei einen klaren Kopf bewahren, und auch ein Quentchen Glück wird nötig sein.
Die beiden sind zwar nicht gerade das verträumte Liebespaar, aber sie ergänzen sich gut in ihren Stärken und Schwächen. Die Achillessehne des Achters ist seine Eifersucht. Wenn seine Partnerin ihn ärgern will, braucht sie nur anzudeuten, daß ein anderer Mann sie attraktiv findet. Noch ehe sie in Deckung gehen kann, wird er funkensprühend wie ein Feuerwerk explodieren. Er ist anfällig für extreme Gefühlsausbrüche, und seine Launen als Liebhaber sind unberechenbar und äußerst wechselhaft. In einem Moment kann er feurig und fordernd sein und im nächsten schon kühl und distanziert. Glücklicherweise ist die weibliche Drei in Sachen Liebe sehr unkompliziert. Sie ist warmherzig, impulsiv, umgänglich und anpassungsfähig. Sie ist weder besonders besitzergreifend noch eifersüchtig und durchaus dazu fähig, eine Beziehung abzubrechen, wenn jemand es zu weit treibt. Der launische Achter sollte das beachten.

Männliche Acht : Weibliche Vier

Die Kombination der männlichen Acht mit der weiblichen Vier ähnelt wirklich einer Waage. Ohne übertriebene Anstrengungen oder größere Mühe gelingt es ihnen in ihrer Beziehung, ein perfektes Gleichgewicht herzustellen. Das haben sie hauptsächlich ihrer fast identischen Lebenseinstellung zu verdanken.
Der Achter sieht die Dinge in größerem Rahmen, während die weibliche Vier mehr ein Auge fürs Detail hat. Gemeinsam können sie Probleme meistens schon im Keim ersticken, und so bleibt ihrer Verbindung größerer Schaden erspart. Nur selten schlüpfen störende Faktoren durch ihr enggeknüpftes

Schutznetz, und das Ergebnis ist eine glückliche, harmonische Partnerschaft, die auf einem soliden Fundament steht und sich aus gegenseitigem Vertrauen, Rücksichtnahme und Weisheit zusammensetzt.

Die Acht ist die Zahl des Geldes, der Macht und der weltlichen Probleme, des materiellen Erfolgs (oder Mißerfolgs). Der Achter ist stark, zäh, praktisch veranlagt und enorm ehrgeizig. Er strebt nach beruflichem Erfolg, gesellschaftlichem Ansehen und Wohlstand. Er ist intelligent, klug und phantasievoll. Er wird von einer ungeheuren Energie angetrieben und braucht weder Ermutigung noch Ansporn. Er ist verantwortungsbewußt, ehrlich, zuverlässig, anpassungsfähig und überwindet scheinbar mühelos jedes Hindernis, ohne dabei sein Ziel aus den Augen zu verlieren. Er ist kühl, gelassen, umsichtig und äußerst charmant. Um seine hochgesteckten Ziele zu erreichen, nutzt er jede sich bietende Gelegenheit. Wenn er sich etwas in den Kopf gesetzt hat, so kann er hart, selbstsüchtig, aggressiv und absolut skrupellos sein. Er arbeitet hart, und das Beste ist gerade gut genug für ihn. Der materialistische Achter wird die Spitze erreichen, selbst wenn er dafür sein Leben aufs Spiel setzt. Mit der zweiten Wahl würde er sich nie zufriedengeben.

Die weibliche Vier ist das Ebenbild ihres Partners. Auch sie ist solide, praktisch veranlagt, fleißig und tatkräftig, aber wohl etwas nüchterner als ihr Partner. Sie ist ruhig, tüchtig und sehr systematisch. Sie ist geduldig, beharrlich und gibt selbst unter den schwierigsten Bedingungen nicht auf. Sie trägt die Zahl des soliden Fundaments und der Standhaftigkeit. Die weibliche Vier ist eine Baumeisterin und baut ihr Leben Ziegel um Ziegel auf, bis sie sich ihr eigenes Monument allein durch ihrer Hände Arbeit errichtet hat. Sie ist eine anregende Gesprächspartnerin, hat einen klugen, wendigen Verstand und ein sehr ansteckendes Lachen. Außerdem ist sie konventionell, respektabel,

hartnäckig und absolut vertrauenswürdig. Diese häusliche, rücksichtsvolle Frau ist die ideale Partnerin für den Achter. Gemeinsam kommen sie weit.
Für gewöhnlich kommt der Achter im Intimleben nicht gut zurecht, denn er hat Schwierigkeiten, seine Gefühle auszudrücken. Damit verbunden ist seine Anfälligkeit für extreme Gefühlsschwankungen, und das bewirkt, daß er bei seinen amourösen Avancen oft recht ungeschickt vorgeht. Außerdem ist er eifersüchtig und besitzergreifend – alles in allem ein ziemlich unberechenbarer Bettgefährte. Zutiefst ist er zwar ein loyaler und anhänglicher Mann, aber leider sieht man oberflächlich betrachtet nur diese Schönheitsfehler. Aber die weibliche Vier ist viel zu sensibel, als daß sie es zuließe, daß diese Mängel eine ansonsten perfekte Beziehung zerstören würden. Sie ist sentimental, treu und rücksichtsvoll und hat selbst mit der Sexualität keine Probleme, was sich mit der Zeit auch günstig auf ihn auswirken wird. Dieses Paar wird auch im Intimleben zusammenkommen, wenn es auch etwas dauern kann, bis sie den richtigen Weg finden.

Männliche Acht : Weibliche Fünf

Die männliche Acht und die weibliche Fünf ergeben eine merkwürdige Mischung aus Talenten und Temperamenten. Beide sind ungeheuer dynamisch, deswegen kann diese Beziehung äußerst erfolgreich sein. Leider zählt Beständigkeit nicht zu ihren charakterlichen Stärken, und die anfängliche Intensität in dieser Verbindung verglüht allzu schnell, wenn nicht einer von beiden rechtzeitig die Bremse zieht. Dieses Paar tut alles unter Hochdruck. Beide suchen ständig neue Erfahrungen, Abenteuer, Aufregung und die weibliche Fünf auch noch die Gefahr. Stets gehen sie den direktesten Weg, nehmen

beängstigende Risiken auf sich, und wenn schließlich alles außer Kontrolle gerät, kommt es zum Zusammenbruch, und auch ihre Liebe liegt in Scherben. Gegen einen gelegentlichen Nervenkitzel ist nichts einzuwenden, aber man kann nicht vierundzwanzig Stunden am Tag wie auf einem Vulkan leben. Mäßigung in jeder Beziehung ist für beide unerläßlich, sonst befinden sie sich bald in ernsthaften Schwierigkeiten.
Das Lebensziel des Achters besteht darin, materiellen Erfolg und Macht zu erlangen. Er ist ehrgeizig, stark, aggressiv, arbeitet unermüdlich Tag und Nacht, um sein Ziel zu erreichen. Er ist zäh, praktisch veranlagt, klug, phantasievoll und quillt über vor schöpferischer Energie. Hindernisse, Rückschläge und Enttäuschungen überwindet er rasch. Ohne Hilfe oder Unterstützung von anderen geht er seinen Weg. Leider hat er eine ziemlich beschränkte Lebenseinstellung, denn er kennt nur materielle Werte. Er macht kein Hehl aus seinen ehrgeizigen Wünschen und nutzt jeden Vorteil, um weiterzukommen. Dabei kann er sehr hart, selbstsüchtig und absolut skrupellos vorgehen. Er ist zäh, hat eine dicke Haut wie ein Rhinozeros, ist beherrscht und kann überaus charmant sein. Aber in seinen Gefühlen herrscht ein absolutes Chaos.
Der Achter hat ein sehr intensives Naturell und unterliegt extremen Gefühlsschwankungen. Die Acht ist die Zahl der Gegensätze – des großartigen Erfolgs oder der spektakulären Niederlagen; der Höhen oder Tiefen; der Begeisterung oder der Gleichgültigkeit. Für die Acht gibt es keinen goldenen Mittelweg, und dies trifft auf den Beruf und das Privatleben zu. Die weibliche Fünf besitzt keine weltlichen Güter und ist auch beruflich nicht erfolgreich, denn sie kann sich nie länger als fünf Minuten auf eine Sache konzentrieren. Aber für den Achter kann sie trotzdem nützlich sein, denn sie hat Stil, und er schmückt sich am liebsten mit einer eleganten, attraktiven Frau. Aber ob er dieses rastlose, ungeduldige Wesen lange

an sich fesseln kann, ist eine andere Frage. Die weibliche Fünf ist sehr scharfsinnig und vergeudet ihre Zeit selten mit unrealistischen Plänen, Unternehmungen oder Menschen. Sie ist schnell im Denken, impulsiv im Handeln, unberechenbar, rücksichtslos und zügellos. Solange der Achter amüsant und unterhaltend ist, bleibt sie bei ihm, aber seine Launen wird sie nicht ertragen: dann verschwindet sie im Handumdrehen. Die weibliche Fünf ist klug, originell und schöpferisch; sie ist aufbrausend, demonstrativ und fordernd. Sie ist quicklebendig, und wie Quecksilber läuft sie ihm durch die Finger und verschwindet, wenn er sie nicht richtig behandelt.
Ihr Liebesleben ist sehr intensiv, unterscheidet sich aber grundsätzlich von den Erfahrungen anderer Paare. Der Achter hat Schwierigkeiten, seine Zuneigung auszudrücken, und neigt zu extremen Gefühlsschwankungen. In der einen Minute kann er kühl und distanziert sein, im nächsten Moment ist er wieder zärtlich und einfühlsam. Seine übertriebene Eifersucht macht diese Beziehung noch problematischer. Auf die Leidenschaft wirken sich seine Launen und falschen Anschuldigungen verheerend aus. Die Fünf ist die Zahl der Sexualität, und die weibliche Fünf ist durchdrungen von diesen Schwingungen. Sie ist sinnlich, abenteuerlustig, unermüdlich und beinahe unersättlich. Der Achter muß sich bemühen, auf diesem Gebiet mit ihr Schritt zu halten. Es ist eine Beziehung mit vielen Möglichkeiten, aber beide müssen hart daran arbeiten, um sie aufrechtzuerhalten.

Männliche Acht : Weibliche Sechs

Die männliche Acht und die weibliche Sechs ergeben ein exzellentes Team, denn sie ist stets bereit zu geben, und er nimmt bereitwillig. Er ist der Geldverdiener, eine Rolle, die er perfekt beherrscht, während seine friedliebende Partnerin mit ihrer Vorliebe für Häuslichkeit ihre Rolle mit Talent und Stil spielt. In dieser Beziehung ist das Rollenspiel klar umrissen, und da es keine Überschneidungen gibt, treten sie sich gegenseitig selten auf die Zehen. Die Formel für ihren Erfolg ist einfach, aber wirksam: er besorgt die nötigen Mittel, und sie die Verzierungen.

Der Achter ist ein Mann von Welt – stark, zäh, praktisch veranlagt und ehrgeizig. Er arbeitet hart und unermüdlich, um seine hochgesteckten Ziele – Reichtum und gesellschaftliches Prestige – zu erreichen. Nichts und niemand darf sich ihm dabei in den Weg stellen, und er geht hart, selbstsüchtig und skrupellos vor, um sein Ziel zu erreichen. Er ist der typische Selfmademan. Er ist anpassungsfähig, verantwortungsbewußt, diszipliniert, phantasievoll und setzt sein Wissen und seine Talente mit kluger Weitsicht ein. Wenn einer es verdient hat, Erfolg zu haben, so ist er es.

Die Acht unterliegt schwierigen Schwingungen, denn es ist die Zahl der Extreme. Sollte es dem Achter nicht gelingen, Erfolg im Leben zu haben, so stürzt er gewiß kopfüber in eine spektakuläre Niederlage. An ihm ist nichts mittelmäßig, am wenigsten seine Fehler.

Die weibliche Sechs ist ruhig, ausgeglichen und mitfühlend. Sie besitzt eine anziehende Persönlichkeit, und sie bezaubert die Menschen mit ihrer heiteren Art und ihrem ziemlich altmodischen Charme. Sie ist eine sehr begabte Frau mit künstlerischen Neigungen und fühlt sich am wohlsten, wenn sie schöpferisch tätig sein kann. Die weibliche Sechs ist intelligent, aufgeschlossen und beherrscht. An Geld ist sie nicht besonders interessiert (die Finanzen überläßt sie ihm), verabscheut Verschwendung und wirtschaftet sparsam. Sie ist ehrlich, häuslich, eine ideale Ehefrau und fürsorgliche Mutter. Die weibliche Sechs besitzt Zivilcourage, kann gut mit Menschen umgehen und versteht intuitiv die Bedürfnisse und Probleme anderer. Der Achter muß ihr sehr viel Verständnis entgegenbringen und sein emotionales Chaos etwas ordnen. Aber sie hat die Gabe, die besten Seiten in ihm zu wecken, und sie wird einen umgänglicheren Menschen aus ihm machen. Bei ihr ist er in zuverlässigen, liebevollen Händen, und aus ihrer Beziehung kann nur Gutes entstehen.

Der Umgang mit dem Achter im Intimbereich ist problematisch, weil er Schwierigkeiten hat, seine Gefühle auszudrücken, und extremen emotionalen Schwankungen unterliegt. Außerdem ist er eifersüchtig und besitzergreifend. Aber mit der weiblichen Sechs an seiner Seite dürften diese Probleme bald gelöst sein. Sie ist eher eine mütterliche Frau als eine sinnliche Tigerin, und wenn sie sich an ihn ankuschelt, ihm absolute Treue schwört und ihm einige aufregende Bettgeschichten erzählt, wird er Wachs in ihren Händen. Zutiefst ist er nämlich ein Softie, und die richtige Frau findet Zugang zu seinem Herzen.

Männliche Acht : Weibliche Sieben

Die materialistische männliche Acht in Verbindung mit der mysteriösen weiblichen Sieben kann zu Mord und Totschlag oder zu einem märchenhaften Wunder führen. Ob das Ergebnis dieser Beziehung positiv oder negativ aussieht, ist ausschließlich von diesen beiden abhängig. Die weibliche Sieben hat visionäre Eigenschaften, die sich entscheidend auf die

Pläne des Achters auswirken können. Ihre philosophische und vergeistigte Lebenseinstellung bereichert sein ziemlich materialistisches Wesen und macht ihn empfänglich für andere Werte. Aber wie lange kann sie seine streitsüchtige Art, seine Herrschsucht, seine unberechenbaren Launen und seine krankhafte Eifersucht ertragen? Die Antwort darauf lautet – beinahe unbegrenzt. Denn entweder sie ignoriert ihn vollständig, oder sie zieht sich schweigend zurück und wartet ab, bis der Sturm vorüber ist. Wenn sie diese Einstellung beibehält, droht ihrer Beziehung keine Gefahr. Hat er erst einmal begriffen, daß sie sich auf keinen Streit mit ihm einläßt, wird er selbst ruhiger werden und ein friedliches, harmonisches Leben mit der liebenswürdigen, gutmütigen weiblichen Sieben an seiner Seite führen.

Der Achter ist ein hart arbeitender, nüchterner und energischer Mann. Er ist ein erfolgreicher Geschäftsmann, ein Unternehmer, ein Magnat; Mammon heißt sein Gott. Er ist stark, zäh und praktisch veranlagt, stets bereit, in seinem Trachten nach Ruhm und Reichtum bis an die äußerste Grenze seines Leistungsvermögens zu gehen. Dann wird er aggressiv, despotisch und absolut skrupellos. Von seinem Ehrgeiz angetrieben, setzt er sich an die Spitze, und er braucht dazu weder Ermutigung noch Unterstützung von anderen. Hindernisse und Rückschläge überwindet er mit scheinbarer Leichtigkeit und verfolgt sein Ziel mit Intelligenz und Weitsicht. Er nutzt jede sich ihm bietende Chance zum Weiterkommen. Er ist diszipliniert, verantwortungsbewußt, anpassungsfähig und kreativ. Sein Wissen hat er mehr aus der Praxis als der Theorie erlangt, und er besitzt ein gesundes Urteilsvermögen und verfügt zweifelsohne über ausgeprägte Führungsqualitäten.

Die Acht ist die Zahl der Extreme, und Menschen, die ihren Schwingungen unterliegen, kennen keinen goldenen Mittelweg – für sie heißt es im Leben immer alles oder nichts.

Wegen seiner Unberechenbarkeit ist der Achter schwer einzuschätzen, aber unter dem Einfluß der weiblichen Sieben wird er es lernen, seine Gefühlsschwankungen unter Kontrolle zu bringen.

Die weibliche Sieben ist selbständig, originell und sehr kreativ. Sie ist eine interessante, intellektuelle Frau und unterscheidet sich grundlegend von dem auffälligen Typ Frau, die der Achter sonst bevorzugt. Sie hat einen kritischen Verstand und sehr fortschrittliche Ansichten. Sie ist zurückhaltend, würdevoll und künstlerisch veranlagt. Ihre Ansprüche sind bescheiden, und im Gegensatz zum Achter liegt ihr an Geld und Komfort wenig. Die weibliche Sieben ist gebildet, ruhig, unabhängig und verschwiegen; ihre Ansichten über die Religion sind recht eigenartig; sie besitzt die Gabe der Hellseherei und ist dem Okkulten sehr zugetan. Sie ist klug, liebt Reisen, möchte die Rätsel des Lebens lösen und braucht viel Zeit zum Nachdenken und Meditieren.

Der Achter findet ihr Bedürfnis nach Einsamkeit in Verbindung mit ihrer verschlossenen Art ziemlich irritierend, denn er will stets wissen, was sie denkt und tut. Und wenn sie ihm den Zugang zu ihrem geheimnisvollen Wesen verweigert, kriegt er einen Wutanfall. Aber da ihr Streit nicht liegt, wird sie darauf bestehen, daß Probleme ausdiskutiert werden, damit die Spannung sich löst.

Dieses Paar wird manchen Sturm erleben, und in ihrem Liebesleben gibt es gelegentlich auch einen Hurrikan, weil die Launen und die grundlosen Eifersuchtsanfälle des Achters ihr Intimleben beeinträchtigen.

Er ist oft ziemlich kühl und reserviert und hat Schwierigkeiten, seine Gefühle auszudrücken. Die weibliche Sieben dagegen ist gefühlvoll und leidenschaftlich; seine unberechenbaren Launen findet sie oft nervenaufreibend. Glücklicherweise ist sie eine sehr verständnisvolle Frau, und mit der Zeit werden sie vielleicht auch in ihrem Intimleben zu einem harmonischen Zusammensein finden. Im Endeffekt geht es in dieser Beziehung darum, ob der Geist oder die Materie die Oberhand behält – ob ihre geistigen Werte seinen Materialismus überwinden.

Männliche Acht : Weibliche Acht

Eine 8:8-Kombination stellt immer ein riskantes Spiel dar, und niemand kann vorhersagen, wer es gewinnen wird. Wenn zwei Achten sich zusammentun, ergibt das ein gut organisiertes, dynamisches Team, das kaum aufzuhalten ist. Aber die Acht ist die Zahl der Extreme und Gegensätze. Gewinnt das Konkurrenzdenken in ihrer Verbindung die Oberhand, so kann sie nur mit einer Katastrophe enden. Es ist unerläßlich, daß beide ihre immensen Kräfte behutsam und umsichtig einsetzen, sich mit Respekt behandeln und einander mit Samthandschuhen anfassen – sonst droht die Gefahr, daß sie sich gegenseitig zerstören. Der Achter ist stark und praktisch veranlagt, wie seine Partnerin. Beide streben nach Erfolg im Leben und wollen ihn auch demonstrieren. Diese beiden setzen den Standard, den andere erreichen wollen. Für gesellschaftlichen Status, Anerkennung und Reichtum arbeiten sie unermüdlich und schonungslos. Weder Glück noch innerer Frieden oder andere gefühlsmäßige Werte scheinen sie zu interessieren. Sie sind ein gewinnsüchtiges, karrierebesessenes Paar, für das allein materielle Werte zählen.
Oberflächlich betrachtet sind beide charmant, ausgeglichen und würdevoll, aber wenn sie unter Druck geraten, können sie selbstsüchtig, aggressiv und despotisch werden. Sie haben Häute wie Elefanten und hochempfindliche Temperamente. Solange sie gemeinsam ein Ziel ansteuern, sind sie ein unschlagbares Team. Aber wenn einer ausbricht oder eigene

Pläne entwickelt, kann das zu einer Explosion von nuklearem Ausmaß führen. Die Acht ist die Zahl des Kampfes und der Zielstrebigkeit, des Eigensinns und der Skrupellosigkeit. In dieser Verbindung ist alles offen, und die Niederlagen einer Acht sind genauso spektakulär wie ihre Erfolge.

Ihr Intimleben dürfte nicht sehr leidenschaftlich verlaufen, denn Achten sind oft kühl und reserviert. Mit Gefühlen haben sie Schwierigkeiten, sie unterliegen heftigen emotionalen Schwankungen. Schroff und ablehnend in der einen Sekunde, können Achten im nächsten Moment wieder sanft und mitfühlend sein. Die zärtliche Liebe, die sie füreinander empfinden, kommt leider selten zum Ausdruck, weil sie ihre Gefühle in grundlosen Eifersüchteleien verzetteln. Mißtrauisch zweifeln sie an der ehelichen Treue des anderen und vergeuden damit kostbare Zeit ihres ohnehin begrenzten Intimlebens. Aber in diesem Spiel sind beide Meister und scheinen es auf eine sonderbare, pervertierte Art zu genießen.

Männliche Acht : Weibliche Neun

Die männliche Acht und die weibliche Neun leben auf zwei völlig verschiedenen Wellenlängen, ihre Zahlen sind gegensätzlich (eine gerade, eine ungerade), und ihre Ziele und Wünsche sind wie entgegengesetzte Pole. Aber auf eine unerklärliche Weise hat diese Verbindung Aussicht auf Erfolg. Vor allem scheinen sie die besten Eigenschaften im anderen zu wecken. Der Achter ist praktisch und kann wirtschaftliche Stabilität bieten, während die weibliche Neun eine Träumerin ist und ungewöhnliche Ideen beisteuert. Vorausgesetzt, daß der Achter nicht zu despotisch wird und die weibliche Neun sich nicht in allzu verwegene Träume versteigt, könnte ihnen ein glückliches Leben beschieden sein.

Der Achter wurde mit dem Wunsch geboren, erfolgreich zu sein, und wurde dafür auch mit den nötigen Qualitäten ausgestattet. Er ist ehrlich, zuverlässig, praktisch veranlagt und erfüllt seine Verpflichtungen. Er ist stark, zäh, phantasievoll und klug. Er strebt nicht nur nach Reichtum, sondern auch nach gesellschaftlicher Anerkennung. Obwohl er sich im Leben alles hart erkämpfen muß, läßt er sich von Hindernissen und Rückschlägen nicht unterkriegen – wie es ein Selfmademan selten tut. Wenn nötig, wird er Tag und Nacht arbeiten, um sein Ziel zu erreichen. Steht er sehr unter Druck, gewinnt die aggressive Seite seines Charakters die Überhand, dann kann er selbstsüchtig, hart und skrupellos werden. Er ist kühl, ruhig, beherrscht und charmant, aber unter der gelassenen Oberfläche verbirgt sich ein sehr heftiges Naturell. Er hat Schwierigkeiten, seine Gefühle auszudrücken – bis auf seine Zornesausbrüche –, und befürchtet, daß Emotionen sein Urteilsvermögen beeinflussen könnten. Ein Zusammenleben mit diesem Mann ist nicht leicht, aber die weibliche Neun liebt Herausforderungen.

Die weibliche Neun ist tolerant, idealistisch und voller Mitgefühl für die Unterdrückten und Benachteiligten. Sie hat das dringende Bedürfnis, sich für eine gerechte Sache einzusetzen, verträgt aber keinen Widerspruch (der Achter sollte das berücksichtigen). Sie ist resolut, tatkräftig und couragiert, außerdem phantasievoll, kreativ, neigt zu spontanen Entschlüssen und läßt sich von unerklärlichen Inspirationen leiten. Sie hat einen klaren, scharfen Verstand, einen kämpferischen Geist und ein hitziges Temperament. Sie ist ehrlich, vertrauensvoll, selbständig und loyal; Kritik kann sie nicht vertragen; Freundschaft ist ihr sehr wichtig; Kompromisse schließt sie mit Humor, und Meinungsverschiedenheiten erträgt sie ohne Groll. Sie ist einfallsreich, kann gut organisieren und ist eine überaus charmante und außerwöhnliche Person. Der Achter

sollte stolz darauf sein, daß er sein Leben mit ihr teilen darf, und sie mit dem ihr gebührenden Respekt behandeln. Sie verdient zweifelsohne seine uneingeschränkte Bewunderung. Sie besitzt Mut, Willenskraft und Stärke.
Der Achter kann ein launischer und unzugänglicher Bettgefährte sein. Außerdem ist er überaus eifersüchtig und wähnt sich von eingebildeten Rivalen umgeben. Mißtrauisch verfolgt er jeden Telefonanruf, den sie entgegennimmt, und will stets genau wissen, was seine Partnerin denkt oder tut. Er unterliegt extremen Gefühlsschwankungen, und das macht ihn zu einem schwierigen Lebensgefährten. Die weibliche Neun ist leidenschaftlich, romantisch und sehr impulsiv. Sie sucht keinen Streit, aber wenn er sie zu oft zurückweist, wird sie verärgert reagieren. Obwohl sie sehr bereitwillig auf die Wünsche ihres Partners eingeht, stellt er ihre Geduld auf eine harte Probe. Diese beiden haben einige grundlegende Probleme zu überwinden, aber danach dürfte es in ihrem Zusammenleben keine unlösbaren Schwierigkeiten mehr geben.

Männliche Neun : Weibliche Eins

Es besteht wenig Zweifel daran, daß diese Kombination Erfolg haben wird, denn die männliche Neun besitzt ebenso wie die weibliche Eins eine geniale Ader. Die Integrität des Neuners hat eine mäßigende Wirkung auf das schöpferische Flair seiner Partnerin, und er weiß klug ihre brillanten Ideen in die Tat umzusetzen. Die weibliche Eins besitzt Pioniergeist, und diese Frau wird ihm völlig neue Perspektiven zeigen. Aber niemand ist perfekt. Auf Kritik oder Widerspruch kann er sehr intolerant reagieren, und sie neigt wie er dazu, eigensinnig und rechthaberisch zu sein. Diese negativen Eigenschaften müssen beide unter Kontrolle bringen, um Streit zu vermeiden.

Die Neun ist die mystische Zahl und repräsentiert seelische und geistige Überlegenheit. Der Neuner ist aufgeschlossen, visionär und idealistisch. Er hat den intensiven Drang, für eine gerechte Sache zu kämpfen, und verspürt den ernsthaften Wunsch, die Menschen und die Welt zu verbessern. Er ist ein Wohltäter im positivsten Sinn des Wortes, ohne moralisierend oder aufdringlich zu wirken. Er hat einen scharfen Verstand, viel Phantasie und ist von echter Menschenliebe erfüllt. Er hat einen außergewöhnlich starken Charakter, ist couragiert, selbständig, einfallsreich und resolut. Als negativ zu bewerten ist seine leicht aufbrausende Art und die Neigung, alles in großem, die ganze Welt umfassenden Maßstab zu sehen, mit dem Ergebnis, daß er die Bedürfnisse und Schwierigkeiten der ihm nahestehenden Menschen nicht bemerkt. Aber sein schlimmster Fehler ist – und darin liegt für ihn auch die größte Gefahr – die Impulsivität. Seine Tollkühnheit bringt ihn leicht in Schwierigkeiten, und er ist auch anfällig für Unfälle. Er ist ein guter Organisator und ein Mann, der gern das Sagen hat. Er mag es, wenn man zu ihm aufsieht und ihn als Oberhaupt der Familie anerkennt. Das könnte einige häusliche Probleme auslösen, denn die weibliche Eins nimmt selbstverständlich an, daß *sie* es ist.

Die weibliche Eins ist kein schüchternes Mauerblümchen; sie ist eine prächtige Sonnenblume, die gern in der Wärme und im Licht schwelgt. Sie ist ehrgeizig, zielstrebig, selbstbewußt und weit mehr an ihrer beruflichen Karriere als an ihrer Rolle als Hausfrau und Mutter interessiert. Sie ist positiv, tatkräftig, wagemutig und entschlossen. Sie weiß, was sie will; braucht weder Ermutigung noch Rat von anderen und läßt sich nicht von einem einmal gefaßten Entschluß abbringen. Die weibliche Eins nimmt Probleme unerschrocken in Angriff, besitzt die Fähigkeit, sich an beinahe jede Situation anzupassen, ist beliebt und steht meistens im Mittelpunkt. Sie ist charmant, attraktiv,

liebevoll und aufrichtig, allerdings auch eigensinnig und ungeduldig. Sie ist großzügig und versöhnlich, hat vernünftige Ansichten und besitzt wie der Neuner die Fähigkeit, logische Kompromisse zu schließen, um großmütig einen Streit zu beenden. Diese beiden haben viele Gemeinsamkeiten, und ihre Verbindung bedarf keiner Wunder, um zu funktionieren – nur etwas Vertrauen und gesunden Menschenverstand.
Als Liebhaber kann der Neuner sehr aufregend sein. Er ist romantisch, leidenschaftlich, impulsiv und äußerst überzeugend. Er ist weder eifersüchtig noch besitzergreifend, aber ziemlich eingebildet auf sein überragendes Können. Sollte die weibliche Eins also etwas an seiner Leistung auszusetzen haben, muß sie ihre Worte mit Sorgfalt wählen – er hat ein hitziges Temperament. Die weibliche Eins ist einfallsreich, abenteuerlustig und immer bereit, etwas Neues auszuprobieren. Sie scheut nicht davor zurück, die Initiative zu ergreifen, und steckt voller Ideen, die sie testen möchte. Sie ist selbstsicher, demonstrativ, tatkräftig und originell, hat sich und die Situation aber stets unter Kontrolle. Im Bett werden diese beiden sexuellen Athleten viel Spaß miteinander haben.

Männliche Neun : Weibliche Zwei

Phantasie, Visionen, Einsicht, Stabilität und Verständnis prägen in ausgewogenem Maße diese Beziehung. Die weibliche Zwei ist empfänglich, sensibel und ergeben, denn ihr Partner ist ein derart anregender und mitreißender Mann, daß seine seelische und geistige Überlegenheit sie stark beeinflußt. Gemeinsam können sie Ausgeglichenheit, Harmonie und inneren Frieden finden. Der Träumer (die Neun) und die Sensible (die Zwei) schweben für gewöhnlich über der Erde, ihre Gedanken bewegen sich auf höheren Bewußtseinsebenen. Diese beiden repräsentieren wirklich eine Verbindung von Geist und Körper, wie sie vorkommt, wenn zwei schöpferische Menschen beschließen, ihr Leben miteinander zu verbringen. Ihre Beziehung ist etwas Besonderes und wird die Prüfungen der Zeit überstehen.

Das Lebensziel des Neuners besteht darin, anderen zu einer großzügigeren Lebenseinstellung zu verhelfen und allumfassende Liebe und Harmonie zu verbreiten. Er ist geduldig und verständnisvoll, wird seinen Idealen gerecht und ist stets bereit, anderen zu helfen. Er nimmt wirklich Anteil am Geschick der Menschen und hat den intensiven Wunsch, einer gerechten Sache zum Wohle der Menschheit zu dienen. Er ist tatkräftig, couragiert und resolut, besitzt hervorragende Führungsqualitäten und ist ein erstklassiger Organisator. Er hat einen scharfen Verstand, viel Phantasie und ist empfänglich für spontane Inspirationen.

Er ist bereit, für das zu kämpfen, was er haben will, und hat meistens Erfolg, denn er besitzt Mut, einen eisernen Willen und ungeheure Ausdauer. Aber er kann intolerant werden, wenn er Widerstand spürt; reagiert oft unsensibel auf die Bedürfnisse seiner Lieben, wenn er gerade in ein besonders weitreichendes Unternehmen verwickelt ist; er hat ein hitziges Temperament und redet und handelt impulsiv. Die Impulsivität ist wohl sein ärgster Fehler, und sie bringt ihn oft in gefährliche Situationen; viele Neunen sind anfällig für Unfälle. Aber im großen und ganzen ist er ein fähiger, fürsorglicher Mann mit vielseitigen Interessen und Charme.

Die Zwei ist eine neutrale Zahl, die sich leicht beeinflussen läßt. Deswegen ist die weibliche Zwei zaudernd, unschlüssig und ändert ständig ihre Meinung. Außerdem ist sie schüchtern, gehemmt und ordnet sich lieber unter, als selbst die Führung zu übernehmen. Sie ist ruhig, ausgeglichen, bescheiden und versöhnlich. Aber unter dieser zurückhaltenden Fassade verbergen sich wie bei einem Eisberg sieben Achtel ihres wahren Charakters. Dem oberflächlichen Betrachter entgehen ihre Kreativität, ihre Phantasie und ihre künstlerischen Talente. Sie hat Humor, ist scharfsinnig und eine faszinierende Erzählerin. Sie ist anpassungsfähig, fröhlich, überzeugend, einfallsreich, gesellig und steckt voller Ideen, die sie aber leider nicht in die Tat umsetzt. Sie hat ihre Schattenseiten, und ihre Launen und Emotionen ändern sich von einem Tag auf den anderen. Außerdem ist sie eifersüchtig und besitzergreifend, aber ihre Leiden in dieser Hinsicht sind meistens selbstverschuldet. Größtenteils ist sie eine freundliche, gutmütige Person, aber wenn sie in trübsinniger Stimmung ist, kann sie sehr irritierend wirken.

In der Intimsphäre seines Heims ist der Neuner romantisch, leidenschaftlich und impulsiv. Wenn ihn plötzlich eine amouröse Laune überfällt, muß die Gartenarbeit, die Wäsche und alles andere warten. Seine Partnerin ist auch eine romantische, gefühlvolle Frau, aber wenn sie ein wenig deprimiert ist, muß er besonders verführerisch und überzeugend sein, um sie in Stimmung zu bringen. Diese beiden können sehr glücklich miteinander werden, wenn sie ihre negativen Seiten in den Griff bekommen.

Männliche Neun : Weibliche Drei

Oberflächlich betrachtet scheint diese 9:3-Kombination eine vielversprechende Verbindung zu sein. Beide Zahlen sind ungerade, und der Neuner und die weibliche Drei haben viele Gemeinsamkeiten. Beide besitzen einen scharfen Verstand, Phantasie, künstlerische Neigungen und anpassungsfähige Naturelle, aber irgendwie geht diese Mischung aus Talenten und Persönlichkeiten nicht auf. Der anfänglich vielversprechende Schein dieser Beziehung hält den Erwartungen nicht stand. Der Neuner ist von dem Drang beseelt, die Welt verbessern zu wollen, und die weibliche Drei nimmt seine Pläne nicht ernst. Beide sind impulsiv, wobei sie allerdings mehr vom Glück begünstigt ist als er. Ihre manchmal sehr herrische Art kann er mit seinem hitzigen Temperament oft nicht ertragen.

Der Neuner ist ein Träumer und empfindet für die Menschheit eine Zuneigung. Stets ist er bemüht, die Lebensbedingungen zu verbessern, und stellt sich gern in den Dienst einer gerechten Sache. Er kämpft für die Durchsetzung seiner Ideale, und weil er Mut, Willenskraft und Entschlossenheit besitzt, erreicht er am Ende auch sein Ziel. Er ist ehrlich, vertrauensvoll, loyal, unternehmungslustig, phantasievoll und idealistisch. Er ist einfallsreich und ein guter Organisator, lehnt aber jede Form der Kritik heftig ab, weil er zwar nicht eingebildet ist, aber doch eine sehr hohe Meinung von sich hat. Sein einziger Fehler ist seine Impulsivität. Sie bringt ihn oft in Schwierigkeiten, wenn er unüberlegt redet oder handelt. Außerdem ist er anfällig für Unfälle.

Größtenteils ist der Neuner aber ein charmanter, mitfühlender Mann. Die weibliche Drei mag da wohl anderer Meinung sein, denn diese beiden können aneinander kein gutes Haar lassen. Entweder er versteht eine Sache völlig falsch, oder sie nörgelt an dem herum, was er zu sagen versucht. Diese Beziehung scheint einen eigenen Störmechanismus zu besitzen, und leider erkennen ihn beide erst, wenn es zu spät ist.

Die weibliche Drei ist scharfsinnig, lebhaft und vielseitig. Sie ist talentiert und kreativ; sie äußert sich direkt und impulsiv. Sie zählt zu den Menschen, die sich gleichzeitig auf mehrere Dinge konzentrieren und sie auch gut machen können. Sie ist in der Tat ein sehr heller Kopf, hat einen etwas spöttischen Sinn für Humor und die aufreizende Angewohnheit, andere mit ihrem überlegenen Verstand im wahrsten Sinne des Wortes in die Tasche zu stecken. Sie muß immer einen Schritt voraus sein, und das führt häufig zu Reibereien mit dem Neuner, denn allzu kluge Frauen wirken sich verheerend auf sein Ego aus. Die weibliche Drei tut das, was sie für richtig hält, und obwohl sie nicht als Einzelgängerin zu bezeichnen ist, findet sie doch, daß eine Partnerschaft ihren überschwenglichen Lebensstil einengt. Außerdem ist sie sehr stolz, unabhängig, hat nicht gern Verpflichtungen und verabscheut jeglichen Zwang. Wie ihr Symbol, der Otter, ist sie ein Freigeist und verliert in der Gefangenschaft ihren Glanz und ihre Brillanz. Selbstverwirklichung ist ihr das Wichtigste im Leben, aber dem Neuner wird das selten bewußt.

Merkwürdigerweise funktioniert die physische Seite dieser Beziehung – trotz aller Gegensätze – wie ein gut geöltes Uhrwerk. Ihre sexuelle Liebe füreinander scheint nie zu enden oder nachzulassen. Der Neuner ist romantisch, leidenschaftlich und impulsiv, während sie umgänglich, sinnlich und sehr empfänglich für spontane Gesten ist.

Männliche Neun : Weibliche Vier

Wenn Sie nach einem dynamischen, feurigen Paar suchen, sind Sie hier fehl am Platz. Beider Handeln unterliegt einem ruhigen, gemächlichen Rhythmus. Und dafür gibt es einen Grund: sie können voneinander viel lernen, also wozu die unnötige Eile? Diese Beziehung ist von Dauer, und keiner von beiden hat die geringste Absicht, etwas zu überstürzen. Der Neuner kann der nüchternen weiblichen Vier dabei helfen, ihre latente geistige Natur zu entwickeln, während sie ihm die praktischen Kenntnisse vermittelt, die ihm fehlen. Für dieses Paar bleibt die Zeit stehen.

Die Neun ist eine mystische Zahl, die für seelische und geistige Überlegenheit, für Hoffnung und Leistung, für Intuition und Inspiration steht. Daher ist es nicht verwunderlich, daß der Neuner aufgeschlossen, visionär und idealistisch ist. Sein Ziel im Leben ist die Verbreitung allumfassender Liebe und Harmonie. Das erreicht er durch Geduld, Verständnis und Mitgefühl. Er stellt sich gern in den Dienst einer gerechten Sache zum Wohle der Menschheit. Er hat einen scharfen Verstand, viel Phantasie und so hochfliegende Ideen, daß er darüber alles andere vergißt. Er ist resolut, tatkräftig und couragiert; außerdem vertrauensvoll, vertrauenswürdig und absolut ehrlich. Die Impulsivität ist sein größter Fehler, gefolgt von Intoleranz und Reizbarkeit. Freundschaft schätzt er sehr hoch ein; er ist weder eifersüchtig noch besitzergreifend und kann für gewöhnlich auf humorvolle Art einem Kompromiß zustimmen und ohne Groll anderer Meinung sein. Er ist ein gebildeter Lehrer, der sein Bestes geben wird, um die geistigen Fähigkeiten der weiblichen Vier zu fördern und ihre Gedanken von rein irdischen auf mehr idealistische Werte zu lenken.
Die Vier ist die Zahl des soliden Fundaments, der Schwerfälligkeit, Ausdauer und Stabilität. Die weibliche Vier ist eine sehr sachliche, solide, zuverlässige und äußerst systematische Frau. Mit Geld kann sie gut umgehen, sie arbeitet hart, ist energisch und respektabel. Auch bei größten Schwierigkeiten gibt sie nicht auf, trägt ihre Verantwortung und nimmt Probleme ruhig und zuversichtlich in Angriff. Aber was der Neuner am meisten an ihr bewundert, ist ihr geheimster Wunsch, die Armut und das Leid dieser Welt zu lindern, und das steht im Einklang mit seinen Plänen für weltweite Reformen. Sie ist sehr positiv und gelegentlich auch unkonventionell in ihren Ansichten. Für eine gerechte Sache ist sie jederzeit ansprechbar, und auch an dem kranken Hund am Straßenrand geht sie nicht vorbei. Sie mag zwar schwerfällig und humorlos sein,

aber sie hat ihr Herz am rechten Fleck – und es ist groß. Auch sie hat Fehler, aber ziemlich harmlose, die nur ihr selbst zu schaden scheinen. Sie ist sensibel, ihre Gefühle sind leicht verletzlich, und wenn ihre Pläne nicht den Erfolg haben, den sie sich erhofft hat, kann sie melancholisch und mutlos werden. Die weibliche Vier ist eine gute, zuverlässige Frau, die Ausgewogenheit und Perspektive in die große, weite, fordernde Welt des Neuners bringt.

Von diesem Paar kann man keine wilden Orgien oder leidenschaftliche Nächte voller Erotik erwarten, weil der langsame, gemächliche Rhythmus auch das Liebesleben bestimmt. Der Neuner ist romantisch, zärtlich und einfühlsam. Die Stimmung seiner Partnerin errät er instinktiv und weiß genau, wann er ihr Avancen machen darf. Die weibliche Vier ist keine abenteuerlustige Frau, und obwohl sie treu, sentimental und rücksichtsvoll ist, hat sie auch in ihrem Liebesleben gern eine gewisse Ordnung. Sie mag keine plötzlichen, verrückten Gefühlsausbrüche oder komischen Spielchen. Vorausgesetzt, der Neuner kann ihre impulsive Ader beherrschen, wird mit diesen beiden nicht viel schiefgehen.

Männliche Neun : Weibliche Fünf

Die männliche Neun und die weibliche Fünf sind wie zwei Magneten, die einander anziehen oder abstoßen können. Anfänglich, wenn ihre Gefühle füreinander äußerst positiv sind, verstehen sie sich sehr gut, aber mit der Zeit wird eine Veränderung in ihrer Einstellung eintreten, und der negative Aspekt beherrscht die Beziehung: die beiden Magneten stoßen einander ab. Mit anderen Worten: die männliche Neun und die weibliche Fünf werden zu entgegengesetzten Polen, und es bedarf einer übermenschlichen Anstrengung von beiden Sei-

ten, eine ausgewogene Balance herzustellen, damit die Beziehung nicht an Gedankenlosigkeit, Gleichgültigkeit und Lieblosigkeit scheitert.
Der Neuner ist ein Mann von hohen geistigen und seelischen Idealen. Er ist ganz gewiß kein Narr, obwohl er sich manchmal – vor allem seiner Partnerin gegenüber – wie einer aufführt. Er hat einen scharfen Verstand, viel Phantasie, große Ideale und empfindet wahre Menschenliebe, verbunden mit dem Wunsch, dem Wohle der Menschheit zu dienen. Und in dieser Einstellung liegen die Probleme dieses Paares. Er verfolgt sein Lebensziel – die Verbesserung der Welt – oft mit einer derartigen Besessenheit, daß er darüber die Sorgen und Bedürfnisse seiner Lieben vergißt. Und die weibliche Fünf ist gewiß keine Frau, die sich damit abfindet, nicht beachtet zu werden.
Der Neuner übt sehr großen Einfluß auf andere aus. Er ist entschlossen, tatkräftig und couragiert. Er kämpft für seine Ziele und vertritt seinen Standpunkt. Seine Schwächen liegen in seiner Impulsivität, Intoleranz und Eigensinnigkeit in Verbindung mit seinem hitzigen Naturell. Zwischen ihm und der weiblichen Fünf wird es oft zu Kämpfen kommen. Den meisten Menschen mag er verständnisvoll, mitfühlend und charmant vorkommen, aber auf die weibliche Fünf wirkt er oft wie ein rotes Tuch.
Die weibliche Fünf ist eine Individualistin. Sie ist rastlos, klug und ungeduldig. Sie ist eine äußerst scharfsinnige Frau und vergeudet ihre Zeit selten mit unrealistischen Plänen und Unternehmungen. Sie ist talentiert, originell und kreativ. Ihre außerordentliche Begabung erstreckt sich auf so viele Gebiete, daß es ihr schwerfällt, sich auf eine bestimmte Sache festzulegen. Sie ist abenteuerlustig, erforscht gern fremde Länder und entwickelt ständig neue Ideen. Routine ist ihr verhaßt, und sie stürzt sich in riskante Abenteuer aus schierer Freude an der

Abwechslung. Sie ist stets angespannt, denkt und handelt rasch und sucht immer Aufregung. Sie kann ebenso wie der Neuner leicht reizbar und aufbrausend sein und brennt die Kerze von beiden Enden ab. Es ist aufregend und amüsant, eine weibliche Fünf um sich zu haben, aber wenn eine Beziehung anfängt sie zu langweilen, fliegt sie – wie ihr Symbol, die Schwalbe – sonnigeren Gefilden entgegen. Ihre Freiheit liebt sie über alles, und ein Zusammenleben mit einem Wohltäter der Menschheit wird sie auf Dauer nicht befriedigen.

Zweifellos ist der beste Aspekt in dieser Kombination die Freude und das Glück, das sie in ihren Umarmungen finden. Eine Versöhnung zwischen diesen beiden ist wirklich ein Erlebnis, aber leider dauert der Waffenstillstand nie lange. Der Neuner ist romantisch, leidenschaftlich und impulsiv. Er steckt voller Überraschungen, und das liebt die weibliche Fünf an ihm. Sie wird von der Zahl der reinen Sexualität geleitet, und sie kennt keine Tabus. Sie ist sinnlich, fordernd, gelegentlich selbstsüchtig und stets bereit, die Initiative zu übernehmen. Wenn diese beiden ungestümen Liebhaber ihre Übereinstimmung im Intimleben auch auf andere Gebiete ausdehnen könnten, dann würde ihnen ein glückliches Leben bevorstehen.

Männliche Neun : Weibliche Sechs

Dieses Duo hat ein Leben voller Harmonie und Ausgeglichenheit vor sich. Ihre Beziehung basiert auf Schönheit (Sechs) und Wahrheit (Neun). Die männliche Neun und die weibliche Sechs besitzen ein instinktives Wissen um faires Geben und Nehmen auf allen Bewußtseinsebenen, und eine Partnerschaft wie diese wird selten fehlschlagen. Der visionäre Neuner steuert Inspiration und große Ideale bei, während die friedliebende weibliche Sechs eine ruhige Atmosphäre schafft, in der ihre Beziehung

wachsen und gedeihen kann. Sie geraten selten in Schwierigkeiten, und jedes Problem, das entsteht, wird auf eine friedliche, gelassene Weise gelöst.
Die Neun unterliegt den höchsten Schwingungen der Liebes-Zahlen, und der Neuner ist ein Mann von hohen seelischen und geistigen Idealen. Er hat viele Interessen, großen Charme und ein intensives Bedürfnis, einer gerechten Sache zum Wohle der Menschheit zu dienen. Er ist intuitiv und weitsichtig, phantasievoll und anregend, einflußreich und einfallsreich. Auf Kritik, vor allem gegenüber seinen künstlerischen Ambitionen, reagiert er verärgert; jede Form der Einmischung lehnt er kategorisch ab, und er hat ein ziemlich hitziges Gemüt. Aber sein Sinn für Humor macht ihn für gewöhnlich kompromißbereit.
Der Neuner hat einen starken Willen, eine immense Entschlußkraft, und er will sein Schicksal selbst bestimmen. Er mag es gern, wenn man zu ihm aufsieht und ihn als Oberhaupt der Familie akzeptiert. Dabei trifft es sich gut, daß die weibliche Sechs keine militante Feministin ist, denn sonst würde diese Beziehung rasch in die Brüche gehen. Sein schlimmster Fehler ist wohl seine Impulsivität, die ihn auch anfällig für Unfälle macht. Dagegen muß er ankämpfen, und er sollte denken, bevor er redet.
Die weibliche Sechs ist eine wunderbare Frau und eine begabte Ehefrau und Mutter. Sie ist idealistisch, phantasievoll und fühlt sich am wohlsten, wenn sie kreativ tätig sein kann. Sie ist die geborene Hausfrau und umgibt sich gern mit ungewöhnlichem Mobiliar und geschmackvollen Bildern. Sie ist auch die geborene Gastgeberin und liebt es über alles, ihre Familie und Freunde in ihrem behaglichen Heim zu verwöhnen. Sie ist ausgeglichen, aufgeschlossen, beherrscht und sehr intelligent. Zwietracht oder Eifersucht verabscheut sie, und ihr innigster Wunsch besteht darin, ihre Mitmenschen glücklich und zu-

frieden zu sehen. Die weibliche Sechs besitzt die seltene Gabe, die Bedürfnisse und Schwierigkeiten anderer intuitiv zu erfassen und die besten Eigenschaften selbst in den scheinbar hoffnungslosen Fällen zu wecken. Sie ist eine gerechte, gütige, couragierte Frau und die ideale Partnerin für den Neuner. In der Intimsphäre seines Schlafzimmers ist dieses Paar nicht besonders abenteuerlustig, aber das bedeutet nicht, daß sein Liebesleben langweilig oder routiniert ist. Ihre Liebe ist eher idealistisch, und sie widmen ihrer geistigen Harmonie mehr Aufmerksamkeit als den Sinnenfreuden. In ihrem Liebesleben finden sie aber durchaus Glück und Zufriedenheit.
Der Neuner ist ein geduldiger, verständnisvoller, romantischer Liebhaber, und seine Avancen werden von Impulsivität und Leidenschaft geleitet. Er ist loyal, einfühlsam und ehrlich. Die Eifersucht plagt ihn selten, aber wenn sein Mißtrauen geweckt wird, kann der Umgang mit ihm schwierig werden. Die weibliche Sechs ist weder übermäßig eifersüchtig noch besitzergreifend, und auch sie neigt eher zur romantischen und idealistischen Liebe. Sie ist warmherzig, liebevoll und loyal. Ihre Gefühle sind mehr mütterlich als sinnlich. In dieser Verbindung gibt es kaum unüberwindliche Probleme.

Männliche Neun : Weibliche Sieben

Im richtigen Verhältnis ist Spiritualismus eine gute Sache, aber die männliche Neun und die weibliche Sieben sind etwas zu durchgeistigt. Wenn sie nicht aufpassen, könnten sie Gefahr laufen, den Bezug zur Wirklichkeit zu verlieren. In ihrer Beziehung können sie Frieden, Harmonie und absolutes Verständnis erreichen, aber irgendwie sind sie nicht von dieser Welt.
Der Neuner wird von seiner Seele, seinen Idealen und seiner

Besessenheit, dem Wohle der Menschheit zu dienen, angetrieben. Geld bedeutet ihm wenig. Er ist tolerant, visionär und idealistisch, hat sehr viel Mitgefühl und noch mehr Verständnis. Er ist ein faszinierender, anregender Mann, der auf seine ganze Umgebung einen ungeheuren Einfluß ausüben kann. Er hat einen scharfen Verstand, eine wunderbare Phantasie und empfindet echte Liebe für die Menschheit. Er ist stets bereit, für eine gerechte Sache zu kämpfen, gibt auch bei größten Schwierigkeiten nicht auf und hat meistens Erfolg mit seinen Unternehmungen. Wie seine Partnerin, die weibliche Sieben, besitzt er übersinnliche Kräfte und ist auch empfänglich für Inspirationen. Zu seinen Fehlern zählen sein ungestümes Temperament, seine gelegentliche Gleichgültigkeit und Halsstarrigkeit, aber diese Schattenseiten werden bei weitem durch ein Übermaß an positiven Charaktereigenschaften aufgewogen. Wenn ein Mann, beherrscht von der mystischen Zahl Neun, beschließt, eine persönliche Beziehung mit einer Frau, beherrscht von der magischen Zahl Sieben, einzugehen, kann daraus nur eine übernatürliche Kombination entstehen.

Die weibliche Sieben ist intellektuell, philosophisch und geheimnisvoll. Sie hat einen brillanten Verstand, den sie für die Suche nach dem wahren Wesen der Natur und des Lebens einsetzt, weil sie konventionelle Theorien und Erklärungen nicht akzeptieren kann. Materielle Bedürfnisse scheint sie nicht zu kennen, aber sie braucht sehr viel Zeit allein zum Nachdenken und Meditieren. Ihre Phantasie und intuitiven Kräfte tragen sie weit über die Grenzen der Vernunft hinaus, in eine Welt voller Tagträume und Visionen. Sie hat eigentümliche Ansichten über Religion, eine große Vorliebe für alles Okkulte, und sie ist künstlerisch begabt, würdevoll und gebildet.

Der Neuner ist romantisch, leidenschaftlich und impulsiv. Die weibliche Sieben ist gefühlvoll, demonstrativ und sehr fordernd. In physischer Hinsicht scheinen die Wünsche und Sehnsüchte beider Partner zu harmonieren, und welche Freuden dieses Paar hinter verschlossenen Schlafzimmertüren erfährt, überläßt man besser der Phantasie.

Männliche Neun : Weibliche Acht

Eine Kombination der männlichen Neun mit der weiblichen Acht ist weniger eine persönliche Beziehung, sondern eher ein Zermürbungskrieg. Tag um Tag, Woche um Woche findet ein stetiger Prozeß unaufhörlicher Quälereien und Reibereien statt, bis das Fundament, auf dem sie hofften, eine Zukunft aufzubauen, zerstört ist. Warum sie überhaupt zueinandergefunden haben, bleibt eines der unlösbaren Rätsel der Zahlenkunde, denn der Neuner ist ständig damit beschäftigt, anderen zu helfen – ausgenommen der weiblichen Acht –, während sie ein Leben im Luxus und natürlich einen hohen gesellschaftlichen Status anstrebt. Daß diese Kombination zum Scheitern verurteilt ist, verwundert niemanden.
Der Neuner ist spirituell, visionär und idealistisch. Er ist im wahrsten Sinn des Wortes ein Wohltäter der Menschheit und empfindet echte Liebe für die Menschen. Er ist oft so von seinem Wunsch, die Welt zu verbessern, besessen, daß er mit Scheuklappen durchs Leben zu gehen scheint. Er hat eine sehr hohe Meinung von sich selbst, verträgt Kritik überhaupt nicht, reagiert intolerant auf Widerspruch, duldet keine Einmischung in seine Pläne und verlangt, daß man bewundernd zu ihm aufsieht und ihn als Oberhaupt der Familie anerkennt. Dafür bringt die weibliche Acht gewiß kein Verständnis auf. Irgendwie scheint es ihr stets zu gelingen, die schlechtesten Seiten in ihm zu wecken. Er hat ein ungestümes Temperament und

nimmt kein Blatt vor den Mund, wenn er ihr die Meinung sagt. Es sieht nicht sehr rosig aus mit diesen beiden, und die Situation wird sich auch nicht zum Positiven ändern.

Die weibliche Acht ist gewinnsüchtig und materialistisch. Sie ist stark, zäh und praktisch veranlagt, aber in Verbindung mit dem Neuner erscheint sie als hart, selbstsüchtig und tyrannisch. Daß in einer Beziehung gestritten wird, hält sie für normal, und sie kann ebensogut austeilen wie einstecken. Sie ist ehrgeizig, strebt nach Geld, Macht und weltlichem Einfluß, nicht nach der seelischen und geistigen Überlegenheit, für die ihr Partner so hart kämpft. Die weibliche Acht ist diszipliniert, skrupellos und rücksichtslos. Ihr Wissen erlangt sie in der Praxis, nicht aus Lehrbüchern, und ihre Entschlossenheit, erfolgreich zu sein, ist tief in ihrem Herzen verwurzelt. Für jemanden, der von der Zahl Acht beherrscht wird, gibt es keinen goldenen Mittelweg und keine Zwischentöne. Achten sind entweder ungeheuer erfolgreich oder sie versagen kläglich.

Solange diese Beziehung andauert, werden beide nicht geistig, aber gelegentlich im Schlafzimmer zueinanderfinden. Der Neuner ist ein romantischer, leidenschaftlicher Liebhaber, aber es wird ihm schwerfallen, seine Partnerin zufriedenzustellen. Die weibliche Acht hat große Schwierigkeiten, ihre Gefühle auszudrücken, und sie unterliegt heftigen emotionalen Schwankungen. Ist sie in einem Moment kühl und distanziert, kann sie gleich darauf sehr provozierend sein. Kein Wunder, daß der Neuner nie weiß, woran er ist mit ihr, und es überrascht keineswegs, daß er bald den Versuch aufgibt, es herauszufinden.

Männliche Neun : Weibliche Neun

Die Neun unterliegt den höchsten Schwingungen der Liebes-Zahlen, und Menschen, die von ihr beherrscht werden, können einfach nicht versagen. Die männliche wie die weibliche Neun scheuen keine harte Arbeit, beide nehmen ihre Verantwortung ernst, und kein Problem ist für ihre seelische und geistige Überlegenheit unlösbar. Die Neun ist die mystische Zahl, und eine Kombination von zwei Neunen verdoppelt ihre Kräfte und ergibt wohl die Idealform einer Beziehung.

Weisheit, Wissen und Phantasie sind im Übermaß vorhanden, und dieses Paar kann sehr viel zum Wohle der Menschheit tun, denn beide sind leidenschaftliche Weltverbesserer. Zwischen ihnen herrscht perfekte Ausgewogenheit, perfekte Harmonie, und ihre Beziehung wird dieses Leben und womöglich auch ein nächstes überdauern.

Alle Neunen sind sich grundsätzlich gleich, wenn wir also den Neuner beschreiben, so trifft das auch auf die weibliche Neun zu. Der Neuner ist ein Träumer. Er hat Charme, Einfühlungsvermögen und einen scharfen Verstand. Er ist einfallsreich, anregend und kann einen großen Einfluß auf andere Menschen, ja seine ganze Umgebung ausüben. Er ist künstlerisch veranlagt und neigt vor allem im Alter zu einer gewissen Exzentrik. Er ist empfänglich für unwahrscheinlich anmutende Inspirationen, die an Genialität grenzen.

Der Neuner ist ehrlich, vertrauensvoll und loyal, darüber hinaus ein guter Organisator und geduldiger Lehrer. Er kämpft für die Durchsetzung seiner Pläne, und mit seiner Willenskraft, seinem Mut und seiner Entschlossenheit überwindet er Hindernisse und auch Rückschläge.

Aber er hat auch Fehler. Der Neuner neigt dazu, sich derart in seinen großen Plänen zum Wohle der Menschheit zu verlieren, daß er die Bedürfnisse der ihm Nahestehenden übersieht.

Jegliche Form der Einmischung lehnt er kategorisch ab, verträgt keine Kritik, reagiert intolerant und gereizt auf Widerspruch und hat ein hitziges Temperament. Aber sein größter Fehler ist wohl seine Impulsivität. Seine unüberlegten Worte und Taten bringen ihn oft in Schwierigkeiten und verursachen ständig kleinere Unfälle und Verletzungen.

Im großen und ganzen ist der Neuner ein außergewöhnlicher, liberaler Mann; er steckt voller Mitgefühl für die Probleme anderer und steht ihnen bereitwillig mit Rat und Tat zur Seite. Und dasselbe gilt für die weibliche Neun. Eine Kombination wie diese könnte die Welt zurechtrücken, würde man ihr Zeit und Gelegenheit dazu geben.

In dieser Beziehung wird es kaum Probleme physischer oder emotionaler Art geben, denn beide leben im perfekten Einklang miteinander auf allen Bewußtseinsebenen. Alle Neunen sind romantisch, leidenschaftlich und impulsiv. Fügt man noch Liebe, Verständnis und absolute Hingabe hinzu, so ergibt es ein perfektes Bild. Diese 9:9-Kombination ist wohl der Idealzustand einer Beziehung. Miteinander sollten sie ein Höchstmaß an Glück und Erfüllung erfahren und anderen ein glänzendes Beispiel zur Nachahmung setzen. Sie sind die höchste und letzte aller möglichen Kombinationen der Liebes-Zahlen.

Kapitel IV

Allgemeine Beziehungen

Das Wissen um die Bedeutung der Liebes-Zahlen und die Anwendung der Zahlenkunde ist nicht allein auf menschliche Beziehungen beschränkt. Wenn Sie feststellen wollen, wie Ihre beruflichen Aufstiegschancen aussehen, vergleichen Sie einfach Ihre Zahl mit der Zahl der Firma, für die Sie arbeiten.
Und diese Feststellung der Verträglichkeit der Zahlen zueinander können Sie auch als Arbeitgeber anwenden, wenn Sie herausfinden wollen, ob ein potentieller Angestellter für Ihre Firma geeignet ist.
Die Zahl einer Firma ergibt sich aus dem Datum der Eintragung ins Handelsregister. Läßt sich dieser Termin nicht genau festlegen, so gibt es noch eine andere Methode.
Stellen Sie anhand des Firmennamens die Lebens-Zahl fest, wie in Kapitel V erklärt. Die Lebens-Zahl allein wird Ihnen zwar kein vollständiges Bild von der Firma geben, aber sie verschafft Ihnen eine interessante Einsicht.

Eins : Eins

Eine 1:1-Kombination kann nur als mächtige und potentiell gefährliche Verbindung angesehen werden, denn beide Zahlen repräsentieren Führungspersönlichkeiten. Gelingt es ihnen nicht, ihre Kräfte in einem Team zu vereinen, entstehen leicht Probleme.
Einsen sind äußerst aggressiv. Um eine einigermaßen an-

nehmbare Koexistenz aufzubauen, müssen beide lernen, konstruktiv zusammenzuarbeiten. Dafür ist vielleicht sogar erforderlich, daß eine Vereinbarung getroffen wird, wer welches Aufgabengebiet übernimmt – und diese Regelung auch eingehalten wird. Auch dabei ist äußerst behutsam vorzugehen, denn es muß um jeden Preis vermieden werden, daß einer der beiden Partner das Gefühl hat, die zweite Geige zu spielen.
Doch wenn zwei Einsen es schaffen, ein Arbeitsteam zu bilden, kann ihr geschäftliches Unternehmen einfach nicht schiefgehen. Keiner scheut harte Arbeit oder Überstunden, beide nehmen ihre Verantwortung ernst, und es gibt kein Hindernis, das die beiden Einsen auf dem Weg zum Erfolg nicht überwinden könnten – und dabei schrecken sie vor keinem Mittel zurück. Dabei ist es nicht nötig, daß sie sich gegenseitig sympathisch sind. Wichtig für dieses Team ist nur, daß jeder das Urteilsvermögen des anderen respektiert. Einsen können geschäftliche Dinge ungewöhnlich gut einschätzen, nur bei der Beurteilung ihres eigenen Egos versagen sie total. Ist das Mächteverhältnis in dieser Kombination ausgewogen, steht der Partnerschaft die Zukunft offen.
Arbeitet ein Angestellter mit der Zahl Eins für eine Firma derselben Zahl, so verspricht das eine für beide Seiten vorteilhafte Kombination zu werden. Die Eins steht für beruflichen Ehrgeiz, und wenn eine dynamische Persönlichkeit für eine fortschrittliche Firma arbeitet, bieten sich gute Chancen auf einen Posten im Management.
Wachsen in einem Haus mehrere Kinder mit der Zahl Eins auf, gibt es zwischen den Geschwistern Rivalität, und sie werden ständig versuchen, sich gegenseitig auszustechen. Jedes einzelne beansprucht für sich mehr Aufmerksamkeit als alle anderen zusammen genommen, und die Zankereien werden mit zunehmendem Alter hitziger und grimmiger.
Besteht die 1:1-Kombination aus einem Erwachsenen und

einem Kind, ist das Konkurrenzdenken zunächst nicht so ausgeprägt, denn der Erwachsene behält in einem Streit das letzte Wort. Aber sobald das heranwachsende Kind festeren Boden unter den Füßen spürt, wird es die Herausforderung und den Kampf aufnehmen.

Eins : Zwei

Eins plus Zwei ergibt eine äußerst erfolgreiche Kombination, weil ihre Stärken und Schwächen einander ergänzen. Die Eins steckt voller Ideen, und die Zwei besitzt das Talent und die Fähigkeit, sie in die Tat umzusetzen.
Die Eins ist der Draufgänger, der die Situation gern fest im Griff hat. Er oder sie ist ehrgeizig, aggressiv, ungeduldig und manchmal ein unausstehlicher Tyrann, während die Zwei genau das Gegenteil ist. Zweien sind schüchtern und zurückhaltend, nehmen lieber Anweisungen entgegen, als selbst die Initiative zu ergreifen. Aber obwohl es ihnen an Antrieb mangelt, darf man sie nicht unterschätzen. Sie sind aufmerksam, gerissen und sehr intuitiv. Während die Eins damit beschäftigt ist, bei anderen Eindruck zu schinden, beobachtet die Zwei in aller Ruhe die Situation und bildet sich aus sicherer Entfernung ein Urteil. Einsen denken und handeln in großem Maßstab. Sie demonstrieren gern ihre Tüchtigkeit und erwarten Anerkennung dafür. In einem Unternehmen werden sie die interessanten und aufregenden Aufgaben übernehmen. Und da die Zwei absolut damit zufrieden ist, die Routinearbeiten auszuführen, überschneiden sich ihre Aufgabengebiete nicht, und Reibereien können vermieden werden. Die Zwei stellt die Autorität der Eins und deren Entscheidungen niemals in Frage. Eine 1:2-Kombination gibt beiden Partnern die Möglichkeit, sich zu verwirklichen und gleichzeitig ein gut organisiertes und

streßfreies Team zu bilden. Schwierigkeiten gibt es nur, wenn die Eins gelegentlich durch eine gedankenlose Bemerkung die Gefühle der sensiblen Zwei verletzt oder wenn die Zwei zu lange über einer Arbeit brütet, die die Eins erledigt haben möchte.

Wird eine Eins von einer Firma mit der Zahl Zwei angestellt, so hat das Unternehmen eine wertvolle Kraft gewonnen, denn die Eins ist fleißig, fortschrittlich und verantwortungsbewußt. Sie ist auch äußerst ehrgeizig, und indem sie sich die Interessen der Firma zu Herzen nimmt und neue Geschäftsmöglichkeiten auftut, vergrößert sie gleichzeitig die eigenen Chancen, um beruflich weiterzukommen. Von diesem Standpunkt aus betrachtet ist eine Firma mit der Zahl Zwei geradezu ideal für die Eins, denn sie bietet den finanziellen Hintergrund zur Verwirklichung fortschrittlicher Ideen. Für die Eins hat es wenig Sinn, neue Maschinen zu erfinden oder unkonventionelle Wege zur Problemlösung einzuschlagen, wenn niemand diese Neuerungen in die Tat umsetzen kann – und die Zwei bietet der Eins hierin freie Hand, denn die Firma braucht einen Mann mit Verstand und Weitblick.

Auch umgekehrt, wenn eine Zwei für eine Firma der Zahl Eins arbeitet, stehen die Chancen gut. Ein Chef kann allein kein Unternehmen führen, er braucht Angestellte: Buchhalter, Verwalter, Sachbearbeiter, Sekretärinnen – alles Positionen, die einer Zwei liegen. Sie wird kaum auf Beförderung drängen, sondern erledigt ihre Arbeit ordentlich, unauffällig und ehrlich. Eine überaus glückliche Lösung für alle Beteiligten – oder etwa nicht? Zweien brauchen für ihr Wohlgefühl Stabilität, und eine Firma, die ständig neue Ideen ausprobiert, deren Erfolg nicht garantiert ist, könnte vielleicht nicht die erwünschte Sicherheit bieten. Es könnte sein, daß eine Zwei kalte Füße bekommt und ein Stellenangebot der Eins ablehnt.

Im familiären Bereich sollten Einsen und Zweien gut miteinander auskommen, denn es ergeben sich keine Interessenkonflikte. Probleme entstehen wohl erst, wenn ein Elternteil der Zahl Eins verzweifelt den mangelnden Ehrgeiz der kindlichen Zweien beklagt, die kein Interesse an einer Karriere zeigen. Die Eltern sollten sich davor hüten, das Kind in eine Richtung zu drängen, die ihnen richtig erscheint, denn das könnte für alle Beteiligten katastrophale Auswirkungen haben.

Eins : Drei

In materieller Hinsicht könnte dies eine lohnende Kombination sein, denn wenn eine Eins und eine Drei an einem Strang ziehen, können sie fast alles erreichen, vorausgesetzt, die Eins ist in ihren Entscheidungen nicht zu sprunghaft und die Drei lernt, sich auf das gerade anstehende Problem zu konzentrieren.
Einsen neigen dazu, in jeder Situation die Führung zu übernehmen, und auf der Jagd nach finanziellem Erfolg werden sie noch aggressiver. Sie stecken voller phantastischer Ideen, die es zu erproben gilt, und sind stets auf der Suche nach revolutionären Neuerungen. In dieser Partnerschaft wird die Drei alle Hände voll zu tun haben, um die Pläne in die Tat umzusetzen.
Dreien sind vielseitig und brillant. Sie besitzen die Fähigkeit, sich gleichzeitig auf mehr als eine Sache zu konzentrieren. Auch sie sind ehrgeizig, machtbesessen und systematisch, aber sie machen um ihre Arbeit bei weitem nicht soviel Aufhebens wie die Eins. Dreien sind überzeugend, talentiert und besitzen eine rasche Auffassungsgabe.
Alle Voraussetzungen für eine erfolgreiche Verbindung sind in dieser 1:3-Konstellation gegeben. Die Eins braucht nur den Ball ins Rollen zu bringen, und die Drei weiß genau, wie das Produkt präsentiert werden muß, um auf dem Markt ein

Volltreffer zu werden. Persönliche Differenzen könnten sich allerdings in dieser Verbindung negativ auswirken.
Die Eins muß lernen, ihre herrische Art zu bezähmen und Rat anzunehmen. Sie könnte sich auch angewöhnen, in einem etwas kleineren Maßstab zu planen und weniger überstürzt zu handeln. Die Drei muß lernen, die geschäftlichen Dinge etwas ernster zu nehmen. Mit ihrem scharfen Verstand kann sie leicht jeden anderen in die Tasche stecken, und keiner, vor allem nicht die Eins, läßt sich gern zum Narren machen.
Wird eine Eins von einer Firma der Zahl Drei angestellt, bringt sie sehr viele Fähigkeiten in das Unternehmen ein, obwohl sie nicht unbedingt den Bedürfnissen der Drei entsprechen wird. Die Drei ist die Zahl der Vielseitigkeit, und nur wenn die Pläne der Eins mit dem Unternehmensprogramm übereinstimmen, ergibt sich eine konstruktive Zusammenarbeit. Eine Drei hingegen kann sich fast allen Bedingungen anpassen und wäre der geeignete Mitarbeiter für eine Firma der Zahl Eins. Einsen wollen auf ihrem Gebiet den Ton angeben und brauchen Angestellte mit hellen Köpfen, künstlerischem Flair und einem Talent für Werbung, Marketing usw. Dreien sind dafür die idealen Partner.
Innerhalb der Familie sollten Einsen und Dreien eigentlich recht harmonisch miteinander leben. Streit gibt es nur, wenn die Eins mal wieder einen Anfall von Größenwahn hat und die Drei sie mit einer sarkastischen Bemerkung auf die Erde zurückholt. Der Eins sollte es sogar gelingen, den heranwachsenden Kindern der Zahl Drei den einen oder anderen brauchbaren Rat mit auf den Lebensweg zu geben. Der elterlichen Drei wird es nicht schwerfallen, die Talente der kindlichen Eins zu fördern, denn Dreien wissen immer, wie man gute Ideen entwickelt.

Eins : Vier

Diese Kombination funktioniert im geschäftlichen Bereich besser als in einer engen persönlichen Beziehung, denn die Eins und die Vier bringen sich gegenseitig leicht zur Verzweiflung. Einsen handeln oft impulsiv, und damit kommt die Vier nicht zurecht, denn es fehlt ihr jegliche Spontaneität. Vieren sind von Natur aus vorsichtig und gehen jede Sache bedächtig und mit Umsicht an. Einer Vier käme es nie in den Sinn, ohne vorherige reifliche Überlegung etwas in Angriff zu nehmen. Deswegen müssen beide Partner in einer 1:4-Konstellation erhebliche Anstrengungen machen, wenn diese Beziehung von Dauer sein soll.
Die Eins muß etwas langsamer und beständiger werden, sonst hat die Vier Schwierigkeiten, mit der Entwicklung Schritt zu halten. Die Eins muß geduldiger werden, weniger fordernd, und sie darf nicht so halsstarrig auf ihrer Meinung beharren und muß sich gelegentlich Zeit nehmen, dem Partner ihre Entscheidungen zu erklären. Das wird der Eins nicht behagen, denn Einsen legen über ihr Handeln nicht gern Rechenschaft ab und gehen davon aus, daß ihre Autorität nicht in Zweifel gestellt wird.
Auch die Vier wird ihre Ansichten etwas revidieren müssen und sollte sich um eine flexiblere Lebenseinstellung bemühen. Sie muß lernen, sich den Gegebenheiten anzupassen und sich den Umständen zu beugen, anstatt an einer starren Routine festzuhalten.
Vieren haben auch die irritierende Angewohnheit, stets in Opposition zu anderen zu gehen, und das könnte in einer 1:4-Kombination Probleme schaffen. Die Eins ist davon überzeugt, recht zu haben, und kümmert sich nicht um die Meinung anderer, vor allem nicht um die manchmal etwas seltsamen Ansichten der Vier. Beide müssen bereit sein, Opfer zu brin-

gen, falls sie ernsthaft daran interessiert sind, aus dieser Partnerschaft Vorteile zu ziehen.

Ist eine Eins Angestellter einer Vier, dann sind ihre Aussichten auf Erfolg nicht sehr vielversprechend. Die Firma einer Vier ist höchstwahrscheinlich ein altes Familienunternehmen, das der Fleiß von Generationen mit altbewährten Methoden aufgebaut hat. Diese Unternehmen sind nicht daran interessiert, schnell zu Geld zu kommen und mit gewagten Manövern den Markt mit neuen Ideen zu erobern. Vieren halten an der Familientradition fest, und deswegen brauchen sie eigentlich keine Eins, die mit aggressiven Geschäftsmethoden und brennendem Ehrgeiz Karriere machen will.

Im umgekehrten Fall sieht es für eine Vier nicht besser aus. Ein fortschrittlicher Arbeitgeber wie die Eins braucht Angestellte mit Weitsicht und neuen Ideen in den Schlüsselpositionen. Die auf Sicherheit bedachte Vier ist dort fehl am Platz und wird das Gefühl haben, daß es der Firma an Stabilität mangelt. Die Eins neigt zu riskanten Kapitalinvestitionen, wenn ein neues Projekt vielversprechend erscheint, und dabei kann es zu Fehlkalkulationen kommen. Diese ständige Unsicherheit könnte für eine Vier auf die Dauer unerträglich werden.

Innerhalb einer Familie kommen Einsen und Vieren jeden Alters und Geschlechts nicht gut miteinander aus. Im Gegensatz zu Einsen sind Vieren nicht an Abenteuern interessiert. Für neue, aufregende Ideen haben sie nichts übrig. Eintönige, altmodische Spiele dagegen gefallen Einsen nicht, und mit einem Bruder oder einer Schwester der Zahl Vier haben sie wenig gemeinsame Interessen. Auch in der Eltern/Kind-Beziehung wissen Einsen und Vieren wenig miteinander anzufangen. Die kindliche Eins wird der elterlichen Vier stets ein Rätsel bleiben, und es dürfte schwierig sein, dieses Energiebündel zu bändigen. Und eine kindliche Vier tut nie etwas Ungewöhnliches, worauf die elterliche Eins stolz sein könnte. Jeder

Versuch, die kindliche Vier anzutreiben, endet wahrscheinlich in einem Weinkrampf. Mit anderen Worten: zwischen Einsen und Vieren gibt es zu gravierende Unterschiede, die sich auf die Dauer als unüberwindlich erweisen werden.

Eins : Fünf

Vielseitigkeit ist das Schlüsselwort in einer 1:5-Kombination. Beide Partner sind sehr wandelbar, und es erfordert ein hohes Maß an Anpassungsfähigkeit und Flexibilität, um mit dem anderen Schritt halten zu können. Wenn Sie allerdings bereit sind, die Herausforderung anzunehmen (und wir wissen, daß Fünfen gelegentlich gern ein Risiko eingehen), könnte diese Partnerschaft für beide Teile sehr erfolgreich verlaufen.
Ehe wir uns mit den Schwierigkeiten in dieser Beziehung beschäftigen, wollen wir feststellen, wo die Gemeinsamkeiten beider Partner liegen. Ihre positiven Eigenschaften sind ihre Abenteuerlust, ihre Tüchtigkeit, Originalität, Kreativität und Klugheit, während als negativ ihre Eigensinnigkeit, Ungeduld, Rücksichtslosigkeit und Impulsivität zu bewerten sind. Daraus läßt sich bereits ersehen, daß es vor allem bei Meinungsverschiedenheiten erhebliche Probleme geben wird.
Beide müssen zu Konzessionen bereit sein. Die Eins sollte nicht allzu aggressiv auf ihrem Führungsanspruch beharren und Bereitschaft zeigen, auf die Vorschläge der Fünf einzugehen. Die Eins muß akzeptieren, daß sie in einer Partnerschaft nicht den ganzen Ruhm für sich allein beanspruchen kann.
Auch die Fünf hat einige Charakterfehler zu überwinden, vor allem in einer Partnerschaft mit der Eins, wo die Fünf auf heftigen Widerstand stoßen wird. Sarkasmus ist hier fehl am Platz, denn die Eins kann ebensogut austeilen, wie sie einstecken kann. Mit Selbstgefälligkeit kommt die Fünf auch nicht

weiter, und vor allem muß sie lernen, eine Arbeit nicht halb erledigt liegenzulassen, was sie mit Vorliebe tut, denn damit kommt die Fünf bei einer Eins nicht durch.

Eine Eins, die für eine Fünf arbeitet, kann über sich hinauswachsen und äußerst erfolgreich werden, vorausgesetzt, sie hält dem Sturm stand, der gelegentlich durch die Räume braust.

Eine Fünf, die bei einer Eins angestellt ist, findet die Situation wohl manchmal recht schwierig, denn obwohl sie ausgezeichnete Qualifikationen vorzuweisen hat, langweilt die Arbeit sie bald, und keine Firma wird einen Arbeitnehmer akzeptieren, der ständig Abwechslung sucht. Wenn die Stelle allerdings mit Reisen verbunden ist, dann ist die Fünf die beste Besetzung für den Posten. Da die Fünf auch die Zahl der Sexualität ist, muß sie lernen, ihre Instinkte zu beherrschen, denn eine mißglückte Büroromanze könnte die Aufstiegschancen gründlich verderben – vor allem wenn es sich dabei um die Tochter des Chefs handelt.

Im eigenen Heim werden Einsen und Fünfen ein Leben voller Hochs und Tiefs miteinander führen, denn sie sind sich auf vielen Gebieten sehr ähnlich. Und ein gesunder Kampfgeist zwischen den Kindern fördert auf Dauer die besten Eigenschaften. Sie werden lernen zu teilen, einander zu helfen und andere Meinungen zu akzeptieren. Elterliche Fünfen sollten keine allzu großen Schwierigkeiten mit kindlichen oder heranwachsenden Einsen haben, aber im umgekehrten Fall könnte der frühe Drang der Fünfen, das Haus zu verlassen, zu Problemen führen.

Eins : Sechs

Ein gemeinsames geschäftliches Unternehmen einer Eins mit einer Sechs besitzt alle Merkmale für eine erfolgreiche Zusammenarbeit, vorausgesetzt, der Sechs bleibt genügend Spielraum, ihre Kreativität zu entwickeln. Sie hat eine künstlerische Ader und braucht unbedingt ein schöpferisches Betätigungsfeld. In dieser Kombination dürfte das keine Probleme schaffen, denn die Eins will das Unternehmen führen und kontrollieren, was der Sechs die Möglichkeit gibt, ihren eigenen Interessen in dieser Partnerschaft nachzugehen.

Sechsen sind weitaus mehr als nur künstlerisch veranlagt; sie sind ausgeglichen, einfallsreich, couragiert und faszinierend. Sie können auch sehr gut mit Menschen umgehen, und das ist im Geschäftsleben äußerst vorteilhaft. Sie besitzen die Gabe, andere zu Höchstleistungen anzuspornen, ohne dabei den Anschein zu erwecken, übermäßig Druck auszuüben. Geld ist Sechsen nicht besonders wichtig – die finanzielle Seite überlassen sie den Einsen –, obwohl die Sechs weder als verschwenderisch noch extravagant zu bezeichnen ist. Aber auch sie hat ihre Schattenseiten. Für gewöhnlich sind Sechsen freundlich und einfühlsam, können aber ebenso eigensinnig, herrisch und widerspenstig sein wie die Einsen.

Einsen reagieren verärgert auf Ratschläge und befolgen sie meistens nicht. Einschränkungen jeder Art lehnen sie strikt ab, und sollte die Sechs versuchen, einen gutgemeinten Vorschlag zu unterbreiten oder die Eins von einem offensichtlich katastrophalen Kurs abzubringen, vergeudet sie nur ihre Zeit. Einsen besitzen allerdings ein ausgezeichnetes Gedächtnis, eine ungeheure Leistungsfähigkeit, die Fähigkeit, Hindernisse zu überwinden und Härtefälle klaglos hinzunehmen – alles bewundernswerte Eigenschaften, die sie in eine 1:6-Partnerschaft einbringen.

Sechsen als Arbeitgeber haben wahrscheinlich mit dem öffentlichen Dienst oder dem Kunstgewerbe zu tun, und das bietet der Eins als Angestellter gute Aufstiegschancen in Führungspositionen, denn sie ist ein guter Organisator. Einsen sind tüchtig, und die Verwaltung der Finanzen ist in ihren Händen besser aufgehoben als bei der mehr künstlerisch veranlagten Sechs. Auch die Eins ist kreativ, und ihre fortschrittlichen Ideen können von der Sechs vorteilhaft genutzt werden.

Auch eine Sechs, die für eine Eins arbeitet, kommt beruflich gut voran. Vor allem liegt ihr die Öffentlichkeitsarbeit, die Werbung und Planung, glücklicherweise Arbeitsbereiche, für die eine Eins wenig Talent hat.

Im Privatbereich dürften Einsen und Sechsen eigenlich keine großen Probleme haben. Die Sechs ist die Zahl des Friedens und der Harmonie. Gibt es allerdings einmal Streit, so kann es Tage dauern, bis sie wieder miteinander sprechen. In einer 1:6- oder 6:1-Eltern/Kind-Beziehung sollte es wenig Grund zur Sorge geben, außer die Einsen werden zu despotisch und versuchen ihre Ansichten den Sechsen aufzuzwingen.

Eins : Sieben

Vom beruflichen Standpunkt aus betrachtet ist diese Kombination nicht sehr vielversprechend. Eine Zusammenarbeit würde nur einen mittelmäßigen Erfolg bringen, und das würde den Ehrgeiz der Eins nicht befriedigen.

Das Hauptproblem liegt darin, daß beide sehr starke Charaktere sind und nach unterschiedlichen Ausdrucksmöglichkeiten suchen. Die Eins ist ein Macher, der vorwärtsdrängt, und die Sieben ist ein Denker, der viel Zeit für sich allein braucht. Nur wenn beide für die Bedürfnisse des anderen Verständnis aufbringen, kann diese Partnerschaft erfolgreich funktionieren.

Die Eins muß ihre ganze Führungskraft einsetzen und gelegentlich sogar den Tyrannen herauskehren, damit der Partner mit den Beinen auf der Erde bleibt und nicht vom Weg abweicht. Die Eins muß das gemeinschaftliche Ziel im Auge behalten, denn die Sieben verliert sich gern in Träumen und überläßt ihrem Partner die Arbeit. Die Eins kommt zwar gut allein zurecht, aber in einer Partnerschaft hat jeder seinen gerechten Anteil an Arbeit zu leisten. Die Eins sollte auch neidlos anerkennen, wenn die Sieben bessere Vorschläge zu bieten hat – denn schließlich verbringt sie viel Zeit damit, neue Ideen auszubrüten.

Die Sieben dagegen sollte sich um eine realistischere Lebenseinstellung bemühen. Hochgeistige Gedanken sind ja gut und schön, aber davon kann man keine Rechnungen bezahlen. Sie kann auch nicht einfach alles liegen- und stehenlassen, um eine persönliche Entdeckungsreise in das eigene Innere anzutreten. Die Arbeit muß getan werden, und Verantwortungen kann man nicht einfach abstreifen. Ihre philosophischen Betrachtungen und Ansichten über Religion sollte die Sieben besser für sich behalten – kein anderer versteht sie.

Es wird selten vorkommen, daß eine Eins für eine Sieben arbeitet. Diese Kombination wäre für die Eins beim besten Willen keine lohnende Aufgabe.

Dagegen sind die Aussichten für eine Sieben, die für eine Eins arbeitet, etwas besser, denn die Sieben hat gelegentlich ausgezeichnete Ideen, die sie allerdings nicht in die Tat umsetzen kann.

Innerhalb einer Familie würden sich die kindlichen Einsen und Siebenen wohl nur zu den Mahlzeiten treffen, denn die Eins ist draußen auf Abenteuersuche unterwegs, während die Sieben im eigenen Zimmer hockt und liest, nachdenkt oder tiefsinnige Probleme wälzt. In einer Eltern/Kind-Beziehung werden diese beiden Zahlen wenig Verständnis füreinander aufbringen. Die erwachsene Eins wird an der Weltfremdheit der kindlichen Sieben verzweifeln, während die kindliche Eins wohl bald auf der Suche nach Ruhm und Reichtum das elterliche Haus verlassen wird.

Eins : Acht

Eine 1:8-Kombination ist entweder äußerst erfolgreich oder eine absolute Katastrophe – Zwischentöne gibt es nicht. Nur wenn beide bereit sind, gemeinsame Anstrengungen zu unternehmen und ihre ausgeprägt starken Charaktere etwas zu bezähmen, hat diese Verbindung eine Chance. Diese Kombination ist eine Herausforderung, bietet aber alle Voraussetzungen für einen Erfolg, denn beide Partner haben Mut, Entschlußkraft und den Willen zu gewinnen.

Vergleichen wir die positiven Eigenschaften, so können wir feststellen, daß die Eins und die Acht einander nicht unähnlich sind. Beide sind stark, praktisch veranlagt, einfallsreich, intelligent und äußerst ehrgeizig.

Einsen haben es nicht gern, wenn man ihnen sagt, was sie tun sollen. Sie sind eigensinnig und ungeduldig, während Achten skrupellos, gewinnsüchtig und strebsam sind. Nur wenn beide lernen, ihre Gefühle zu beherrschen, können sie diese unbeständige Kombination aufrechterhalten.

Ganz gleich, ob eine Eins für eine Acht arbeitet oder umgekehrt – die Situation ist dieselbe. Allen Beteiligten bieten sich große Möglichkeiten, reichlich Gelegenheiten zur Expansion und Aussichten auf Erfolg, vorausgesetzt, beide nehmen sich in acht und halten am gemeinsamen Ziel fest.

In jeder Familie, in der Kinder mit der Zahl Eins und Acht aufwachsen, geht es drunter und drüber. Entweder sie sind ganz brav oder unbezähmbare Monster.

Elterliche Einsen können Probleme mit heranwachsenden Achten haben. Achten neigen dazu, sarkastisch, trotzig und eigensinnig zu sein, und eine Eins läßt sich ein derartiges Benehmen nicht bieten.

Ebensowenig wird eine elterliche Acht es zulassen, daß man ihre Autorität in Frage stellt oder eine kindliche Eins, die ihre

Kräfte erproben will, ihre Pläne umwirft. Stürmisch ist wohl das passende Wort für die Beschreibung der Atmosphäre in einem 1:8-Haushalt.

Eins : Neun

Es gibt wohl wenig Zweifel daran, daß diese Partnerschaft auf allen Ebenen gedeihen wird, denn beide haben eine geniale Ader. Die Integrität der Neun mäßigt die kreativen Höhenflüge der Eins, und die oft brillanten Ideen der Eins treffen bei der intelligenten Neun auf volles Verständnis.

Ein 1:9-Team ist praktisch unschlagbar. Einsen sind vital und tatkräftig. Sie ziehen jedes Projekt bis zum Ende durch, brauchen wenig Ermutigung und scheuen vor keiner Verantwortung zurück. Neunen sind visionär, intuitiv und für Stimmungen sehr empfänglich. Sie haben einen scharfen Verstand und große Ideen, obwohl ihre Methoden manchmal etwas unorthodox wirken. Sie sind charmant, anziehend und neigen zur Selbstgefälligkeit.

Einsen und Neunen haben auch vieles gemeinsam. Beide sind resolut, wagemutig und ehrgeizig, haben Führungsqualitäten und sind ausgeprägte Individualisten. Als negativ zu bewerten sind ihre Impulsivität, ihr Eigensinn und ihre Herrschsucht, aber weil Neunen ein viel tieferes Verständnis aufbringen, sind sie die einzigen Menschen, die einen aggressiven Gefühlsausbruch der Eins mit einem Achselzucken abtun können.

Sucht eine Eins eine Anstellung bei einer Neun, so wird sie mit offenen Armen empfangen. In dieser Firma ist man bereit, ihre negativen Eigenschaften zu übersehen. Die Neun besitzt die Weitsicht, die potentiellen Fähigkeiten der Eins zu erkennen. Hier hat die Eins jede Chance auf Erfolg, muß aber ihren Wert unter Beweis stellen.

Eine Neun, die für eine Eins arbeitet, wird bald eine Spitzenposition einnehmen. Neunen sind positiv, anregend und beliebt; Menschen, die sich aus der Menge hervorheben. Einsen sind scharfsichtig genug, Qualitäten zu erkennen und zu fördern, und eine rasche Beförderung ist der Neun gewiß.
Auf die familiäre Atmosphäre wirken sich Einsen und Neunen äußerst vorteilhaft aus, vorausgesetzt, sie halten sich an das ungeschriebene Gesetz gegenseitiger Rücksichtnahme. Jedenfalls weiß die Eins, wann sie einen ebenbürtigen Partner gefunden hat, und die Neun ist insgeheim davon überzeugt, daß sie ohne größere Anstrengungen für eine ausgewogene Balance in diesem Gleichgewicht der Kräfte sorgen kann. Selbst in einer 1:9-Eltern/Kind-Beziehung bleiben durch den gegenseitigen Respekt die Auseinandersetzungen auf ein Minimum beschränkt.

Zwei : Zwei

Ein Zweierpaar ergibt eine äußerst anpassungsfähige Kombination, denn die beiden verstehen sich instinktiv. Es ist aber unerläßlich, daß sie ihre Ansichten grundlegend ändern, sollten sie beschließen, gemeinsam ein geschäftliches Unternehmen aufzubauen. Die Ähnlichkeit ihrer Charaktere könnte ihnen dabei im Weg stehen. Um erfolgreich zu sein, müssen sie entschlußfreudiger werden und den richtigen Zeitpunkt zum Handeln erkennen, sonst bleiben ihre Hoffnungen auf der Strecke.
Was eine 2:2-Partnerschaft braucht, um erfolgreich zu sein, und wo ihre Fähigkeiten liegen, sind zwei ganz verschiedene Dinge. Zweien sind sensibel und gehemmt, ruhig, taktvoll und zurückhaltend. Es ist ganz wider ihre Natur, Aufsehen zu erregen, es mangelt ihnen am nötigen Selbstvertrauen, um

ihre Ideen zu vermarkten, und vor Verantwortung schrecken sie zurück. Darüber hinaus ändern sie ständig ihre Meinungen, werden deprimiert, wenn sie einen Fehler machen, und scheinen unfähig, eine Entscheidung zu treffen.
Obwohl sie in bezug auf Geschäftstüchtigkeit viel zu wünschen übriglassen, haben sie auch ihre guten Seiten. Sie sind anpassungsfähig, ergreifen aber nie die Initiative; sie sind kompromißbereit, und haben sie ihre anfängliche Schüchternheit einmal überwunden, können sie sehr unterhaltend sein.
Ein Arbeitgeber/Arbeitnehmer-Verhältnis zwischen zwei Zweien wäre für alle Beteiligten ein fataler Irrtum. Die Zwei hat in bezug auf Ideen oder Qualifikationen nicht viel vorzuweisen, und weil ihr jeglicher Ehrgeiz fehlt, strebt sie auch nach keiner verantwortungsvolleren Aufgabe als höchstens der Verwaltung der Portokasse. Eine Firma mit der Zahl Zwei wäre wahrscheinlich eine ziemlich wankelmütige Angelegenheit mit zweifelhaftem Erfolg. Weil die Zwei zum Arbeiten eine ruhige und friedliche Umgebung braucht, würde die wechselhafte Atmosphäre in dieser Firma einer Zwei ziemlich auf die Nerven gehen.
Kinder mit der Zahl Zwei glücklich miteinander spielen zu sehen, ist ein wirklich wonniger Anblick. Sie sind rücksichtsvoll, wechseln gern die Rollen und streiten selten. Man braucht sich kaum Sorgen um sie zu machen, und sie scheinen viele Freunde zu haben. Aber sie sind leicht beeinflußbar, und schlechte Gesellschaft kann sie in Schwierigkeiten bringen. Der größte Nachteil jeder Zwei ist ihre Empfindlichkeit, und wenn sie das Gefühl hat, von der Welt benachteiligt worden zu sein, dann zieht sie sich in sich selbst zurück, und man kommt nur noch schwer an sie heran.
Zweien sind gütige, hingebungsvolle Eltern und geben die Sicherheit, die eine kindliche Zwei braucht. Zweien aller Altersgruppen hassen es, bedroht oder irgendwie verunsichert zu

werden. Heranwachsende Kinder der Zahl wünschen sich manchmal eine stärkere Hand, die sie leitet und beschützt. Aber sie wären nie so grausam, diese Meinung ihren vielgeliebten Eltern mit der Zahl Zwei gegenüber zu äußern.

Zwei : Drei

»Wie gewinne ich Freunde und Einfluß auf andere Menschen«, beschreibt hinreichend diese Kombination, denn darum geht es in einer 2:3-Partnerschaft. Zweien schließen schnell Freundschaften, und eine Drei kann dies zum beiderseitigen Vorteil nutzen. Diese Verbindung ist vielversprechend und funktioniert auf allen Ebenen, denn die Zwei ist glücklich, die zweite Geige bei ihrem brillanten, wagemutigen Partner der Zahl Drei zu spielen.
Auf den ersten Blick ist zu erkennen, daß dieses Paar gut zusammenpaßt. Dreien sind ehrgeizig; sie haben ein festes Ziel und wissen, was sie vom Leben erwarten. Diese Zielstrebigkeit beeinflußt die Zwei sehr positiv, die doch recht planlos in den Tag hineinlebt. Dreien übernehmen gern das Kommando und erteilen anderen Anweisungen. Auch das behagt der Zwei, denn sie braucht einen starken Menschen, der sie anleitet, und es würde ihr nicht im Traum einfallen, die Autorität der Drei in Frage zu stellen. Dreien sind auch vom Glück begünstigt, und das färbt positiv auf die Zwei ab.
Dreien haben in dieser Partnerschaft viel zu bieten. Sie sind vielseitig, talentiert, klug und kreativ. Außerdem sind sie loyal, vertrauenswürdig, großzügig und fürsorglich. Eine Drei ist der ideale Partner für eine Zwei, allerdings kann ihre direkte Art die empfindsame Zwei leicht verletzen.
Die Zwei ist eine neutrale Zahl. Ihr Erfolg oder Versagen hängt größtenteils von den Einflüssen ab, denen sie ausgesetzt ist,

und mit einer Drei an der Seite, die ihre Schritte lenkt, sieht das Leben für die Zwei recht vielversprechend aus. Zweien sind keine geborenen Führer, sie ziehen es vor, eine untergeordnete Rolle zu übernehmen. Für neue Ideen sind sie empfänglich, und sie passen sich auch veränderten Umständen problemlos an, vorausgesetzt, ihre Sicherheit wird nicht bedroht. Ihren Möglichkeiten entsprechend unterstützen sie in dieser Kombination die Leistungen der Drei.

Zweien liegt mehr daran, geliebt und respektiert zu werden, als erfolgreich zu sein, und bei einem Arbeitgeber der Zahl Drei finden sie die nötige Beachtung und die Atmosphäre, in der sie sich wohl fühlen.

Eine Drei wäre für einen Arbeitgeber der Zahl Zwei ein guter Fang, denn diese Firma braucht kühne und einfallsreiche Angestellte für die Schlüsselpositionen – und für die Drei käme nur ein einflußreicher Posten in Frage. Als Berater würde sie der Zwei in wichtigen geschäftlichen Entscheidungen zur Seite stehen, die Fähigkeiten der Zwei fördern und Ideen in die Tat umsetzen. Die Zwei wird es an der nötigen Anerkennung dafür nicht fehlen lassen. An Qualifikationen hat die Drei Geschäftssinn, eine angeborene Autorität und absolute Loyalität zu bieten. Außerdem ist sie vom Glück begünstigt, und davon kann die Zwei gut etwas gebrauchen.

In einer Familie ergänzen Zweien und Dreien einander sehr gut, obwohl immer die Drei den Ton angeben wird und die Zwei sich bereitwillig unterordnet. Bei Kindern wird das Aufräumen meistens der Zwei überlassen werden, und haben sie etwas angestellt, so wird mit Gewißheit die Zwei erwischt und bestraft. Eine 3:2-Eltern/Kind- Beziehung ist vielleicht unproblematischer als eine 2:3-Kombination, denn das Kind mit der Zahl Drei wird sich bald gegen seine Eltern auflehnen, und es erfordert eine starke Hand, dieses Kind gut zu leiten.

Zwei : Vier

Das Schlüsselwort in dieser Beziehung ist Harmonie. Ein geschäftliches Unternehmen dieser Kombination wird – wenn auch langsam – Erfolg haben, weil die Vier genau weiß, wie man ein Geschäft aufbaut, und die Zwei für einen reibungslosen Ablauf sorgt. Sie ergänzen einander sehr gut, und es wird selten Meinungsverschiedenheiten geben.

Zweien sind gewissenhafte, fleißige Arbeiter, die verantwortungsbewußt ihre Aufgaben erfüllen, vorausgesetzt, jemand anderer trifft die Entscheidungen. Sie sind ausgeglichen, freundlich und heiter, obwohl manchen Menschen ihre Unschlüssigkeit und ihr mangelndes Selbstvertrauen auf die Nerven geht. Auf Fehlschläge reagieren sie deprimiert, und sie neigen dazu, sich über Lappalien unnötige Sorgen zu machen. Aber mit einem starken Partner an ihrer Seite können sie ein immenses Arbeitspensum bewältigen, solange dieser die Verantwortung trägt.

In der Zahlenkunde ist die Vier die Zahl des Baumeisters, und Menschen, deren Geburtsdatum eine Vier ergibt, sind solide und zuverlässig.

Die meisten werden für ihre Anstrengungen mit Erfolg belohnt, den sie sich hart erarbeitet haben. Vieren sind praktisch veranlagt, beständig und respektabel. Sie gehen nie unnötige Risiken ein und errichten ein solides Fundament, ehe sie an Expansion denken. Sie repräsentieren Sicherheit, und diesem Magneten kann eine Zwei nicht widerstehen.

In einem Arbeitergeber/Arbeitnehmer-Verhältnis sind die Aussichten auf eine erfolgreiche Zusammenarbeit vielversprechend, ganz gleich ob eine Zwei für eine Vier arbeitet oder umgekehrt, wobei der Arbeitgeber der Zahl Vier mehr Stabilität und Sicherheit bietet. Die Zwei und die Vier sind zuverlässige Arbeiter, beide neigen nicht dazu, überstürzt zu handeln

oder Risiken einzugehen. Ihr Motto lautet »Langsam, aber sicher«, und damit haben sie letztendlich auch Erfolg.
Das Familienleben der Zweien und Vieren verläuft ruhig in einem gesicherten Rahmen. Ob zwischen Geschwistern oder Eltern und Kindern – es herrscht Ausgewogenheit. Selbst wenn die Kinder heranwachsen und eigene Persönlichkeiten entwickeln, wird diese Harmonie selten gestört. Eine 2:4-Verbindung kann nur als »glückliche Familie« bezeichnet werden.

Zwei : Fünf

In geschäftlicher Hinsicht ist dieses 2:5-Team nicht sehr vielversprechend. Nur unter großen Mühen könnten sie ein Unternehmen in Gang bringen, geschweige denn erfolgreich führen.
Wie wir wissen, können Fünfen sehr wohl allein überleben, aber in einer Partnerschaft müssen sich diese Einzelgänger anpassen. Zweien bevorzugen ein ruhiges und unauffälliges Dasein im Hintergrund, und das birgt die Gefahr, daß sie von der Fünf gänzlich übergangen werden.
In dieser Kombination muß die Zwei sich anstrengen, neben dem rastlosen Partner zu bestehen, der dazu neigt, Entscheidungen selbstherrlich zu treffen. Die Zwei muß sich in dieser Kombination auch eine etwas dickere Haut zulegen, damit sie die sarkastischen Bemerkungen der Fünf ertragen kann. Ihre Abneigung gegen impulsive Handlungen wird die Zwei überwinden müssen, und wenn die Fünf ihre Kräfte verausgabt hat, muß die Zwei bereit sein, ein doppeltes Arbeitspensum zu bewältigen. Eine Zwei sollte wirklich erst nach reiflicher Überlegung eine 2:5-Verbindung eingehen.
Die Fünf dagegen muß sich ein langsameres Arbeitstempo angewöhnen, will sie unter der Last der Verantwortung, die sie

unweigerlich übernehmen muß, nicht zusammenbrechen. Das erfordert volle Konzentration auf die Arbeit, Rücksichtnahme auf den Partner und Bezähmung der eigenen Zügellosigkeit, die sich gern in riskanten Spekulationen ausdrückt. Auch die Fünf sollte es sich gut überlegen, ob sie eine derartige geschäftliche Verbindung eingehen will.

Die Chancen für eine Zwei bei einem Arbeitgeber der Zahl Fünf stehen schlecht. Sie wird sich vorkommen wie ein Fisch auf dem Trockenen und müßte ihre ganze Lebenseinstellung ändern, um sich anzupassen. Die Zwei kann nur in einer friedlichen Atmosphäre erfolgreich arbeiten, und eine Fünf kann ihr diese Stabilität nicht bieten.

Eine Fünf auf der Suche nach Arbeit käme bei einer Zwei wohl kaum über das Vorstellungsgespräch hinaus. Die Fünf besitzt zweifelsohne bewundernswerte Qualitäten, die aber in dieser Firma fehl am Platz wären. Eine Fünf ist viel zu nervös und unberechenbar für diesen Arbeitgeber, und sie würde an der vorsichtigen und langweiligen Geschäftstaktik der Zwei verzweifeln.

Jede Familie mit Kindern der Zahlen Zwei und Fünf hat mit Problemen zu kämpfen. Die Fünf muß in die Schranken verwiesen werden, während die Zwei ermutigt werden muß, sich zu wehren. Ohne diese Vorsichtsmaßnahmen wird die heranwachsende Fünf der Zwei das Leben zur Qual machen. Eltern der Zahl Zwei brauchen eine starke Hand für ein Kind mit der Zahl Fünf, während Eltern der Zahl Fünf viel Geduld und Verständnis aufbringen müssen, wollen sie aus der Zwei kein launisches, verschlossenes Kind machen.

Zwei : Sechs

Das ist keine dynamische Zahlenkombination. Ihr fehlt Elan und Ehrgeiz, die für eine erfolgreiche geschäftliche Partnerschaft unerläßlich sind. Dieses Duo kommt im Privatleben sehr gut miteinander aus, aber für die harte, erbarmungslose Geschäftswelt ist die Zwei viel zu häuslich und die Sechs zu künstlerisch veranlagt, um lange überleben zu können.

Zwei, »der Sensible« und Sechs, »der Friedensstifter« ähneln einander sehr. Beide sind passiv, introvertiert und ziemlich reserviert. Die Zwei wird selten eine Entscheidung treffen, und die Sechs wird sie gewiß nicht dazu drängen. Die Zwei wechselt ständig ihre Meinung, und die Sechs ist nicht stark genug, sie zu disziplinieren, und scheut vor Verantwortung zurück.

Die Sechs neigt dazu, die Welt durch eine rosarote Brille zu sehen. An Geld ist sie nicht besonders interessiert, Hauptsache es reicht für die dringendsten Bedürfnisse. Für beide wäre es ratsamer, zu Hause den Garten zu bestellen, als den Versuch zu wagen, ein Unternehmen aufzubauen.

Als Angestellter bei einer Sechs wäre die Zwei glücklich, denn man würde wenig von ihr verlangen. Die Sechs hätte stets Verständnis dafür, wenn sie nicht auf der Höhe oder deprimiert ist, und wäre voll des Lobes über jeden kleinen Erfolg.

Die Sechs könnte auch gut für eine Zwei arbeiten, denn sie ist vertrauenswürdig, loyal und beliebt bei den Kollegen.

Im Privatleben kann die Atmosphäre zwischen Eltern und Kindern mit den Zahlen Zwei und Sechs nur als sonnig bezeichnet werden. Nur selten wird ein Regenguß die Harmonie stören.

Zwei : Sieben

Eine Zwei zusammen mit einer Sieben verliert sich gern in der Ästhetik. Geschäftliche Belange sind für diese beiden viel zu anstrengend, außer sie beschließen, ein Meditationszentrum zu eröffnen oder eine Kommune zu gründen, die auf einem der sonderbaren Religionskonzepte, die die Sieben entwickelt, basiert. Beide sind viel zu friedlich und idealistisch für diese Welt und brauchen von Zeit zu Zeit einen Schuß Realität, damit sie nicht ganz den Bezug zur Wirklichkeit verlieren.

Zweien lassen sich gern anleiten und sind willige Opfer für den geheimnisvollen Zauber der Sieben. Sie sind sehr empfänglich und nehmen gierig die Theorien der Sieben auf. Ein Leben in dieser faszinierenden Atmosphäre könnte eine Zwei glücklich machen, aber es läßt sich damit leider kein Geld verdienen, außer es gelingt ihr, einige der ungewöhnlichen Ideen der Sieben zu vermarkten.

Siebenen sind gebildet und philosophisch; sie besitzen die Gabe, das Unbekannte zu ergründen, und hoffen damit einige Rätsel des Lebens zu lösen. Könnten sie sich dazu durchringen, einige dieser Entdeckungen schriftlich festzuhalten, wäre die Zwei die geeignete Person dafür, daraus ein verkäufliches Manuskript zu machen.

Eine Zwei würde eine Sieben als Arbeitgeber äußerst interessant finden, denn hier träfe sie auf eine gänzlich ungewohnte Situation. Die Zwei könnte sie selbst bleiben und gleichzeitig ihre Kreativität verwirklichen. Auf ihre ruhige, gewissenhafte Art würde sie Fortschritte erzielen, obwohl man ihr nicht zuviel Verantwortung aufbürden dürfte.

Eine Sieben hat einem Arbeitgeber wenig zu bieten, denn sie ist zu verschwiegen und in sich gekehrt, um in einem Team mitzuarbeiten. An Geld ist sie nicht interessiert und würde auch für wenig Lohn arbeiten. Ihr akademisches Wissen ist

ohne praktischen Nutzen, und nur wenn die Zwei eine Position zu bieten hätte, die wissenschaftliches Arbeiten mit Reisen verbindet, wäre die Sieben eine hervorragende Kraft.
Zwei und Sieben in einer Familie kommen für gewöhnlich gut miteinander aus, denn sie haben viele gemeinsame Interessen. Beide sind ruhig, kreativ und phantasievoll. Die Sieben findet das Okkulte faszinierend, und auch die Zwei hat diesbezügliche Neigungen. Es kann sogar sein, daß sie zueinander telepathische Fähigkeiten entwickeln, denn beide Zahlen besitzen die Gabe der übersinnlichen Wahrnehmung. Kinder oder Eltern mit den Zahlen Zwei und Sieben sollten wenig Grund zum Streiten finden, und sie werden in einer dauerhaften Verbindung miteinander leben.

Zwei : Acht

Zweien und Achten können ebenso gut miteinander arbeiten wie leben. Diese Kombination scheint das Geld anzuziehen, wahrscheinlich weil beide ehrliche, fleißige und absolut zuverlässige Menschen sind. Auch kurzfristige Termine halten sie überpünktlich ein und werden die Arbeit zur vollen Zufriedenheit erledigen. Zweien und Achten sind oft Freunde und gleichzeitig Geschäftspartner, obwohl die Acht gelegentlich die Zwei mit ihrer Persönlichkeit in den Schatten stellt.
Mit einem starken Partner an ihrer Seite kann die Zwei viel erreichen. Ihre negative Einstellung der Verantwortung und Entscheidungen gegenüber kommt in einem Team mit der Acht weniger zur Geltung. Selbstverständlich wird sie in einer 2:8-Partnerschaft die Rolle des Stellvertreters übernehmen. Im Hintergrund erledigt sie die Routineaufgaben und sorgt dafür, daß das Unternehmen reibungslos läuft, während die Acht im Rampenlicht steht.

Eine Acht ist entschieden der richtige Mensch dafür, die ehrgeizlose Zwei auf Erfolgskurs zu bringen. Die Acht hat einen ausgezeichneten Geschäftssinn, den angeborenen Wunsch, Karriere zu machen, einen starken Willen und einen Überfluß an Energie. Aber die Acht sollte nicht vergessen, daß eine Schocktherapie bei der Zwei nicht wirkt. Ein freundliches, sanftes Wort der Ermutigung bringt jedenfalls bessere Ergebnisse.

Eine Zwei dürfte bei einem Arbeitgeber der Zahl Acht ohne weiteres ein ruhiges, sicheres Plätzchen finden, wo sie unauffällig ihre Arbeit tun kann und keine wichtigeren Entscheidungen zu treffen hat, als den Urlaubstermin festzusetzen. Die Acht wird für ein faires Gehalt eine faire Arbeitsleistung von der Zwei erhalten, denn die Zwei ist emsig und tüchtig und will andere zufriedenstellen.

Eine Acht in einer Firma mit der Zahl Zwei wird gut vorankommen, denn die Acht hat sehr viel praktische Erfahrung zu bieten. Sie weiß ihre Kräfte klug einzusetzen, fürchtet keine harte Arbeit und kann sehr gut mit Geld umgehen. Die meisten Firmen könnten sich glücklich schätzen, eine Acht auf der Gehaltsliste zu haben. Leider wird die Acht einen Arbeitgeber der Zahl Zwei nicht fortschrittlich genug finden, und um ein höheres Einkommen zu erzielen, wird die Acht wohl die Chancen nutzen, die ihr ein anderes, progressiveres Unternehmen bieten kann.

In einem 2:8-Arbeitgeber/Arbeitnehmer-Verhältnis wird die Acht ihren Ehrgeiz nicht befriedigen können.

Kinder mit den Zahlen Zwei und Acht stimmen in den meisten Dingen überein, obwohl fast immer die Acht neue Ideen hat und die Zwei glücklich zu sein scheint, einfach mitzumachen. Eltern müssen die Acht im Auge behalten, damit sie für ihre ehrgeizigen Pläne nicht auch noch das Taschengeld der Zwei ausgibt. Die Acht ist auch sehr dominierend, und die Eltern

müssen dafür Sorge tragen, daß sie ihre Geschwister mit der Zahl Zwei nicht in den Schatten stellt.
Eltern der Zahl Zwei könnten ihr Kind der Zahl Acht streitsüchtig finden und als eine Herausforderung an ihre Autorität betrachten. Diese Situation erfordert von den Eltern ein äußerst behutsames Vorgehen, damit die Individualität jedes einzelnen und die Einheit der Familie keinen Schaden erleiden.
Eltern mit der Zahl Acht dürften mit dem heranwachsenden Kind der Zahl Zwei wenig Schwierigkeiten haben.

Zwei : Neun

Eine 2:9-Partnerschaft dürfte in geschäftlicher Hinsicht ein absoluter Erfolg werden. Beide haben sehr viel zu bieten, und wenn sie ein gemeinsames Ziel ansteuern, können sie eigentlich nicht versagen. Die Zwei bringt Verständnis und Zuverlässigkeit in die Partnerschaft ein, und beide profitieren von der Phantasie, den Visionen und dem Scharfblick der Neun.
Eine Zwei mag zwar nicht dynamisch und entschlußfreudig sein, aber sie ist ausgeglichen, geduldig, willig, mit anderen zusammenzuarbeiten, und bereit, Kompromisse zu schließen. Selbst ihre Wankelmütigkeit und Phasen der Depression sind erträglich, denn eigentlich ist sie eine umgängliche und freundliche Person.
Neunen erwecken stets den Eindruck, als würden sie alles vorausahnen, denn sie wissen auf jedes Problem eine Antwort und sind in ihren Entscheidungen und Handlungen unbeirrbar. Sie scheinen bereits in jungen Jahren über die Weisheit des Alters zu verfügen. Neunen sind resolut, aktiv und couragiert, ohne dabei aggressiv zu wirken. Sie verfügen über eine rasche Auffassungsgabe, haben hohe Ideale und viel Phantasie. Aber ihre impulsive Ader bringt sie manchmal in Schwierigkeiten.

Mit der geduldigen Zwei an ihrer Seite, die bereitwillig die Routinearbeiten übernimmt, kann die Neun, die keine Mühe scheut und für ihr Ziel kämpft, nur erfolgreich sein.

Auch im Arbeitgeber/Arbeitnehmer-Verhältnis zwischen einer Zwei und einer Neun oder umgekehrt bietet sich dasselbe Bild. Neunen haben sehr viele positive Qualitäten vorzuweisen, von denen eine Zwei entweder als Arbeitnehmer oder Arbeitgeber profitieren kann. Eine 2:9-Kombination ist immer eine gute Sache.

Dasselbe trifft auch auf das Familienleben zu. Kinder mit den Zahlen Zwei und Neun passen gut zueinander, und das gilt auch für das Eltern/Kind-Verhältnis. Die Neunen geben den Ton an, und die Zweien folgen bereitwillig, und das gereicht allen zum Vorteil.

Drei : Drei

Ein geschäftliches Abenteuer 3:3 gleicht dem Risiko, ein Auto ohne Bremsen und mit defekter Lenkung zu fahren – niemand weiß, wo das endet. Dreien sind leichtsinnige, halsstarrige Menschen, die zu sehr auf ihr Glück vertrauen. Das ist eine Kombination unverbesserlicher Spieler, und die Chancen, miteinander zu überleben, stehen nicht zu ihren Gunsten.

Aber nur weil ein geschäftliches Unternehmen 3:3 für ein katastrophales Ende bestimmt scheint, kann man Dreien nicht als unnütze Menschen abtun. Sie besitzen sehr positive Eigenschaften, die sie entwickeln sollten. Dreien sind ehrgeizig, vielseitig und eilen in Gedanken den meisten weit voraus. Wenn sie sich für eine Sache entscheiden könnten, ihren Ehrgeiz einem realistischen Objekt widmen würden, wäre das ein Schritt in die richtige Richtung. Und Fortuna scheint ihnen hold zu sein, denn sie haben immer Glück im Unglück.

Eine Drei, die für eine Firma mit der Zahl Drei arbeitet, schafft Probleme. Dreien sind als Angestellte zu rastlos – sie lassen sich nicht gern etwas sagen, bei der leisesten Provokation gehen sie in die Luft, und ihre Ausdrucksweise ist oft viel zu direkt. Kurz gesagt: diese 3:3-Kombination funktioniert nicht gut.
Kinder mit der Zahl Drei sind wie ein Sack Flöhe. Sie machen ständig Dummheiten, versuchen andauernd, sich gegenseitig zu übertreffen und zu besiegen, sind aber so voller Lebensfreude, daß sie einander nie lange böse sein können. In einer 3:3-Eltern/Kind-Beziehung verhält es sich nicht anders. Wenn ein Kind merkt, daß es seine Eltern zu sehr gereizt hat, wird ihm sicher etwas einfallen, womit es sie zum Lachen bringt, damit sich die Spannung löst.

Drei : Vier

Diese Zahlenkombination verlangt von beiden Partnern Kompromißbereitschaft. Die von Natur aus impulsive Drei muß die angeborene Vorsicht der Vier respektieren. Und die geschäftige Vier muß sich Zeit nehmen, den Vorschlägen der Drei zuzuhören. Falls diese persönlichen Differenzen am Anfang der Bekanntschaft überwunden werden können, könnte es zu einer stabilen geschäftlichen Beziehung kommen.
Die Drei ist oft brillant, sehr begabt und verfügt über eine gewandte Ausdrucksweise. Sie ist kreativ, intelligent, voller origineller Einfälle und gewöhnlich anderen einen Schritt voraus. Wenn sie jedoch mit einer Vier auskommen will, muß sie das Leben ernster nehmen, weniger extravagant sein und darf nicht ständig bestimmen wollen – die Vier muß auch mal das Sagen haben.
Vieren sind solide, praktische Menschen, die ausgezeichnet

verwalten und mit Geld umgehen können. Sie sind fleißig, methodisch und außerordentlich vertrauenswürdig. Sie lieben keine Risiken, was einer Drei langweilig vorkommen könnte. Vieren reagieren nie impulsiv. Alles muß vorausgeplant sein, sonst nehmen sie keine Aufgabe in Angriff. Sicherheit steht bei der Vier an erster Stelle, und wegen dieser angeborenen Vorsicht könnte es mit einer Drei schon mal zum Streit kommen.

Ein Arbeitgeber mit der Zahl Vier wäre sicher entzückt, Dreien einzustellen, weil sie fähige Mitarbeiter sind, aber er muß ihnen vorsichtig auf die Finger sehen. Denn eine Drei haßt untergeordnete Positionen und würde sich einer ständigen Aufsicht widersetzen.

Eine Vier wäre jedoch für einen Arbeitgeber mit der Zahl Drei definitiv ein Aktivposten. Doch unglücklicherweise könnte eine Vier ihren Arbeitgeber wegen seines methodisch-kleinlichen Vorgehens nicht besonders schätzen.

Innerhalb der Familie kommen Kinder der Zahlen Drei und Vier wahrscheinlich überhaupt nicht miteinander aus. Dreien sind kühn und lieben das Risiko, Vieren sind vorsichtig und zurückhaltend. In einer 3:4-Erwachsenen/Kind-Beziehung wird sich ein Elternteil der Zahl Drei fragen, wie er jemals zu einem solch konservativen Kind gekommen ist, während das Kind sich wünscht, ernster genommen zu werden. Eine 4:3-Erwachsenen/Kind-Beziehung ist für beide Seiten ebenso frustrierend. Der Erwachsene wünscht sich, daß sein lebhafter Sprößling nicht so wirrköpfig wäre und mehr Gebrauch von seinen Talenten machte. Und das Kind nimmt es seinen Eltern übel, wenn sie beruhigend auf es einwirken und sein Leben planen wollen. Doch ein Kind der Zahl Drei langweilt sich leicht, muß alles wenigstens einmal ausprobieren und will sich selbständig ausdrücken.

Drei : Fünf

Diese beiden Zahlen stellen eine glückliche Kombination dar und produzieren gemeinsam viele fruchtbare Ideen, die die Fünf vermarktet, wenn die Drei sie gefällig »verpackt« hat. Der Erfolg ist ihnen gewiß. Die einzige Gefahr in dieser Verbindung liegt im überstürzten Handeln. Sowohl Dreien als auch Fünfen neigen gelegentlich zur Impulsivität.

Dreien sind Glückskinder. Sie sind kreativ, künstlerisch veranlagt und verbinden diese Fähigkeiten mit einem kühnen individuellen Stil.

Sie verfügen auch über einen scharfen Intellekt, können sich mit mehreren Dingen gleichzeitig beschäftigen und besitzen ein ausgeprägtes Ordnungs- und Gerechtigkeitsgefühl. In negativer Hinsicht neigen sie zur Tyrannei, sind kritisch und pessimistisch.

Fünfen sind liebenswerte Gauner. Vor zweihundert Jahren waren sie sicher Freibeuter und Gesetzlose, doch heute müssen sie sich mit der Rolle des Glücksritters begnügen und sind ständig auf der Jagd nach Abenteuern. Sie sind ungeduldig, nervös, geborene Spekulanten, immer bereit, ein Risiko einzugehen, und vor allem verfügen sie über eine unverwüstliche Spannkraft. Außerdem besitzen sie die beneidenswerte Fähigkeit, sich von jedem Unglück schnell zu erholen.

Ein 3:5/5:3-Arbeitgeber/Arbeitnehmer-Verhältnis kann unter Umständen sehr vielversprechend sein. Die Mixtur aller Eigenschaften beider Charaktere ist derart explosiv, daß sie entweder von (finanziellem) Erfolg gekrönt wird oder in einer Katastrophe endet.

Kinder der Zahlen Drei und Fünf in einer Familie machen ihren Eltern schwer zu schaffen. Entweder müssen sie die Geduld von Heiligen aufbringen, um mit ihnen fertig zu werden, oder sie ständig an der Kandare halten, was schlicht unmöglich ist.

Diese Kinder können sehr glücklich miteinander sein, aber man weiß nie, welche unglaublichen Streiche sie aushecken.
Eine 3:5-Eltern/Kind-Beziehung ist wesentlich besser, da eine Drei wahrscheinlich alles tut, um ihr heranwachsendes Kind der Zahl Fünf zu größerer Unabhängigkeit zu ermutigen. Und Eltern mit der Zahl Fünf werden niemanden kritisieren, der so viel Lust am Leben hat, am wenigsten ihr eigenes Kind.

Drei : Sechs

Diese beiden Charaktere müßten gut miteinander auskommen, denn sie ähneln sich in vieler Hinsicht – innerlich und äußerlich. Falls sie eine Partnerschaft eingehen, überwinden sie die meisten Schwierigkeiten. Und die Belohnung dafür könnte enorm sein. In der Geschäftswelt findet man häufig Menschen mit dieser Zahl, die eine Partnerschaft fürs ganze Leben eingegangen sind.
Beide sind kreative und künstlerische Persönlichkeiten – Sechsen verfügen oft über einen außerordentlich entwickelten Farbensinn. Beide respektieren und bewundern die Intelligenz anderer, ebenso wie sie Dummheit ablehnen. Sie sind von Natur aus friedlich, und verstehen es, interessant zu plaudern.
Doch nun zur Kehrseite der Medaille – Dreien können äußerst kritisch, dominierend und diktatorisch sein, während Sechsen zum Egoismus, zur Einbildung und Dominanz neigen. Zwangsläufig muß es bei diesen Eigenschaften zu Kontroversen kommen, und das scheint das Hauptproblem in dieser Verbindung zu sein.
Eine Drei kann sehr gut für eine Sechs arbeiten, solange sie ihre Arbeit ernst nimmt und sich nicht mit ihrem Arbeitgeber in Diskussionen einläßt. Aus der Diskussion würde sie sicher als Sieger hervorgehen, aber ihre Zukunft sähe danach nicht allzu

rosig aus. Ebenso müßte die Drei sich der Disziplin unterwerfen, die von jedem Arbeitgeber gefordert wird. Sechsen respektieren Intelligenz, deshalb würden sie aus geschäftspolitischen Überlegungen einer Drei immer eine Chance geben.
Eine Sechs könnte ohne Probleme für eine Drei arbeiten, denn in geschäftlicher Hinsicht harmonieren sie. Die Sechs ist zugänglich, ausgeglichen und beherrscht, während eine Drei als Arbeitgeber fortschrittlich und originell ist und neuen Ideen positiv gegenübersteht. Gemeinsam könnten sie viel erreichen, wenn sie an einem Strang ziehen.
Kinder mit diesen Zahlen haben vieles gemeinsam. Beide sind intelligent und talentiert. Aber weil Dreien und Sechsen gern eigene Wege gehen, könnte es zu Konfliktsituationen kommen.
Wenn Eltern und Kinder 3:6 zusammentreffen, ist der Erwachsene mit der Zahl Drei gewöhnlich flexibel genug, um die wechselnden Emotionen und Bedürfnisse seines Kindes zu erkennen und sie zu befriedigen. Und weil die Sechs eine harmonische Umgebung über alles schätzt, wird sie den Frieden, wenn nötig, sofort wiederherstellen.
Sechsen sind gewissenhafte, aufopfernde Eltern, deshalb kann sich ein Kind mit der Zahl Drei zu einem glücklichen, ausgeglichenen Erwachsenen entwickeln.

Drei : Sieben

Die Drei und die Sieben ergänzen sich in jeder Hinsicht, und wenn sie sich gegenseitig genügend Freiraum lassen, dürften keine größeren Schwierigkeiten auftreten.
Dreien stecken voller brillanter Ideen. Sie sind originell, kühn, phantasievoll und gewandt. Sie entwickeln bei der Arbeit Kreativität. Außerdem sind sie stolz und hassen es, von jeman-

dem abhängig zu sein. Mit ihrer Meinung halten sie selten hinter dem Berg und machen auch den Mund auf, wenn es besser wäre, zu schweigen.

Die Siebenen verfügen über einen gleich starken Charakter, aber neigen eher dazu, ihr Licht unter den Scheffel zu stellen – im Gegensatz zur Drei, die gern im Mittelpunkt des Interesses steht. Die Siebenen verfügen über einen wachen Intellekt und haben das dringende Bedürfnis, wenigstens ein paar Antworten auf die Geheimnisse des Lebens zu finden. Auch sie sind kreativ und künstlerisch begabt, brauchen jedoch im Gegensatz zur Drei viel Zeit für sich selbst. Und sie können ebenso impulsiv und uneinsichtig wie ihr Partner sein. Jedoch schlummern in einer 3:7-Verbindung große Möglichkeiten.

In einem 3:7-Arbeitnehmer/Arbeitgeber-Verhältnis existiert dieses Potential ebenfalls, weil die Drei klug und ehrgeizig ist und der Arbeitgeber der Zahl Sieben genug Verstand besitzt, um die Qualitäten der Drei zu erkennen, mehr noch: Dreien brauchen oft eine hilfreiche Hand, die ihre Talente in die richtigen Bahnen lenkt.

Unglücklicherweise hat eine Sieben Schwierigkeiten in jedem Beschäftigungsverhältnis. Nicht weil sie eine Unruhestifterin wäre, sondern weil wenig Firmen Verwendung für einen intellektuellen Mystiker haben. Die Drei jedoch ist die Zahl der Aufklärung; so könnte ein solcher Arbeitgeber in der Sieben ein Potential entdecken, das andere nicht sehen. Der Sieben liegt die Forschung, sie liebt Reisen und kann selbst dann noch anderen ein Vorbild sein, wenn sie nicht weiß, welchen Weg sie einschlagen soll.

Kinder mit den Zahlen Drei und Sieben haben unterschiedliche Interessen, denn während die Drei sich mit ihren Freunden vergnügt, liest die Sieben lieber ein Buch.

Die Siebenen sind bessere Eltern, denn sie sind verständnisvoller als Dreien, die eher dazu neigen, ihre Wünsche mit Nachdruck durchzusetzen. Ein Kind mit der Zahl Sieben verlebt mit Eltern der Zahl Drei wahrscheinlich eine aufregendere Kindheit als ein Kind der Zahl Drei mit Eltern der Zahl Sieben, die wesentlich ruhiger veranlagt sind.

Drei : Acht

Einer 3:8-Kombination ist in geschäftlicher Hinsicht wesentlich mehr Erfolg beschieden als in privater. Beide haben große Ideen, und gemeinsam gelingt es ihnen auch, sie in die Tat umzusetzen. Die Drei stellt Kontakte her, arbeitet sozusagen an der »Front«, während die Acht über einen ausgeprägten Geschäftssinn verfügt und das ganze Unternehmen kontrolliert. Wenn sie beide auf dasselbe Ziel zusteuern, kann nichts sie aufhalten.
Außerdem steht diese Partnerschaft unter einem äußerst günstigen Stern, weil die Fähigkeiten beider sich ergänzen. Dreien wollen erfolgreich sein, und wenn die starke, praktisch veranlagte Acht ihnen den Weg weist, gibt es keinen Grund, warum der Erfolg sich nicht einstellen sollte. Achten sind tüchtige Geschäftsleute, die jemanden brauchen, der Überzeugungskraft und Charme besitzt, damit sie sich aufs Wesentliche konzentrieren können. Sie sind hartnäckig, zäh und skrupellos – Eigenschaften, die die Drei dazu bewegen, bei der Stange zu bleiben und Verantwortung zu tragen. Und beide sind gerissen, umsichtig, intelligent und überdurchschnittlich vom Glück begünstigt. Diese Kombination kann nicht Schiffbruch erleiden, selbst wenn es manchmal Streit gibt, denn im Grunde lieben beide verbale Auseinandersetzungen und werden immer zu einer Einigung kommen.
Die 3:8- und die 8:3-Arbeitgeber/Arbeitnehmer-Kombination ist eine für alle Beteiligten vorteilhafte Partnerschaft.

Kinder mit den Zahlen Drei und Acht sind mutig, unerschrocken und stecken voller Energie. Wenn sie jung sind, herrscht eine gewisse Rivalität unter ihnen, aber wenn sie älter werden, unterstützen sie sich in vieler Hinsicht gegenseitig. Obwohl Eltern mit der Zahl Drei oft zu oberflächlich erscheinen mögen, um voll das Potential eines Kindes mit der Zahl Acht zu ermessen, können sie ihm doch außerordentlich bei seiner Entwicklung behilflich sein. Auf der anderen Seite verfügen Eltern der Zahl Acht über viele nützliche Kontakte, um ihrem begabten Kind mit der Zahl Drei den Weg im Leben zu ebnen und zu einer Karriere zu verhelfen.

Drei : Neun

Hier handelt es sich um eine äußerst glückliche Kombination, vorausgesetzt, keiner von beiden muß sich seinen Lebensunterhalt verdienen. Da das jedoch meistens der Fall ist, gilt folgender Rat: Werden Sie realistischer und praktischer, wenn Sie etwas im Leben erreichen wollen, vor allem, wenn es ums Geldverdienen geht.
Die Drei muß viel lernen, denn Geist und Charme allein reichen nicht aus. Sie sollte die Arbeit ernster nehmen und weniger Risiken eingehen. Das Hauptproblem ist, daß sie an vielen Dingen interessiert ist, aber nur wenige wirklich beherrscht. Die Drei muß sich spezialisieren, will sie nicht ein Hansdampf in allen Gassen sein.
Neunen neigen zu geistigen Höhenflügen, ebenso zu Egoismus, Intoleranz und Vorurteilen. In dieser Kombination müssen beide Partner erst einmal Geschäftssinn entwickeln und ihre Arbeitsbereiche abgrenzen, ehe sie daran denken, das Unternehmen fortzuführen.
Ein 3:9-Arbeitgeber/Arbeitnehmer-Verhältnis könnte für die

Drei durchaus erfolgreich sein, vorausgesetzt, die hohen Ideale und Ansprüche der Neun halten sich in Grenzen und sind geschäftlich realisierbar. Jedoch könnte die Drei die Arbeit bei einer Neun nach einer gewissen Zeit ziemlich langweilig finden, und ihre Aufstiegschancen sind wahrscheinlich bei einem Arbeitgeber der Zahl Eins oder Acht wesentlich größer.

Seltsamerweise ist jedoch eine positive und klardenkende Neun oft das, was ein Arbeitgeber der Zahl Drei braucht, um mit seinen kühnen Ideen nicht übers Ziel hinauszuschießen. Die Drei ist verwegen und vital, aber da die Neun sehr liberale Ansichten vertritt, kann ihre Kritik für die Drei von großem Wert sein. Doch der Neun könnte dieser unberechenbare Arbeitgeber bald auf die Nerven gehen, und sie wird sich nach einer neuen Stelle umsehen.

Auf privater Ebene – ohne die konstanten Anforderungen und den ewigen Streß im Geschäftsleben – koexistieren Dreien und Neunen in perfekter Harmonie. Kinder mit diesen Zahlen sind sehr fröhlich, und die 3:9-, 9:3-Eltern/Kind-Konstellationen kommen bis auf gelegentliche Streitereien gut miteinander aus. Menschen dieser beiden Zahlen sind impulsiv, unorthodox und neigen manchmal dazu, törichte Fehler zu begehen. Aber weil die Drei anpassungsfähig und die Neun tolerant ist, werden auch aus größeren Problemen selten unüberwindbare Schwierigkeiten.

Vier : Vier

Diese Partnerschaft besitzt günstige Voraussetzungen. Beide sind finanziell erfolgreich, leben materiell gesichert und haben bei Geschäften eine glückliche Hand. Expansion versteht sich bei dieser Konstellation von selbst, aber beide müssen aufpassen, denn es droht die Gefahr, daß sie nur noch materialistisch

denken und andere Aspekte des Lebens überhaupt nicht mehr wahrnehmen. Nur Arbeit und kein Vergnügen könnte aus diesen »Baumeistern« gleichgültige und langweilige Menschen machen.
Vieren sind Tugendbolde. Sie sind praktisch, verläßlich, ruhig, effizient und fleißig. Sie stehen mit beiden Füßen fest auf dem Boden. Sie können mit Geld umgehen, sind vertrauenswürdig und scheuen keine harte Arbeit. Aber sie haben ein angeborenes Bedürfnis nach Sicherheit, und aus diesem Grund handeln sie niemals spontan oder gar überstürzt. Auch neigen sie dazu, Probleme zu wälzen, die einzig in ihrer Einbildung existieren. Trotzdem kann diese Partnerschaft nur mit dem Wort »golden« umschrieben werden.
Wenn es zu einem 4:4-Arbeitgeber/Arbeitnehmer-Verhältnis kommt, bleibt nicht mehr viel zu sagen. Ein Arbeitgeber mit der Zahl Vier möchte sein Unternehmen zu einem Imperium ausbauen. Und wer kann ihm besser dabei helfen als eine andere gleichgesinnte Vier? Ein Unternehmen dieser Art bietet Stabilität und eine Dauerstellung, und ein Arbeitnehmer der Zahl Vier ist beinahe bereit, für einen sicheren Job mit Zukunftschancen seine Seele zu verkaufen.
Im Privatleben sind Vieren wenig an Kunst, Literatur und Musik interessiert, dafür umgeben sie sich aber mit allen möglichen Statussymbolen, die Zeugnis von ihrer Finanzkraft ablegen. Kinder dieser Zahl spielen für gewöhnlich zuerst mit einfachen Baukästen und wenden sich mit zunehmendem Alter immer schwierigeren Konstruktionen zu. Eltern dieser Zahl scheinen auch nie ihre kindliche Begeisterung für diese Dinge zu verlieren. Vieren jeden Alters kommen immer gut miteinander aus.

Vier : Fünf

Gegensätze ziehen sich oft an, und das ist hier der Fall. Wenn beide Seiten Zugeständnisse machen, kann dieser Verbindung in geschäftlicher Hinsicht Erfolg beschieden sein. Vieren sind stabile Charaktere und Fünfen einfallsreich; Vieren sind praktisch und Fünfen anpassungsfähig; bringen beide diese Gegensätze in Einklang, können sie positiv zusammenarbeiten.
Die Vier ist unzweifelhaft der stabilisierende Faktor in dieser Partnerschaft. Sie besitzt einen ausgeprägten gesunden Menschenverstand, und eine Fünf braucht gerade das, damit sie nicht aus der Reihe tanzt. Die Vier ist ruhig, praktisch veranlagt und arbeitet hart, kann gut mit Geld umgehen, besitzt organisatorisches Talent und ist zäh. Sie ist fast das Gegenteil der Fünf, die einen stabilisierenden Einfluß nötig hat und um deren Finanzen man sich kümmern muß.
Fünfen sind rastlos, stecken voller Energie, die verbraucht werden muß. Sie sind unheilbare Spieler, ungeduldig, impulsiv und ständig angespannt. Sie brauchen dauernd Aufregungen, und viele von ihnen verausgaben sich derart, daß der Streß zu groß wird und sie unsanft wieder auf der Erde landen. Alle diese Charaktereigenschaften müssen sie jedoch drastisch unter Kontrolle halten – wenn nicht völlig eliminieren –, falls sie sich dem geordneten, ruhigen Leben einer Vier anpassen wollen. Aber Fünfen sind auch hochintelligent, kreativ, originell und scharfsichtig. Sie sind unverwüstlich und überwinden Niederlagen schnell. Mit einer zuverlässigen Vier an ihrer Seite, die ihren ungestümen Geist zügelt, kann die Fünf weit kommen, und gemeinsam werden sie viel erreichen.
In einem Arbeitgeber/Arbeitnehmer-Verhältnis sind die Gegensätze zu groß, um überwunden werden zu können und somit eine gleichberechtigte Partnerschaft herzustellen. Eine Vier arbeitet nicht gern für einen Arbeitgeber der Zahl Fünf, da

sie dort Stabilität vermißt, während der Arbeitgeber sich wahrscheinlich einen dynamischeren Angestellten wünscht. Umgekehrt möchte die Fünf sicher nicht für eine schwerfällige Vier arbeiten, die ihr nur mit Mißtrauen begegnen würde. Diese 4:5-Konstellation hat in beruflicher Hinsicht eigentlich keine Aussichten auf Erfolg.

Im häuslichen Leben sieht es etwas anders aus. Vieren und Fünfen können miteinander auskommen, wenn beide sich anstrengen. Aber ohne diese wesentliche Voraussetzung kann man ebensogut versuchen, Wasser mit Öl zu vermischen. Nur mit enormer Anstrengung von beiden Seiten kann diese Verbindung funktionieren.

Vier : Sechs

Vier und Sechs verfügen über die richtigen Ingredienzen, eine gesunde geschäftliche und auch private Verbindung einzugehen. Existiert die Partnerschaft auf beruflicher Ebene, handelt es sich oft um Firmen, die mit der Unterhaltungsindustrie oder der Werbung zu tun haben. Beide Partner arbeiten hart, unzweifelhaft das Rezept ihres Erfolgs.

Vieren scheinen geradezu ein perverses Vergnügen daran zu haben, stets eine gegenteilige Meinung zu vertreten. Trotzdem denken sie positiv und unkonventionell, außerdem sind sie diszipliniert und äußerst praktisch veranlagt. Sie sind tüchtig, ordentlich und können manchmal sehr empfindlich sein.

Die andere Hälfte dieses fähigen Duos, die Sechs, ist ausgeglichen, zuverlässig und beherrscht. Sie ist erfinderisch, kreativ und trotzdem konventionell und häuslich. Sechsen können sehr bestimmt auftreten und scheuen sich nicht, Schwierigkeiten die Stirn zu bieten. Und wenn etwas sie wirklich begeistert, sind sie durchaus in der Lage, andere mitzureißen und ihnen

ihre Meinung aufzuzwingen. Wirkliche Mängel existieren in dieser Verbindung nicht, da beide Partner genau wissen, was sie wollen.
Vieren und Sechsen sind zwei Zahlen, die im Einklang miteinander stehen, und in einem Arbeitgeber/Arbeitnehmerverhältnis können beide Seiten Vorteile aus dieser Konstellation ziehen.
Kinder dieser Zahlen haben keine Schwierigkeiten miteinander, obwohl die Vier das praktische Kind und die Sechs das eher künstlerisch veranlagte sein dürfte. Die Menschen dieser Zahlenkombination lieben ihr Heim. Auch die Eltern/Kind-Beziehung dürfte harmonisch und störungsfrei verlaufen, selbst während der Pubertät.

Vier : Sieben

Diese Zahlenkombination verspricht große Taten, da sich hier die besten Charaktereigenschaften beider Partner ergänzen. Die Vier, der Baumeister, liefert das solide Fundament für die oft brillante Sieben, den Geheimnisvollen.
Beschäftigen wir uns zuerst mit der Vier, weil sie der Drehpunkt des ganzen Unternehmens ist; ohne sie stünde die Sieben auf äußerst wackligen Beinen. Vieren besitzen viele Talente, die dieser Partnerschaft nützen. Sie können vorzüglich mit Geld umgehen, sie geraten nie in Panik, sind friedfertig und organisieren das Unternehmen derart perfekt durch, daß die Sieben sich nicht um Verwaltungsangelegenheiten zu kümmern braucht. Sie arbeiten hart, verfügen über gesunden Menschenverstand und gehen nie Risiken ein.
Mit einer starken, zuverlässigen Vier als Partner – die wahrscheinlich auch der Geldgeber ist –, kann die Sieben ganz nach ihrem Gutdünken verfahren und ihren Rhythmus selbst be-

stimmen. Unter diesen Voraussetzungen – frei von Beschränkungen und ohne die Last drückender Verantwortungen – kann sich dieser ungewöhnliche Geist frei entfalten und schöpferischen Idee produzieren. Und genau an dieser Stelle hakt die Vier wieder ein und realisiert sie. Ohne diesen intelligenten Partner käme die Vier längst nicht so weit, doch zusammen sind sie ein unschlagbares Team.

Die Fähigkeiten einer Vier sind auf dem Arbeitsmarkt stets gefragt, aber sie ist zu konventionell und realistisch, um auf Dauer für eine mysteriöse, intellektuelle Sieben zu arbeiten, obwohl diese nur zu glücklich wäre, eine Vier zu ihrem Team zählen zu können.

Siebenen manövrieren sich häufig in schwierige Situationen hinein, weil sie ihre beruflichen Chancen nicht richtig einschätzen. Denn trotz ihres scharfen Verstandes neigen sie dazu, wenig realistisch zu denken. Wird die Sieben jedoch mit diesem Handicap fertig und entwickelt mehr Geschäftssinn, ist sie für einen Arbeitgeber mit der Zahl Vier von unschätzbarem Wert.

Wenn Vieren und Siebenen zusammen in einer Familie leben, herrscht vorwiegend eine Atmosphäre der Neutralität. Vieren – ganz gleich, ob es sich um Kinder oder Erwachsene handelt – neigen zur Routine im täglichen Leben und stellen sich nie hintergründige Fragen. Ihnen ist es so gut wie unmöglich, diese rätselhaften Siebenen zu verstehen und zu begreifen, worüber diese Menschen eigentlich reden.

Erwachsene oder Kinder der Zahl Sieben hingegen finden Vieren innerhalb ihrer Familie für gewöhnlich langweilig und wundern sich, daß Vieren nur an Äußerlichkeiten interessiert sind. Haben sie niemanden, mit dem sie reden können, ziehen sie sich noch mehr in sich selbst zurück. Diese 4:7-Konstellation neigt nicht zu Streitereien, denn es gibt in privater Hinsicht wenig Gemeinsames.

Vier : Acht

Eine 4:8-Kombination gibt in geschäftlicher Hinsicht ein ausgezeichnetes Team ab, und das gegenseitige Verständnis geht sogar noch darüber hinaus. Diese Partnerschaft kann zur Freundschaft werden. Der Grund für diesen Erfolg ist einfach: die Acht hat eine außerordentlich großzügige Betrachtungsweise, während die Vier mehr ins Detail geht, so daß Fehlerquellen nahezu ausgeschaltet werden. Die Acht gleicht einem Landschaftsgärtner, und die Vier behütet ihre Pflänzchen im Gewächshaus, damit sie zu starken gesunden Pflanzen heranwachsen.

In der Zahlenkunde ordnet man die Vier dem Baumeister und die Acht dem Materialisten zu, beides Zahlen, die ein stetes Wachstum und Gewinn charakterisieren.

Vieren verfügen über ein ausgeprägtes Organisationstalent. Sie arbeiten hart, sind zuverlässig, fleißig und stecken voller Energie. Sie regen sich selten auf und sind so gut wie nie deprimiert. Kurzum, sie sind perfekte Partner für die starken, materialistischen Achten.

Achten sind erfinderisch, klug und geradezu versessen darauf, aus ihrem Leben einen Erfolg zu machen. Sie streben nach Geld und einer gesellschaftlichen Stellung und nützen jede sich ihnen bietende Gelegenheit zu ihrem Vorteil aus. Sie verfügen über Selbstdisziplin, tragen Verantwortung, sind anpassungsfähig und hartnäckig. Manchmal können sie auch skrupellos, hart und egoistisch sein.

Nichts kann diese beiden Menschen aufhalten. Die Partnerschaft ergänzt sich in allen Bereichen. Ein Arbeitgeber der Zahl Vier wäre schlecht beraten, würde er einen Arbeitnehmer der Zahl Acht ablehnen. Einmal eingestellt, klettert die Acht in einer solchen Firma unweigerlich die Stufen des Erfolgs empor, bis sie an der Spitze steht. Eine Vier erreicht vielleicht nicht dasselbe bei einem Arbeitgeber der Zahl Acht, aber kommt diesem Ziel doch sehr nahe.

Sollten in einer Familie Kinder der Zahlen Vier und Acht leben, wird die Acht unweigerlich den Ton angeben. Dieses Arrangement klappt ausgezeichnet, und wahrscheinlich treten nur geringfügige Probleme auf – es sei denn, beide Kinder verlangen das Taschengeld eines Jahres auf einmal, um irgendeinen Plan zu verwirklichen. Aber selbst diese Forderung wäre eine Überlegung wert.

Das Eltern/Kind Verhältnis ist ähnlich ausgeglichen und gibt keinen Anlaß zu größeren Sorgen.

Vier : Neun

Vieren und Neunen müssen viel voneinander lernen, und da ein Lernprozeß viel Zeit braucht, ist diese Kombination im privaten Bereich erfolgreicher als im geschäftlichen. Neunen sind klug und können einer Vier viel Wissen vermitteln, während eine Vier die Neun praktische Fähigkeiten lehren kann, über die sie sonst nicht verfügen würde.

Vieren wissen, daß man nichts ohne harte Arbeit erreicht, doch von dieser Lebenseinstellung sind Neunen meilenweit entfernt. Die Vier braucht materielle Sicherheit, ein gemütliches Heim, einen gesicherten Arbeitsplatz, die jährliche Ferienreise und ihren wöchentlichen Tag zum Ausgehen, während für die Neun Erfolg ein mehr geistiger Zustand ist. Neunen haben nur das Gefühl, etwas geleistet zu haben, wenn sie anderen den Weg weisen und von ihrer Denkungsweise überzeugen können. Es ist leicht verständlich, daß von einem reinen Gedankenaustausch beide Partner profitieren, aber schier unmöglich, sich vorzustellen, wie eine 4:9-Geschäftsverbindung gedeihen könnte.

Die Aussichten im Angestelltensektor sind für eine Vier etwas vielversprechender, denn die Vier ist fleißig und zuverlässig, und ein Arbeitgeber der Zahl Neun – wahrscheinlich vertritt seine Firma weltweite Interessen – braucht praktisch veranlagte Männer und Frauen. Leider lieben Vieren ihr Heim über alles und können sich nur schwer darauf einstellen, von ihrer Familie getrennt zu leben und zu arbeiten.
Neunen haben ein großes Bedürfnis, der Allgemeinheit zu dienen. Sollte sich die Firma eines Arbeitgebers der Zahl Vier ähnlichen Dienstleistungen widmen, könnten sie sich in einem solchen Betrieb wohl fühlen.
Im privaten Bereich müssen beide Verständnis füreinander aufbringen. Ein Kind der Zahl Vier muß akzeptieren, daß sein Bruder oder seine Schwester Bauklötze nicht so faszinierend findet, und das Kind der Zahl Neun muß verstehen, daß andere nicht immer seine Ideale teilen. Eltern mit der Zahl Vier sind praktisch veranlagt, deshalb können sie aus ihrem Kind einen brauchbaren Menschen machen. Und die Versuche eines Kindes mit der Zahl Vier, alles im Leben zu organisieren, wird von seinen klugen Eltern der Zahl Neun schweigend toleriert werden.

Fünf : Fünf

Hier handelt es sich um eine äußerst gefährliche Konstellation, ganz gleich, von welchem Standpunkt aus man sie betrachtet – Geschäftspartner, Arbeitgeber/Arbeitnehmer, Eltern/Kind oder Kind/Kind. Fünfen sind rastlos, unbeständig, leicht erregbar und lehnen sich gegen jede Art von Zwang auf.
Zwei Fünfen zusammen schaffen eine Situation, die jederzeit explodieren kann. Man sollte diese Konstellation möglichst vermeiden.

Fünf : Sechs

Wenn eine temperamentvolle Fünf sich mit einer ruhigen, friedliebenden Sechs verbindet, erfährt sie eine Art Charakterwandlung. Der beruhigende Einfluß der Sechs hilft ihr, Ordnung in ihre Gedanken zu bringen, und eine Partnerschaft könnte für beide sehr stimulierend sein.

Fünfen sind wie Eisberge: sieben Achtel von ihnen liegen im Wasser verborgen. Trotz ihrer Rastlosigkeit sind sie klug und unverwüstlich, außerdem kreativ, originell, scharfsichtig und außerordentlich gut in der Beurteilung von Menschen und Situationen. Sie besitzen viele Fertigkeiten, gewinnen leicht Freunde und überwinden Niederlagen schnell. Sie brauchen nur eine beruhigende Sechs an ihrer Seite, damit sie ihre versteckten Qualitäten voll entwickeln können.

Sechsen sind die geborenen Beschwichtiger, deshalb ist es für sie ein leichtes, das Lebensschiff einer Fünf in ruhigere Gewässer zu lenken. Sechsen sind ausgeglichen, aufgeschlossen und selbstbeherrscht. Sie begreifen intuitiv die Probleme anderer Menschen und scheinen auf wunderbare Weise das Beste in ihnen fördern zu können. Die 5:6-Kombination ist kaum von großen finanziellen Erfolgen gekrönt, aber zum Bankrott kommt es auch nicht.

In geschäftlicher Hinsicht ist ein Arbeitnehmer der Zahl Fünf richtig plaziert, wenn er beruflich viel reisen muß oder mit anderen Menschen zu tun hat. Arbeitet hingegen eine Sechs für eine Fünf, könnte sie sich bald in der Personalabteilung wiederfinden, da der Arbeitgeber ihre ausgleichende Art in seiner Firma schätzt. Zwar sind das keine goldenen Aussichten, aber immerhin bietet es beiden die Möglichkeit zur Zusammenarbeit.

Zu Hause – wo die Sechs eigentlich in ihrem Element ist – könnten Probleme auftreten, nicht in bezug auf 5:6-Kinder, aber in der Eltern/Kind-Beziehung. Fünfen lieben das Abenteuer, Aufregungen und Reisen. Sie möchten so schnell wie möglich das Elternhaus verlassen, und Eltern mit der Zahl Sechs finden diesen Entschluß wahrscheinlich überstürzt. Sechsen brauchen ein gemütliches Heim, und Kinder mit dieser Zahl könnten mit der umgekehrten Situation konfrontiert werden – Eltern der Zahl Fünf, die ständig die Wohnung wechseln und manchmal sogar emigrieren.

Fünf : Sieben

Diese Kombination dauert für gewöhnlich nicht allzu lange, da die rastlose Fünf mehr ist, als die ruheliebende Sieben ertragen kann. Die Sieben braucht Frieden und ein geregeltes Leben, damit sie sich ihren geistigen Interessen widmen kann, und die Fünf ist die am wenigsten geeignete Zahl, dieses Bedürfnis der Sieben zu befriedigen.
Selbst wenn die Fünf heilige Eide schwört, keinen Lärm zu machen, nicht ständig ihre Meinung zu ändern und keine riskanten Spekulationen einzugehen, ist sie doch ständig so unruhig, daß allein ihre Anwesenheit die Sieben irritiert und ihre Konzentrationsfähigkeit nachläßt. Wie kann die Sieben in Ruhe nachdenken, wenn die Fünf ständig nervös mit den Fingern auf die Tischplatte trommelt? Und wenn die Fünf ihre Kräfte völlig verausgabt hat, ist die Sieben sicher nicht bereit, die ganze Arbeit allein zu machen. Sollten zwei Menschen mit diesen Zahlen eine Partnerschaft eingehen wollen, kommen sie wahrscheinlich nicht über das Stadium der Planung hinaus.
5:7- und 7:5-Arbeitsverhältnisse sind mit ziemlicher Sicherheit von ebenso kurzer Dauer. Diese Menschen passen einfach nicht zusammen.
Im familiären Bereich kommen Fünfen und Siebenen selten

miteinander aus. Die Sieben wünscht Ruhe und Frieden, und die Fünf ist viel zu laut und rastlos. Es sei denn, man beschließt das Haus in zwei Hälften zu teilen und einen Raum als neutrales Territorium zu benutzen. Sonst gibt es keine Lösung für die 5:7-Kind/Kind- oder -Eltern/Kind-Probleme.

Fünf : Acht

Wenn diese beiden dynamischen Persönlichkeiten aufeinandertreffen, ist Vorsicht geboten, denn die Acht kann Ideen fast ebenso rasch verwirklichen, wie die Fünf sie ersinnt. Diese Partnerschaft ist von Erfolg gekrönt, solange sie besteht, aber sie droht wie ein Strohfeuer zu verlöschen, wenn nicht einer von beiden das Tempo verringert.
Die Fünf ist ein geborener Spieler. Sie spekuliert gern und würde jede Wette auf das Gelingen einer Verbindung mit der Acht eingehen, denn die Chancen stehen gut. Fünfen sind unberechenbare, nicht regierbare Charaktere, aber sie stecken voller ungewöhnlicher Ideen. Sie sind auch klug und originell, und wenn es ihnen gelingt, ihr Temperament zu zügeln, besonnen zu handeln und ihre Aufmerksamkeit auf das Notwendige zu konzentrieren, können sie nicht fehlgehen. Sie sind scharfsichtig und raffiniert, verstehen es, andere Menschen gut zu organisieren, was leider nicht auf ihr eigenes Leben zutrifft. Mehr Fleiß und weniger Impulsivität würde ihnen zum Erfolg verhelfen.
Die Zahl Acht wird jenen Menschen zugeordnet, die im Leben Erfolg haben. Sie sind hartnäckig, materialistisch eingestellt und praktisch veranlagt. Sie sind ausgezeichnete Geschäftsleute und können sogar skrupellos reagieren, während sie andererseits aber diplomatisches Geschick besitzen. Sie übernehmen Verantwortung und sind unermüdliche Arbeiter.

Fünfen sollten es bei einem Arbeitgeber der Zahl Acht weit bringen. Ihre fortschrittlichen Ideen, ihre Anpassungsfähigkeit und ihr Talent dafür, Aufgaben klug zu delegieren, werden sie bald in eine Spitzenposition bringen. Achten erkennen das Potential der Fünfen und werden ihre Fähigkeiten nach Kräften fördern – zu beiderseitigem Nutzen.
Die Acht wiederum könnte ohne weiteres die Führung in jeder Firma übernehmen, da sie geradezu zum Manager prädestiniert ist. Sie hat Ausstrahlung, Selbstsicherheit, Entschlußkraft und jede Menge praktische Erfahrung. In einer Firma mit der Zahl Fünf dürfte die Acht ein angemessenes Betätigungsfeld finden, denn hier ist man bereit, gelegentlich auch auf einen etwas riskanten Vorschlag einzugehen oder etwas unorthodoxe oder abenteuerliche Geschäftspraktiken anzuwenden.
Zu Hause werden Kinder mit den Zahlen Fünf und Acht wahrscheinlich eine Weile friedlich zusammenspielen, bis sie sich im nächsten Augenblick gegenseitig verprügeln. Die Dauer des Waffenstillstandes wird sich mit zunehmendem Alter verlängern, wenn sie Selbstbeherrschung lernen. Kinder der Zahl Fünf profitieren immer von der ruhigen Überlegenheit ihrer Eltern mit der Zahl Acht, während diese sich insgeheim wünschen, ihre Sprößlinge würden ihre Talente besser nutzen. Kinder mit der Zahl Acht entwachsen hingegen allzu schnell ihren Kinderschuhen, aber Eltern mit der Zahl Fünf betrachten ihre Kinder mehr als Freunde und versuchen, nicht die Autorität in den Vordergrund zu rücken.

Fünf : Neun

Sollte es innerhalb des Geschäftslebens zu einer 5:9-Kombination kommen, ist ihr wahrscheinlich ein mittelmäßiger Erfolg beschieden, denn Fünfen wissen, wie sie von Neunen profitieren können, und Neunen scheinen die Gabe zu besitzen, das Beste aus Fünfen herauszuholen, ohne auch nur den kleinen Finger zu rühren.

Fünfen sind die geborenen Geschäftsleute – entschlußfreudig, scharfsinnig und risikofreudig. Sie sind intelligent und ausdauernd. Das Leben ist für sie ein einziges Abenteuer, sie hassen den alltäglichen Trott und sind ständig auf der Suche nach etwas Neuem. Auf diese Weise ist es ihnen möglich, die eine Woche Antiquitäten, die nächste Versicherungen, die dritte Gebrauchtwagen und die vierte Enzyklopädien zu verkaufen. Und Neunen brauchen so realistische Menschen wie die Fünfen, denn wegen ihrer Ideale neigen sie dazu, den Boden unter den Füßen zu verlieren und manchmal wirklich lächerliche Fehler zu begehen. Oft reden sie, ohne nachzudenken, und handeln impulsiv. Darin liegt ihr Hauptproblem, und hinzu kommt, daß sie oft von einer besseren Welt träumen und darüber vergessen, was um sie herum passiert.

Eine Fünf kommt mit einem Arbeitgeber der Zahl Neun wahrscheinlich nur schwer zurecht, denn die Fünf ist fast ausschließlich mit sich selbst beschäftigt und arbeitet nicht gern für andere. Außerdem ist sie rastlos, also stehen die Chancen für ein 5:9-Arbeitsverhältnis schlecht. Und der Neun steht als Arbeitnehmer bei einer Fünf ein ähnliches Schicksal bevor. Viele ihrer Fähigkeiten sind in dieser Firma einfach nicht gefragt, und als idealistischer Weltverbesserer paßt sie wahrscheinlich nicht in die Geschäftswelt.

Kinder dieser Zahlen in einer Familie gehen gern eigene Wege und teilen selten ihre Interessen mit den Geschwistern.

5:9- und 9:5-Eltern/Kind-Konstellationen stimmen in ihren Meinungen selten überein. Fünfen – ganz gleich, ob es sich um Erwachsene oder Kinder handelt – sind rastlos und ungeduldig. Nie können sie die visionären und humanitären Ansichten der Neunen teilen.

Sechs : Sechs

Sechsen sind kreativ, einfallsreich und phantasievoll. Sie haben einen ausgeprägten Farbensinn und lieben ihr Heim und ihre Familie über alles. Das sind zwar keine besonders guten Voraussetzungen für eine geschäftliche Karriere, aber sie können ihre Pläne mit großer Zielstrebigkeit durchsetzen. Sie sind außergewöhnlich selbstbewußt und können gut mit schwierigen Menschen umgehen. Hinzu kommt ihre Ausgeglichenheit, ihre Selbstbeherrschung und ihre Fähigkeit, als Vermittler zu wirken. Diese Eigenschaften könnten eine 6:6-Partnerschaft zu einem gewissen Erfolg führen – vorausgesetzt, es bleibt ihnen genügend Freiraum, ihre künstlerischen Talente zu entfalten.

Ein 6:6-Arbeitgeber/Arbeitnehmer-Verhältnis wird zwar nicht so sehr in finanzieller Hinsicht erfolgreich sein, aber den beruflichen Ehrgeiz befriedigen. Eine Firma der Zahl Sechs bietet die friedliche Atmosphäre, in der ein Arbeitnehmer der Zahl Sechs genügend Möglichkeiten zur Verwirklichung seiner zahlreichen Talente findet.

In ihrem Heim, ausgestattet mit schönem Mobiliar und Kunstgegenständen, leben die Sechsen glücklich und zufrieden miteinander. Sie haben eine Vorliebe für Musik und hegen eine große Leidenschaft für Bücher. Jede Konstellation von Sechsen kann nur als beneidenswert und glücklich angesehen werden.

Sechs : Sieben

Von dieser Kombination ist abzuraten. Gemeinsame Interessen – im Geschäfts- wie im Privatleben unerläßlich – existieren in einer 6:7-Verbindung nicht, und eine Partnerschaft wäre von Anfang an zum Scheitern verurteilt.

Die Sieben verbringt viel Zeit allein und merkt nicht einmal, was eine Sechs tut. Und ganz ähnlich ist die Sechs ausschließlich damit beschäftigt, ihre Kreativität zu verwirklichen, und zeigt kein Interesse für die Sieben.
Nur übermenschliche Anstrengungen könnten diese Verbindung retten – ganz gleich, ob es sich um eine geschäftliche oder persönliche Partnerschaft handelt.

Sechs : Acht

In dieser Konstellation liegt ein großes Potential, da die Rolle jedes Partners klar umrissen ist. Die Acht übernimmt die Verantwortung und trifft Entscheidungen, während die Sechs Ideen einbringt und für den reibungslosen Ablauf sorgt.
Auf Sechsen kann man sich aus vielen Gründen verlassen. Sie sind ausgeglichen, konventionell und absolut vertrauenswürdig. Sie sind auch gerecht, freundlich, mitfühlend und haben Zivilcourage. Ihre Qualitäten kommen am besten zur Geltung, wenn sie unabhängig in einem künstlerischen, kreativen Beruf arbeiten können.
Achten sind starke, realitätsbezogene und praktische Persönlichkeiten. Sie repräsentieren Geld, Macht und Erfolg. Sie verfügen über enorme Energiereserven, die sie jederzeit mobilisieren können, und sie zögern nicht, die Verantwortung für ihr manchmal recht skrupelloses Geschäftsgebaren zu übernehmen. Sie sind selbstbewußt, arbeiten hart und haben eine eigene Definition für das Wort »Ehrlichkeit«. Sie wurden mit dem Wunsch geboren, ein eigenes Imperium aufzubauen.
Auch in einem Arbeitgeber/Arbeitnehmer-Verhältnis sieht die 6:8-Kombination vielversprechend aus, denn wie schon gesagt, die Aufgabenbereiche sind klar voneinander abgegrenzt. Beide sind hochqualifiziert und können Spitzenpositionen erreichen.

In der Familie neigen Kinder der Zahl Acht dazu, ihre Geschwister dominieren zu wollen, aber die friedliebende Sechs stört das nicht im geringsten. Sie weiß, wie man mit schwierigen Charakteren umgeht, und wickelt die Acht um den kleinen Finger, ohne ihr das Gefühl zu geben, ihre Autorität anzuzweifeln.
Eltern der Zahl Sechs haben es mit Kindern der Zahl Acht manchmal etwas schwer und müssen drakonische Maßnahmen ergreifen, um sie vom hohen Roß zu holen. Aber es gibt keine liebevolleren, hingebungsvolleren Eltern als die Sechs. Ein Kind der Zahl Sechs hingegen wird die Autorität seiner Eltern nie in Frage stellen.

Sechs : Neun

Diese Kombination stellt etwas Besonderes dar, weil sie die Schönheit (Sechs) mit der Wahrheit (Neun) verbindet. Sechsen und Neunen ergänzen einander auf allen Bewußtseinsebenen. Eine solche Partnerschaft zerbricht selten.
Sechsen sind loyale, einfühlsame Menschen, die eine ruhige, friedliche Atmosphäre zum Leben brauchen. Aggressive und überhebliche Menschen können sie nicht ertragen und machen einen weiten Bogen um sie. Sechsen sind ausgeglichen, aufgeschlossen, beherrscht und geben oft ausgezeichnete Vermittler ab, da sie immer beide Seiten eines Problems sehen. Sie gehen Streit aus dem Weg, respektieren die Intelligenz anderer und erkennen deren Bedürfnisse.
Neun ist die Zahl hoher geistiger und seelischer Anforderungen. Diese Menschen sind tolerant, visionär und idealistisch. Sie kämpfen nur für große Ziele, und in einem modernen Kreuzzug oder als Streiter für die menschliche Gerechtigkeit könnten sie persönliche Befriedigung finden. Doch leider wer-

den diese lobenswerten Eigenschaften im Geschäftsleben wenig geschätzt. Glücklicherweise verfügen Neunen jedoch noch über andere nützliche Fähigkeiten. Sie sind entschlußfreudig, aktiv, mutig und zielstrebig. Sie haben einen scharfen Verstand und verfügen über eine ausgeprägte Vorstellungskraft, obwohl der gesunde Menschenverstand sie manchmal im Stich läßt. Diese 6:9-Kombination repräsentiert gewiß kein dynamisches Duo zukünftiger Magnaten, aber mit Fleiß, Ausdauer und ein wenig Glück könnten sie recht erfolgreich werden.
In einem Arbeitgeber/Arbeitnehmer-Verhältnis winken weder der Sechs noch der Neun Ruhm oder Reichtum, und von einer derartigen beruflichen Zusammenarbeit ist abzuraten.
Glücklicherweise sieht diese Zahlenkombination im Privatleben viel erfreulicher aus. Kinder mit den Zahlen Sechs und Neun spielen in perfekter Harmonie miteinander, und es herrscht ein gerechtes Geben und Nehmen. Eltern und Kinder versuchen möglichst ihre Schönheitsideale zu verwirklichen, und solange von außen nicht zu viele Störungen das Familienleben beeinträchtigen, leben Sechsen und Neunen im friedlichen Einklang miteinander.

Sieben : Sieben

Wenn zwei Siebenen sich zusammentun, entsteht daraus ein perfektes Team. Manchmal entwickeln sie sogar eine Art Telepathie zueinander, die Worte überflüssig macht. Aber sie leben in einer Welt, die allein von ihren Gedanken und Phantasien bevölkert wird und leider wenig mit der Wirklichkeit zu tun hat. Beide Partner müssen lernen, das Leben unter realistischeren Aspekten zu betrachten, wenn sie überleben wollen. Jeder Gedanke an eine geschäftliche Beziehung ist reine Zeitverschwendung – es kann einfach nicht klappen.

Siebenen sind mysteriös, geheimnisvoll, philosophisch, konfus und völlig weltfremd. Sie reisen gern und nehmen dafür jede Unbequemlichkeit in Kauf. Materielle Bedürfnisse kennen sie kaum, denn sie haben keinen Bezug zum Geld und umgeben sich am liebsten mit Menschen gleicher Wellenlänge. Siebenen sind intuitiv, übersensibel, gebildet und kreativ. Aus all diesen Gründen kann eine Geschäftsbeziehung keinen Erfolg haben. Eine Arbeitgeber/Arbeitnehmer-Kombination ist ebenso aussichtslos. Aber auf privater Ebene ist der 7:7-Konstellation wirkliches Glück beschieden, denn ihre Verbindung gleicht einer nie endenden Suche nach der Wahrheit.

Sieben : Acht

Auf geschäftlicher Ebene sollte eine 7:8-Kombination einigermaßen erfolgreich sein, denn irgendwie übt die Sieben auf die Acht eine beruhigende Wirkung aus, und es gelingt ihr sogar, die rastlose Energie der Acht in eine positive Bahn zu lenken. Die Sieben besitzt rätselhafte visionäre Fähigkeiten, die man beinahe als »Zweites Gesicht« bezeichnen könnte, ein unschätzbares Attribut für jede Planung.
Die Sieben unterscheidet sich grundsätzlich in ihren Charaktereigenschaften von anderen Menschen, und das findet die Acht so faszinierend an ihr. Wie kann ein so gebildeter, intellektueller Mensch, dem nichts an Reichtum und äußeren Erfolgen liegt, einen derart großen Einfluß auf die Acht ausüben? Vielleicht weil die Sieben aggressive Angriffe der Acht mit einem Schulterzucken abtut? Oder vielleicht, weil sie immer von vornherein die Stimmung der Acht errät? Auf diese Fragen wird die Acht wahrscheinlich keine Antwort finden, aber es bleibt eine Tatsache bestehen: wenn sie will, ist die Sieben immer Herr der Situation.

Achten sind charmant, kompetent und weltgewandt. Erfolg ist für sie das Wichtigste im Leben. Sie sind stark, flexibel, praktisch und resolut. Oft fühlen sie sich unverstanden und einsam, aber sie können ihre Gefühle sehr gut verbergen, und es ist ihnen gleichgültig, was andere über sie denken. Diese Kombination sollte die in sie gesetzten Erwartungen erfüllen und am Ende ein recht ansehnliches Ergebnis vorweisen können.

Ein 7:8-Arbeitgeber/Arbeitnehmer-Verhältnis sieht nicht sehr vielversprechend aus, denn der Sieben mangelt es an praktischen Fähigkeiten und Entschlußkraft, um die Anforderungen dieses Arbeitgebers erfüllen zu können. Aber eine Acht kann bei der Sieben, so wie eigentlich in jeder anderen Firma, in kürzester Zeit zu einer Spitzenposition aufsteigen.

Im Familienleben haben Siebenen und Achten wenig gemeinsam. Achten sind aktive, aggressive Charaktere, die wissen, was sie wollen, und dafür kämpfen. Siebenen sind das Gegenteil. Als ruhige, nachdenkliche Menschen schätzen sie es sehr, allein gelassen zu werden.

Kinder dieser Zahlen folgen ihren unterschiedlichen Interessen und finden nicht viel Vergnügen daran, miteinander zu spielen. Zwischen Eltern und Kindern wird selten Übereinstimmung herrschen. Eltern der Zahl Acht möchten, daß ihre Kinder Erfolg im Leben haben, während Kinder der Zahl Sieben zur Universität drängen, um dort zu studieren und zu forschen. Eltern der Zahl Sieben dagegen sind zu weltfremd, um ihren Kindern der Zahl Acht brauchbare Ratschläge mit auf den Weg zu geben.

Sieben : Neun

Frieden, Harmonie und gegenseitiges Verstehen herrschen in einer 7:9-Beziehung. Leider besteht die Gefahr, daß beide sich in geistigen Höhen bewegen und den Bezug zur Wirklichkeit verlieren. Aus einer 7:9-Kombination wird nie eine geschäftlich erfolgreiche Partnerschaft entstehen, es sei denn, ihr Unternehmen steht im Dienst der Menschheit.

Siebenen sind unabhängig, originell und fühlen sich stark zu allen magischen und mysteriösen Dingen hingezogen. Sie lieben Reisen, verzichten dabei jedoch auf jeglichen Komfort und meiden die Touristenpfade. Ihr Interesse gilt fremden Völkern und Kulturen. Sie besitzen außergewöhnliche Geisteskräfte, viel Phantasie und visionäre Eigenschaften.

Neunen engagieren sich leidenschaftlich für die Lösung der Weltprobleme, kämpfen für die Linderung der Hungersnot in der Dritten Welt, protestieren gegen das Wettrüsten und besitzen sehr hohe Ideale und empfinden echte Liebe für die Menschheit. Sie sind aufrichtige, aber manchmal irregeleitete Wohltäter. Zusammen mit der Sieben werden sie die Geschäftswelt nicht aus den Angeln heben, aber die Neun kann vielleicht einen kleinen Beitrag zur Verbesserung der Lebensbedingungen leisten.

Ein Arbeitsverhältnis zwischen der Sieben und der Neun ist nicht sehr vielversprechend. Firmen mit diesen Zahlen brauchen geschäftstüchtige Männer und Frauen; nachdenkliche, einzelgängerische Mystiker, die damit beschäftigt sind, die Rätsel und Probleme dieser Welt zu lösen, können sich wohl kaum auf die Anforderungen des Berufs konzentrieren.

Neunen und Siebenen besitzen auch in jungen Jahren eine weit über ihr Alter hinausreichende Lebensweisheit. Ihr Wahlspruch lautet wohl »Leben und leben lassen«, und den befolgen sie auch in der Familie.

Acht : Acht

Wenn zwei Achten beschließen zusammenzuarbeiten, ergibt das wahrscheinlich ein gut funktionierendes, dynamisches Team, dem der Erfolg nicht versagt bleiben wird. Diese Konstellation kennt keinen Mittelweg. Für beide heißt es »alles oder nichts«.

Achten sind ehrgeizig, und für eine erfolgreiche Karriere wurden sie mit allen nötigen Qualitäten ausgestattet. Sie sind zäh, praktisch und zielstrebig. Aus eigenem Antrieb und mit wenig Hilfe von anderen erreichen sie ihre hochgesteckten Ziele. Dabei schrecken sie auch nicht vor skrupellosen und harten Geschäftspraktiken zurück. Leider ist die Acht ebenso die Zahl des materiellen Mißerfolgs wie des Erfolgs. Eine 8:8-Kombination muß ihre Fähigkeiten aufeinander abstimmen, damit ein spektakulärer Erfolg nicht zu einem ebenso spektakulären Fiasko wird.

Diese Gefahr in einer 8:8-Verbindung trifft auch auf das Familienleben zu. Beide müssen lernen, zu geben und zu nehmen, ihren Autoritätsanspruch zu bezähmen, den Ruhm mit anderen zu teilen, und vor allem dürfen sie nicht vergessen, daß sie es in dieser Beziehung mit einem Partner ihrer eigenen Zahl zu tun haben, der genauso boshaft und selbstsüchtig sein kann.

Acht : Neun

Diese Zahlenkombination ergibt oft ein ausgezeichnetes Forscherteam. Die Acht ist praktisch veranlagt und bietet Stabilität, während die Neun ihre kreativen Ideen von ganz anderen Bewußtseinsebenen erhält. Achten und Neunen treiben sich gegenseitig zu Höchstleistungen an. Mit einer Acht als Partner braucht sich die Neun nicht um die Verwaltung des Unternehmens zu kümmern, da Achten verantwortungsbewußt, diszipliniert und gute Organisatoren sind. Außerdem sind sie zäh, weltklug und sehr geschäftstüchtig.

Die Neun braucht nur noch die Inspiration in das Unternehmen einzubringen. Aufgrund ihrer toleranten Lebenseinstellung, ihrer geistigen Überlegenheit und mit ihrem visionären Weitblick dürfte das der Neun nicht schwerfallen. Sie besitzt einen klaren Verstand, viel Phantasie, hohe Ideale und zahlreiche Interessen. Aber sie muß lernen, gelegentlich ein Wort der Kritik hinzunehmen und ihre Impulsivität zu bezähmen.

Mittelmäßig ist der passende Ausdruck für ein 8:9-Arbeitsverhältnis. Achten allein sind im Geschäftsleben erfolgreich, aber wenn eine Neun hinzukommt, wird das Arbeitspotential eher negativ beeinflußt als gefördert, denn die idealistische Neun wird versuchen, die Acht von ihrer rein materialistischen Lebenseinstellung abzubringen.

Zu Hause werden Kinder mit den Zahlen Acht und Neun bald lernen, einander mit Respekt zu begegnen, denn obwohl die Acht aggressiver und dominierender ist, wird sie akzeptieren müssen, daß die Neun sich zu wehren weiß. Die Neun ist die höchste der Liebes-Zahlen und die mit der stärksten Ausstrahlung. Menschen, die von ihr beeinflußt werden, sind hochintelligent und können ihre Ansichten und Gefühle zum Ausdruck bringen. Dieser gegenseitige Respekt beherrscht auch die Eltern/Kind-Beziehung, und es dürften keine größeren Probleme zwischen ihnen auftreten.

Neun : Neun

Weisheit, Wissen und der aufrichtige Wunsch, anderen zu dienen, sind nur drei von vielen Qualitäten in dieser Kombination. Eine 9:9-Partnerschaft kann Außerordentliches zum

Wohle der Menschheit leisten, indem sie ihr eigenes tiefes Verständnis für die Wahrheiten des Lebens mit anderen teilen. Sie passen so gut zueinander, daß oft eine lebenslange Freundschaft entsteht, aber leider sind beide nicht hart und aggressiv genug, um ihr gemeinsames geschäftliches Unternehmen zu einem wirklichen Erfolg zu führen.

Neunen können sehr willensstark und entschlossen sein, vor allem, wenn sie sich leidenschaftlich für eine gerechte Sache engagieren oder überzeugt davon sind, daß ihre Taten dem Wohle der Menschheit dienen. Sie sind einfallsreich, tatkräftig und couragiert. Für die Durchsetzung ihrer Wünsche sind sie bereit zu kämpfen, und ihr Enthusiasmus genügt, um andere aufzurütteln und mitzureißen.

Aber sie sind auch leicht aufbrausend und impulsiv. Dann müssen sie ihre Worte mit Bedacht wählen oder bereit sein, die Konsequenzen für ihre allzu große Offenheit zu tragen. Obwohl zwei Neunen kein sehr geschäftstüchtiges Team abgeben, sind sie doch keineswegs dumm, und eine 9:9-Partnerschaft kann ein sorgfältig geplantes Unternehmen durchaus zum Erfolg führen.

Ein 9:9-Arbeitgeber/Arbeitnehmer-Verhältnis kann hervorragend oder mittelmäßig sein – das hängt von der Firmenpolitik ab. Dient das Unternehmen dem Wohle der Menschheit oder zeigt es Interesse am Weltgeschehen, wird die Neun ihre ganzen Kräfte zur Verfügung stellen und die hohen Ideale der Firma unterstützen. Für die Herstellung von Maschinenteilen wird die Neun wenig Begeisterung aufbringen.

Zu Hause herrscht bei Neunen eine friedliche und harmonische Atmosphäre. Diese betrifft alle Familienmitglieder, denn Menschen dieser Zahl verursachen selten Probleme. In ihrem Leben suchen und geben Neunen Glück und Zufriedenheit für Geist und Seele.

Kapitel V

Eine weitere Interpretation der Zahlen

Nun, da Sie Ihre Liebes-Zahl herausgefunden haben und über Ihren Charakter und Ihre Beziehungen zu anderen Menschen informiert sind, ist es Zeit, noch einen Schritt weiterzugehen und Ihre Lebens-Zahl festzustellen.

Die Liebes-Zahl enthüllte Ihre Persönlichkeit mit Hilfe Ihres Geburtsdatums, aber Ihr angeborenes Potential wird von Ihrer Lebens-Zahl diktiert. Und das wohnt auf geheimnisvolle Weise den Buchstaben Ihres Namens inne. Haben Sie erst einmal das Geheimnis Ihres Namens enthüllt – und das ist kein schwieriges Unterfangen –, können Sie noch ein genaueres Bild von sich gewinnen. Eine Liebes-Zahl ist sozusagen eine Skizze in Schwarzweiß, und wenn Sie etwas Farbe hinzufügen wollen, müssen Sie Ihre Lebens-Zahl kennen.

Um sie zu errechnen, schreiben Sie Ihren Namen in Großbuchstaben auf ein Blatt Papier. Mit Hilfe der folgenden Tabelle

1	2	3	4	5	6	7	8	9
A	B	C	D	E	F	G	H	I
J	K	L	M	N	O	P	Q	R
S	T	U	V	W	X	Y	Z	

versehen Sie jeden Buchstaben Ihres Namens mit der entsprechenden Zahl (Ü=UE). Hier zwei Beispiele:

```
H A N S   S C H M I T   U T E   W E B E R
8 1 5 1   1 3 8 4 9 2   3 2 5   5 5 2 5 9
```

Vielleicht fragen Sie sich, ob Sie alle Vornamen nehmen sollen oder, falls Sie eine verheiratete/geschiedene Frau sind, welchen Nachnamen Sie verwenden sollen. Die Antwort ist überraschend einfach: Schreiben Sie den Namen hin, unter dem Sie leben. Falls Sie nicht mit allen Vornamen angeredet werden, verwenden Sie sie nicht, nur jenen, mit dem man Sie üblicherweise ruft, auch wenn es sich um einen Spitznamen handelt. Denn Sie wollen ja in Erfahrung bringen, was Sie heute beeinflußt, und eventuelle Namen, die in Ihrer Vergangenheit eine Rolle gespielt haben, sind nun unwichtig geworden.
Addieren Sie diese Ziffern. Als Resultat erhalten Sie eine zweistellige Zahl. Diese addieren Sie wiederum (mehrmals, falls nötig), bis Sie eine Zahl zwischen eins und neun errechnet haben. Das ist Ihre Lebens-Zahl. Notieren Sie sie.

Zur Veranschaulichung hier noch einmal die beiden kompletten Beispiele:
H A N S   S C H M I T
8 +1 +5 +1 +1 +3 +8 +4 +9 +2 = 42; 4+2 =
Lebens-Zahl 6
U T E   W E B E R
3 +2 +5 +5 +5 +2 +5 +9 =39; 3+9=12; 1+2=
Lebens-Zahl 3
Nun, da Sie Ihre Lebens-Zahl kennen, können Sie anhand der folgenden Tabelle erkennen, wie sie auf Ihre Liebes-Zahl Einfluß nimmt. Liebes-Zahlen stehen immer an erster Stelle, dann folgt die Lebens-Zahl. Ist zum Beispiel Ihre Liebes-Zahl Zwei und Ihre Lebens-Zahl Sechs, wird diese Kombination als 2.6 dargestellt.

KOMBINATIONEN VON LIEBES-ZAHLEN UND LEBENSZAHLEN

Eins – Der Führer
Positive Eigenschaften: weitsichtig, kraftvoll, dominierend, fortschrittlich
Negative Eigenschaften: eigensinnig, widerspenstig, diktatorisch, ungeduldig

1.1 Die doppelte Eins deutet auf enorme Dynamik, Energie, Führungsqualitäten und Ehrgeiz hin, aber dieser Mensch muß seine Aggressionen beherrschen lernen, sonst schafft er sich zu viele mächtige Feinde auf dem Weg zur Spitze.
1.2 Die Zwei hat eine besänftigende Wirkung auf die natürliche Aggressivität der Eins und verleiht ihm oder ihr taktisches und diplomatisches Geschick, um Pläne auf freundliche und gütliche Weise durchzusetzen. Dadurch wird der Eins auch die Zusammenarbeit mit anderen erleichtert, anstatt alles allein und nur für sich zu tun.
1.3 Durch den Charme und die Fachkenntnis der Drei dürfte es der Eins leichter fallen, ihre Ideen zu entfalten und in Erfolg umzuwandeln. Die Drei verleiht ihr Verkaufsgewandtheit. Aber die Drei ist ein Luftikus und die Eins zu impulsiv. Konzentration könnte in dieser Liebes-Lebens-Zahl-Konstellation das Hauptproblem sein.
1.4 Die Eins sagt: »Geh«, die Vier sagt: »Nein«. Zwischen beiden Zahlen kommt ein ausgleichender Einfluß zum Tragen. Die Eins steckt voller Ideen, denn sie ist erfinderisch und schöpferisch, aber die Vier verleiht ihr die Ausdauer, praktische

Erfahrung und Gründlichkeit, die zur Verwirklichung der Pläne unerläßlich sind.

1.5 Die Eins steckt voller kühner, fortschrittlicher Ideen, aber sie weiß nicht immer, was sie damit anfangen soll. Hier kommt die Fünf zum Zug und hilft mit ihrer Vielseitigkeit, Marketingerfahrung und Geschäftstüchtigkeit. Die Eins braucht nur ein wenig Publicity, und die Fünf zeigt ihr, wie man sie bekommt.

1.6 Es ist ja gut und schön, fortschrittlich und dynamisch zu sein, aber jeder Mensch braucht etwas Schönheit und Kultur in seinem Leben, sonst wäre es doch allzu trist. Dafür sorgt die Sechs, und sie fügt noch einen Schuß Friedfertigkeit hinzu, damit die Eins weniger eigensinnig und ungeduldig wird.

1.7 Die Sieben gleicht mit ihrer Spiritualität den allzu extrovertierten Charakter der Eins aus und verhilft ihr zu inneren Werten. Sie dämpft auch ihren Elan etwas und bringt die Eins dazu, gelegentlich in Ruhe über etwas nachzudenken, wozu sie in ihrem geschäftigen Leben sonst selten Zeit findet.

1.8 Eine Eins mit den Neigungen einer Acht ist etwa einem Skorpion mit zwei Stacheln vergleichbar. Die Eins wird noch aggressiver, Geld wird doppelt wichtig, Tempo ist noch entscheidender, und verflucht seien alle, die sich ihr in den Weg stellen.

1.9 Dem Himmel sei Dank für die Neun, denn sie schenkt der Eins Weisheit, Verständnis und Weitblick. Mehr Gefühlstiefe und Toleranz dämpft die Impulsivität und ermöglicht eine volle Ausschöpfung der Kreativität, auch zum Wohle anderer.

Zwei – Der Sensible

Positive Eigenschaften: aufnahmefähig, kompromißbereit, überzeugend, ausgleichend
Negative Eigenschaften: gehemmt, launisch, unschlüssig, leicht beeinflußbar

2.1 Zweien sind für gewöhnlich sehr schüchtern und gehemmt, aber mit den Führungsqualitäten, der Initiative und Aggression der Eins werden sie eine etwas positivere Lebenseinstellung bekommen und weniger unbeständig und unentschlossen sein. Die Eigenschaften der Eins wirken sich auch positiv auf die Instabilität aus.

2.2 Zweien neigen dazu, sich vor ihrem eigenen Schatten zu fürchten. Um ihre Lebensangst zu überwinden, brauchen sie einen starken Menschen an ihrer Seite, damit sie ihre Unsicherheit überwinden können. Stets haben sie Verständnis für die Ansichten anderer, mit dem Ergebnis, daß ihre eigenen Gefühle und Bedürfnisse übergangen werden und sie sich voller Bitterkeit in ihr Schneckenhaus zurückziehen.

2.3 Eine Zwei hat keine Schwierigkeiten, Freundschaften zu schließen, aber mit dem Einfluß der Drei wird es ihr gelingen, diese Kontakte zu ihrem Vorteil zu nutzen. Etwas mehr Talent und Geschäftssinn sollten es der Zwei ermöglichen, sich und ihre Ideen besser zu verkaufen.

2.4 Die Vier hat einen sehr ermutigenden Einfluß auf die Zwei. Er stärkt ihr Selbstvertrauen und gibt ihr ein Gefühl der Sicherheit. Dadurch treten die positiven Seiten ihres Charakters mehr in den Vordergrund, und ihre Ängste und Hemmungen verlieren an Bedeutung.

2.5 Kommt der Einfluß der Fünf zum Tragen, tritt im Leben der Zwei eine bemerkenswerte Änderung ein. Sie wird kühn und wagemutig, lebenslustig, sinnlich und gesellig. Aber leider bleibt sie durch ihre Launenhaftigkeit reizbar und unberechenbar.

2.6 Die Sechs gibt der Zwei Seelenfrieden, Ausgeglichenheit und Harmonie. Diese Zahl repräsentiert auch Liebe und Romantik und hilft der Zwei, ihre emotionalen Schwankungen besser in den Griff zu bekommen.

2.7 Die Sieben hat einen günstigen Einfluß auf die Zwei, wobei sie zwar nicht Dynamik oder Unternehmungsgeist fördert, ihr aber eine philosophischere Lebenseinstellung vermittelt und der Zwei dadurch hilft, ihre Schüchternheit zu überwinden und mit etwas mehr Ehrgeiz ihr Lebensziel zu verfolgen. Leider unterstützt die Sieben aber auch den bereits sehr ausgeprägten Hang der Zwei zu Tagträumen.

2.8 Die Acht ist genau die Zahl, die der Zwei auf die Beine hilft, damit sie ihr Leben positiv gestaltet. Sie wird ehrgeiziger, lebhafter, tatkräftiger und weniger unschlüssig und gehemmt. Aber leider wirkt sich die Acht – die Zahl der Extreme – nicht günstig auf das emotionale Gleichgewicht aus.

2.9 Elan erhält die Zwei von der Neun, ebenso wie Einsicht, Weitblick und vor allem Hoffnung. Das bringt sie auf die richtige Bahn und bewirkt eine merkliche Veränderung zum Positiven.

Drei – Der Vielseitige

Positive Eigenschaften: brillant, phantasievoll, anpassungsfähig, glücklich
Negative Eigenschaften: verschwenderisch, leichtfertig, impulsiv, unverblümt

3.1 Eine Drei profitiert sehr von der Zielstrebigkeit der Eins, abgesehen von ihrem Mut, ihren Führungsqualitäten und ihrem Elan. Wovor die Drei sich allerdings hüten sollte, ist die Abenteuerlust der Eins, die sie auf die falsche Bahn bringen könnte.

3.2 Dreien sind lebhaft, brillant und wagemutig, daher kann ein wenig Bescheidenheit, Takt und Diskretion gewiß nicht schaden. Haben sie einmal gelernt, sich auch manchmal mit dem zweiten Platz zu begnügen, wird es ihnen möglich sein, etwas mehr Ordnung in ihr Leben zu bringen und auch andere zu Wort kommen zu lassen.

3.3 Die Qualitäten einer Drei in zweifacher Ausführung, das ist fast zuviel des Guten. Die doppelte Portion Brillanz, Phantasie, Vielseitigkeit und Leichtfertigkeit ergibt einen superklugen Menschen, der einfach nichts ernst nehmen kann und somit seine und die Zeit anderer vergeudet. Aber eine doppelte Drei könnte höchst originelle Kunstwerke schaffen.

3.4 Die Vier ist für die Drei eine sehr nützliche Zahl, denn sie zügelt ihre Impulsivität. Die Drei neigt dazu, zu handeln, ehe sie ein Problem gründlich durchdenkt, und hier wirkt sich die Vier durch ihren beruhigenden Einfluß positiv auf die lebhafte Drei aus. Dreien haben oft brillante Ideen, und Vieren sorgen für das solide Fundament, auf dem sie verwirklicht werden können.

3.5 Die Fünf gibt der Drei noch zusätzlichen Auftrieb. In dieser Liebes-Lebens-Zahlen-Konstellation gilt das Motto »Lebe heute – zahle später«. Beide stecken voller Ideen, und die Drei bringt sie dekorativ zur Geltung, während die Fünf Marketingkenntnisse beisteuert. Vor zwei Gefahren sollten beide sich hüten: vor übereilten Handlungen und Überproduktion.

3.6 Eine Sechs sorgt bei der Drei für mehr Ausgeglichenheit und Friedfertigkeit. Die künstlerischen Talente der Drei werden durch Sinn für Farbe, Schönheit und Stil verstärkt.

3.7 Energie, Inspiration und Ehrgeiz hat die Drei zu bieten, und mit der ausgeprägten Fähigkeit der Sieben, Motive und Tendenzen zu ergründen und fortschrittliche Ideen zu verwirklichen, kann die Drei nur an Stärke gewinnen.

3.8 Die Drei hat eine geniale Begabung dafür, Ideen in die Tat umzusetzen. In Verbindung mit der Kraft und dem Elan der Acht kann die Drei nur erfolgreich sein. Allerdings fehlt es der Acht manchmal an der nötigen Ernsthaftigkeit, und das könnte für beide katastrophale Folgen haben.

3.9 Die Lebenseinstellung der Drei verbindet geistige mit materiellen Werten. Kommt die idealistische Neun hinzu, darf die Drei sich nicht in hochfliegenden Plänen verlieren und muß mit beiden Beinen auf der Erde bleiben. Anderen zu helfen, ist ja sehr lobenswert, aber die Drei sollte dabei zuerst an sich denken.

Vier – Der Baumeister

Positive Eigenschaften: praktisch, zuverlässig, ruhig, respektabel, tüchtig
Negative Eigenschaften: langweilig, mißtrauisch, melancholisch, widerspenstig

4.1 Vieren sind solide, praktisch und methodisch, aber es mangelt ihnen an Originalität, Kreativität und Aggressivität, und diese Eigenschaften kann die Eins im richtigen Maß beisteuern. Unter dem Einfluß dieser Zahl verliert die Vier auch ihre übersteigerte Vorsicht und wird manchmal Gelegenheiten nutzen, die ihr ein wenig riskant erscheinen.

4.2 Praktisches Wissen und Vorsicht bilden das Rückgrat der Vier. Fügt man einen Schuß Kreativität und Phantasie hinzu, ergibt das einen Menschen, der sich leichter veränderten Situationen anpassen kann. Und mit einem zusätzlichen Spritzer feiner Lebensart, Takt und Großzügigkeit entsteht eine flexible, neu geformte Vier.

4.3 Die Drei erweitert den Horizont einer Vier, gibt ihr Impulse, in größeren Maßstäben und freizügiger zu denken. Sie weckt die Kreativität der Vier und bringt manche interessante Idee zutage.

4.4 Eine doppelte Vier kann so zuverlässig, praktisch, sachlich und berechenbar sein, daß sie unerträglich wird. Sie hat kein Herz, kein Gemüt, keine Freude, kein Gefühl für die schöneren Dinge des Lebens und ganz gewiß keinen Humor. Sie mag zwar einen Fels in der Brandung darstellen, aber Freude am Leben kennt sie nicht.

4.5 Vieren sind ausgeglichen, praktisch und solide, daher kann eine großzügig bemessene Portion Wagemut, Originalität und Ungeduld der Fünf nur eine merkliche Verbesserung bewirken, vor allem, wenn sich unterschwellig auch die Sinnlichkeit der Fünf bei der Vier bemerkbar macht.

4.6 Zweifelsohne sind Vieren harte Arbeiter, ganz gleich ob sie damit finanziellen Erfolg erreichen wollen oder einfach nur Vergnügen daran finden, sich völlig zu verausgaben. Die Sechs bringt einen Hauch von Schönheit und Phantasie in dieses eintönige Leben. Durch die rosarote Brille der Sechs hindurch betrachtet, sieht die Welt viel schöner aus.

4.7 Jeder mit der Liebes-Lebens-Zahl-Kombination 4.7 kann Großes erreichen, denn die Vier bedeutet Stärke, Sachlichkeit und Gründlichkeit, während die Sieben Einsicht und Phantasie einbringt. Vereinen sich alle diese Talente und Charaktereigenschaften in einer Person, ist ein hoher Grad der Vollkommenheit erreicht.

4.8 Eine Vier mit Untertönen der Acht vereinigt das Beste beider Welten in sich. Sie wendet zwei verschiedene Maßstäbe an: die Liebes-Zahl läßt sie alles im kleinen Rahmen sehen, und die Lebens-Zahl, die Acht, weitet ihren Blickwinkel. Hinzu kommt die Kreativität der Acht, die die angeborene Vorsicht der Vier mildert und ihr damit ungeahnte Möglichkeiten eröffnet.

4.9 Die Vier ist sachlich und bewegt sich auf der materiellen, irdischen Bewußtseinsebene, aber wenn die Neun ihre hohen Ideale einbringt, geht mit der Vier eine erstaunliche Veränderung vor sich. Ausgestattet mit Vernunft, Urteilsvermögen, Weisheit und Einsicht wächst sie über sich selbst hinaus und gewinnt eine großzügigere, verständnisvollere Lebenseinstellung.

Fünf – Der Abenteurer

Positive Eigenschaften: intelligent, einfallsreich, unverwüstlich, originell, sinnlich
Negative Eigenschaften: rastlos, aufbrausend, nervös, wollüstig

5.1 Fünfen können gewiß die Zielstrebigkeit der Eins gebrauchen, damit sie sich nicht ständig verzetteln. Auch ein wenig mehr Ehrgeiz würde ihnen nicht schaden. Allerdings könnten sie durchaus auf die Halsstarrigkeit und Selbstsucht der Eins verzichten, denn diese Eigenschaften besitzen sie selbst in hohem Maße.

5.2 Der kalte Wasserguß, den die Zwei zweifelsohne der Fünf gelegentlich verpassen wird, bekommt ihr sehr gut, denn er kühlt das hitzige Temperament der unruhigen, rastlosen Fünf ab. Die Schüchternheit und Sittsamkeit der Zwei wird auch ihre zügellose Sinnlichkeit etwas bändigen.

5.3 Beeinflußt eine Drei die Fünf, besteht immer die Gefahr, daß alles außer Kontrolle gerät. Fünfen sind auch ohne die zusätzliche Brillanz, den Wagemut und Charme der Drei fast unübertrefflich. Die Fünf läßt sich nicht festlegen, und die leichtlebige Drei macht aus ihr vollends einen Luftikus.

5.4 Die Ausstrahlung der Vier bewirkt bei der abenteuerlustigen Fünf Wunder: sie wird vorsichtiger und zuverlässiger. Die Vier ist solide, praktisch und methodisch, und gerade diese Eigenschaften hat die sprunghafte, rastlose Fünf bitter nötig. Der Einfluß dieser Lebens-Zahl ist sehr gut.

5.5 Zwei Fünfen stellen zweifelsohne die schlimmste Liebes-Lebens-Zahl-Konstellation dar, die man sich vorstellen kann. Fünfen sind rastlos und lassen sich nicht gern festlegen. Wird jemand also doppelt von dieser Zahl beeinflußt, so neigt dieser Mensch dazu, launisch, leicht erregbar und sogar instabil zu werden. Für ihn spricht nur die Tatsache, daß er nahezu unverwüstlich ist, und das gibt Anlaß zur Hoffnung, daß er die Schicksalsschläge des Lebens doch relativ unbeschadet übersteht.

5.6 Diese Konstellation birgt gute Voraussetzungen, denn die Sechs schenkt der unruhigen Fünf Frieden und Harmonie. Sie verleiht ihren Ideen auch Form und Schönheit, und da die Liebe einer Sechs eher mütterlich ist, wird sie auch die ausgeprägte Sinnlichkeit der Fünf eindämmen.

5.7 Die Sieben ist eine magische Zahl; sie zieht die Fünf ganz gewiß in ihren Bann. Unter ihrem beruhigenden Einfluß kann es geschehen, daß die Fünf sogar gelegentlich zu einem Buch greift, Briefe schreibt oder sich einfach nur entspannt. Das ist ein sehr ungewöhnliches Benehmen für eine Fünf, sollte aber keinesfalls entmutigt werden.

5.8 Die Acht wirkt wie eine Startrakete auf die lebhafte Fünf, und man kann nur hoffen, daß sie weiß, wo sie hin will, ehe sie die Abschußrampe verläßt. Das Wort dynamisch beschreibt nur unzulänglich die 5.8-Konstellation, und dieser Mensch könnte in große Schwierigkeiten geraten, wenn er nicht schnellstmöglich den richtigen Kurs in seinem Leben einschlägt.

5.9 Eine tatkräftige Fünf mit der Weisheit, dem Weitblick und Scharfsinn der Neun kann es sehr weit bringen, aber es gilt ein großes Hindernis zu überwinden: die Impulsivität, die beiden in hohem Maße eigen ist. Gelingt es der Fünf nicht, diese negative Eigenschaft unter Kontrolle zu bringen, droht ihr manches Unheil auf ihrem Lebensweg.

Sechs – Der Friedensstifter
Positive Eigenschaften: schöngeistig, liebevoll, kreativ, häuslich, treu
Negative Eigenschaften: konventionell, ungestüm, selbstgefällig, trivial

6.1 Ruhigen, friedfertigen Sechsen kann ein gelegentliches Aufrütteln nicht schaden, um sie davor zu bewahren, allzu selbstgefällig zu werden, und die Zahl Eins verleiht ihnen einen Schuß Aggressivität. Sie werden auch verständnisvoller, und gleichzeitig verstärkt sich ihr Verantwortungsgefühl für ihre Lieben.

6.2 Sechsen freuen sich über jede angenehme Eigenschaft, die ihnen zuteil wird, also begrüßen sie die Kreativität, das künstlerische Flair und die Phantasie, die die Zwei in diese Konstellation einbringt. Aber leider bekommen sie auch das ganze Bündel negativer Charaktereigenschaften ab, also die Launenhaftigkeit und Eifersucht der Zwei. Der normalerweise sehr ausgeglichenen Sechs dürfte es schwerfallen, damit zurechtzukommen.

6.3 Häusliche Sechsen beiderlei Geschlechts sind gesellig und laden gern ihre Freunde ein. Der starke Einfluß der Drei scheint sie noch sympathischer und charmanter zu machen. Aber die Drei ist verschwenderisch und leichtfertig, und eine Sechs, die nicht auf Wirtschaftlichkeit und Sparsamkeit achtet, wäre in der Tat ein Widerspruch in sich selbst.

6.4 Die Vier kann manchmal ziemlich langweilig und freudlos sein. In Verbindung mit der Sechs wirkt sie sich recht negativ auf deren schöpferischen Tatendrang aus. Aber als Kompensation verstärkt sich die Häuslichkeit der 6.4-Konstellation, bietet allerdings geistigen Impulsen nur wenig Chancen.

6.5 Die rastlose Fünf bringt die Sechs aus dem Gleichgewicht, denn eine boshafte Stimme flüstert ihr ständig ins Ohr, etwas abenteuerlustiger und aufregender zu sein. Der Einfluß der Fünf kann zu einer Identitätskrise führen, und manchmal scheint die Sechs nicht recht zu wissen, wo ihr der Kopf steht.

6.6 Diese Kombination von Liebes- und Lebens-Zahl kann ziemlich unerfreulich sein, denn zuviel Sanftheit ist unerträglich. Menschen, die dem doppelten Einfluß dieser Zahl unterliegen, können gewöhnlich eine Atmosphäre von seltener Schönheit und Harmonie schaffen und sind meistens außerordentlich künstlerisch begabt.

6.7 Die Sieben führt bei der Sechs zu einer gespaltenen Persönlichkeit, denn die eine Hälfte strebt nach Häuslichkeit, Kreativität und künstlerischer Betätigung, während die Sieben allein gelassen werden möchte, um in der Meditation Seelenforschung zu betreiben. Es kostet die Sechs ungeheure Mühe, das Gleichgewicht zu bewahren, wenn sie derart extremen entgegengesetzten Strömungen unterliegt.

6.8 Die Acht verleiht der Sechs den Geschäftssinn, der ihr völlig fehlt, und solange die Acht nicht allzu dominierend wird, kann sich das sehr günstig auswirken. Mit stärkeren finanziellen und geschäftlichen Neigungen sollte die Sechs ihre geschäftlichen Erfolge vergrößern können.

6.9 Schönheit (Sechs) und Wahrheit (Neun) ist das Wesen einer 6.9 Liebes-Lebens-Zahl-Konstellation. Fügt man die visionäre Begabung der Neun, ihren Einfallsreichtum und ihre Intuition hinzu, kann die Sechs von dieser Verbindung nur profitieren, obwohl sie gegen die Impulsivität und das Ungestüm der Neun zu kämpfen haben wird.

Sieben – Der Geheimnisvolle

Positive Eigenschaften: mystisch, intellektuell, philosophisch, beherrscht
Negative Eigenschaften: verwirrend, distanziert, geheimnisvoll, argwöhnisch

7.1 Die Sieben ist magisch, mysteriös und weltfremd. Eine gehörige Portion der Charaktereigenschaften der Eins dürfte die beste Medizin sein, damit sie wieder festen Boden unter den Füßen gewinnt. Die Resolutheit, der Ehrgeiz und die Aggressivität der Eins machen aus der Sieben mit ihren visionären Ideen einen recht brauchbaren Menschen.

7.2 Unter dem Einfluß der Zwei wird die Sieben noch ruhiger und gelassener, als sie sowieso schon ist. Außerdem verstärkt sich ihr Wankelmut und ihre Unschlüssigkeit. Sie unterliegt starken emotionalen Veränderungen und wird mißtrauisch und besitzergreifend.

7.3 Die Sieben besitzt Verständnis und Einsicht, aber ihre Gedanken über den tieferen Sinn im Leben behält sie lieber für sich. Doch unter dem Einfluß der Drei kommt sie aus ihrem Schneckenhaus hervorgekrochen und wird ein recht geselliger Mensch. Sie bekommt mehr Elan, doch unglücklicherweise leidet ihre Konzentrationsfähigkeit unter der Ausstrahlung der Drei, und die Sieben kann nicht mehr ganz so klare und tiefschürfende Gedanken fassen.

7.4 Welche Zahl außer der Vier könnte die Sieben wohl besser mit der Wirklichkeit konfrontieren? Für gewöhnlich lebt die Sieben in ihrer eigenen Welt auf einer völlig anderen Bewußtseinsebene, doch die Vier läßt sie realistischer, praktischer, stabiler und methodischer werden.

7.5 Reisen ist das Schlüsselwort für diese Zahlen, da beide damit verbunden sind. Die Sieben ist ständig auf der Suche nach der Wahrheit unterwegs, und zusammen mit der Fünf könnte sie manches aufregende Abenteuer erleben. Die Fünf übt einen belebenden Einfluß auf die Sieben aus, und es bleibt jedem überlassen, sich auszumalen, wie der extra Schuß Sinnlichkeit sich auszuwirken vermag.

7.6 Der Einfluß der Sechs sollte den gedanklichen Horizont der Sieben erweitern. Anstatt sich ausschließlich mit Philosophie, Religion, den Geheimnissen des Lebens und dem Okkulten zu beschäftigen, wird sie ihre Freude an Kunst, Literatur und Musik entdecken. Die Sechs läßt die Sieben auch häuslicher werden und sorgt dafür, daß ihre persönlichen Bedürfnisse mehr in den Vordergrund rücken.

7.7 Die zweite Sieben ist eine zuviel, denn Menschen, die von dieser Zahl beeinflußt werden, droht Gefahr, den Bezug zur Wirklichkeit gänzlich zu verlieren. Sie fühlen sich am wohlsten in ihrer eigenen Phantasiewelt, die voller visionärer Ideen steckt. Diese Menschen sind einsiedlerisch und neigen dazu, sich von der Welt abzukapseln.

7.8 Die Sieben besitzt Einsicht, Phantasie und Weitblick; die boshafte Acht, die von einem Extrem ins nächste fällt, wird entweder ein enthusiastisches Feuer in ihr entfachen oder sie wie Zunder verbrennen. Die Acht ist die Zahl der Stärke und Macht, und eine Sieben, die davon beeinflußt wird, kann recht erfolgreich sein, vorausgesetzt, sie wird entsprechend motiviert.

7.9 Mehr Weisheit, Verständnis und Frieden sind schätzenswerte Qualitäten, die die Neun der Sieben vermitteln kann, aber was ein Mensch der Zahl Sieben wirklich braucht, ist Antrieb, den die Neun ihr nicht geben kann. Und falls die Sieben wirklich einmal eine Entscheidung trifft, kann man nur hoffen, daß es nicht die verkehrte war.

Acht – Der Materialist

Positive Eigenschaften: zäh, stark, praktisch, hartnäckig, ehrgeizig
Negative Eigenschaften: aggressiv, rücksichtslos, skrupellos, tyrannisch, egoistisch

8.1 Der Himmel stehe jedem bei, der sich in den Weg dieser Liebes-Lebens-Zahl-Konstellation stellt. Diese beiden Zahlen stellen ein Kraftwerk voller ungestümer, aggressiver Energie dar, und ein Mensch dieser Kombination wird nicht rasten, bis er seine hochgesteckten Ziele erreicht hat.

8.2 Diplomatisches Geschick und Taktgefühl vermittelt die Zwei der Acht, und etwas Bescheidenheit und Zurückhaltung bekommt der Acht gut. Die Launenhaftigkeit und Eifersucht der Zwei könnte sich allerdings verheerend auf die Acht auswirken, denn diese unerwünschten Eigenschaften besitzt sie selbst in hohem Maße.

8.3 Die kühne Brillanz und Vielseitigkeit der Drei ist für die ehrgeizige Acht nur von Vorteil. Außerdem wird die Acht gesellschaftlich etwas beliebter, denn die Drei fügt Witz, Charme und Lebhaftigkeit zur Weisheit und Stärke der Acht hinzu.

8.4 Eine Acht wird die Charaktereigenschaften der Vier mit Freude begrüßen, denn sie sind ihr äußerst nützlich. Die Acht neigt dazu, alles in einem größeren Rahmen zu sehen, die Vier gibt die Vorliebe zum Detail hinzu. Dies ermöglicht es der Acht, winzige, aber elementare Fehler rechtzeitig zu erkennen, ehe sie einen irreparablen Schaden in ihren großangelegten Plänen verursachen.

8.5 Diese Konstellation gleicht einem geölten Blitz, denn die Energie der Fünf gibt der Acht einen derart ungeheuren Antrieb, daß sie andere weit hinter sich läßt. Und das ist für die gewagten Machtspiele, die die Acht gelegentlich liebt, von unschätzbarem Vorteil. Die Sinnlichkeit der Fünf sollte ihr außerdem über einige emotionale Schwierigkeiten hinweghelfen.

8.6 Gewinnsüchtige Materialisten sind die Achten, und sie kennen oft keine anderen Werte in ihrem Leben als rein materielle. Aber die Sechs öffnet der Acht die Augen für die feineren Dinge im Leben, wie Schönheit und Kunst. Sie gewinnt mehr inneren Frieden und Sanftmut und wird eine nettere, weniger aggressive Person.

8.7 Ruhe und Gelassenheit überkommt die Acht unter dem Einfluß der Sieben, mit dem Ergebnis, daß Geld, Macht und Erfolg an Bedeutung verlieren. Sie scheint wesentlich mehr Zeit tief in Gedanken versunken zu verbringen, und selbst ihre Lebenseinstellung ändert sich vom rein materialistischen Gesichtspunkt zu einer erstaunlich philosophischen Betrachtungsweise.

8.8 Falls Sie je vorhaben, eine Revolution anzufangen, suchen sie nach dieser Zahlenkombination, dann können sie getrost alles weitere diesen Menschen überlassen. Mit reiner physischer Energie haben wir es hier zu tun, und man muß mit diesem hochexplosivem Stoff sehr vorsichtig umgehen, will man nicht damit in die Luft fliegen.

8.9 Die Neun vermittelt der Acht Geistigkeit, und das gibt ihr ein Gefühl der Ausgeglichenheit, da sie ihren ausgeprägten Materialismus neutralisiert. Mit der ihr angeborenen Stärke und ihrer praktischen Lebenserfahrung, zusammen mit der Kreativität und dem visionären Weitblick der Neun, sollte die 8.9-Kombination viel erreichen.

Neun – Der Visionär

Positive Eigenschaften: aufgeschlossen, idealistisch, human, couragiert
Negative Eigenschaften: intolerant, eigensinnig, impulsiv, aufbrausend

9.1 Die Originalität und der Schwung, die die Eins hier einbringt, können aus der Neun einen genialen Erfinder machen. Aber die zusätzliche Portion Eigensinn und Aggressivität bedeutet, daß die Neun ihr hitziges Temperament noch mehr zügeln muß.

9.2 Eine Neun mit dem Taktgefühl, der Diskretion und Überzeugungskraft der Zwei, ganz abgesehen von deren Fähigkeit, stets beide Seiten in einem Streitfall zu sehen, sollte eine sehr starke Position erreichen, die es ihr ermöglicht, ihre humanen Pläne zu verwirklichen. Aber sollte bei der Neun die Schüchternheit und Unschlüssigkeit der Zwei überwiegen, kommt sie nicht weit.

9.3 Neunen sind oft so in ihren Kampf verstrickt, die Menschheit vor einem Nuklearangriff, Armut und Hunger zu retten, daß sie darüber völlig vergessen, von Zeit zu Zeit ihren eigenen Vergnügungen nachzugehen. Doch die Drei sorgt für den nötigen Ausgleich, somit wird die Neun umgänglicher und entspannter. Außerdem ist die Drei vom Glück begünstigt, und das ist für die Neun ein zusätzlicher Bonus.

9.4 Die Vier ist eine solide, praktische, nüchterne Zahl, und ihr Einfluß wird die visionäre, geistige Neun zurechtrücken. Viele Pläne der Neun werden abgelehnt, weil sie zu unrealistisch und unpraktisch sind, aber der gesunde Menschenverstand der Vier wird sich hier vorteilhaft auswirken.

9.5 Die Zahl Fünf ist mit ihren Vorteilen und Nachteilen wie ein zweischneidiges Schwert, wenn sie mit der Neun in Kontakt kommt. Die Neun könnte gut etwas von der Vielseitigkeit, der Originalität und Brillanz der Fünf gebrauchen, aber Antriebskraft besitzt sie selbst im Übermaß.

9.6 Alle Neunen sind visionär und aufgeschlossen. Sie haben eine sehr universale (makrokosmische) Betrachtensweise und sehen alles in einem größeren Maßstab. Mit Hilfe der Sechs, ihrer Häuslichkeit und deren Familiensinn (mikrokosmisch) gewinnt die Neun mehr Verständnis fürs Detail. Die Neun lernt so, nicht nur Weltprobleme großen Maßstabs, sondern auch menschliche Schwierigkeiten in kleinerem Rahmen wichtig zu nehmen.

9.7 Die Sieben gibt der Neun »innere Größe«, Selbstbeherrschung und hellsichtige Fähigkeiten als Ergänzung zu der visionären Kraft der Neun. Der Einfluß der Sieben bewirkt aber auch, daß die Neun öfter überlegt, ehe sie handelt oder spricht, und das ist wohl der größte Vorteil dieser Konstellation.

9.8 Die Neun ist sehr spiritualistisch und idealistisch, daher wird ihr die gehörige Portion Materialismus, Sachlichkeit und Ehrgeiz der Acht sehr nützlich sein. Die Neun kann etwas gesunden Menschenverstand, nicht nur im Umgang mit Geld, gut gebrauchen, und sie gewinnt durch die Acht eine realistischere Lebenseinstellung.

9.9 Wie wir bereits wissen, ist die Neun die höchste Liebes-Zahl mit der stärksten Ausstrahlung. Wenn also auch die Lebens-Zahl eine Neun ist, drückt diese Konstellation eine überwältigende geistige und seelische Überlegenheit aus, die an Genialität grenzt. Aber zwischen Genialität und Wahnsinn existiert oft nur eine hauchdünne Trennlinie, und jeder, der von diesen Zahlen beherrscht wird, sollte stets daran denken.

KAPITEL VI

Verträglichkeitstabellen (Wer paßt zu wem?)

Es gibt vier Faustregeln, die Sie beachten müssen, um die Verträglichkeit zwischen Menschen und ihren Liebes-Zahlen festzustellen, doch diese Regeln sind nur als Anleitung gedacht und keineswegs unumstößlich. Sie dienen als einfache Hilfsmittel für ihre eigenen Analyseversuche und müssen nicht strikt befolgt werden.

Als erstes gilt es zu bedenken, daß allen Zahlen, ganz gleich ob gerade oder ungerade, sowohl negative als auch positive Eigenschaften innewohnen, wobei man den ungeraden Zahlen (1, 3, 5, 7 und 9) für gewöhnlich maskuline, aktive, kreative und extrovertierte Eigenschaften beimißt, während den geraden Zahlen (2, 4, 6 und 8) feminine, passive, rezeptive und introvertierte Attribute zugeordnet werden.

Zweitens, sind beide Zahlen, die auf Sie und Ihren Partner zutreffen, gerade oder ungerade? Sollte das der Fall sein, bedeutet es, daß diese Kombination auf ein harmonisches Zusammenleben schließen läßt, denn beide Partner ergänzen sich und fördern im anderen eher die positiven als die negativen Eigenschaften. Trifft das allerdings nicht zu, kommen wir zum dritten Punkt, den es zu beachten gilt und der eintritt, wenn eine gerade und eine ungerade Zahl zusammentreffen. In der Zahlenkunde nennt man sie »Konflikt-Zahlen«, und eine derartige Konstellation bedeutet für die davon betroffenen Menschen oft ausgeprägte Meinungsdifferenzen und meistens auch

Unverträglichkeit der Persönlichkeiten. Dabei kann es durchaus sein, daß beide sich physisch zueinander hingezogen fühlen, doch ihre Schwierigkeiten liegen im Unverständnis füreinander. Damit eine derartige Partnerschaft funktionieren kann, bedarf es eines hohen Maßes an gegenseitigem Geben und Nehmen.

Liebes-Zahlen können auch in drei verschiedene Gruppen unterteilt werden. Eins, Fünf und Sieben sind »Verstandes-Zahlen«, und Menschen, die von ihnen beherrscht werden, sind oft intellektuell, gebildet und große Denker. Die nächste Gruppe beinhaltet die »Gefühls-Zahlen« Drei, Sechs und Neun, die emotionale, kreative und inspirierende Menschen repräsentieren. Viele Schriftsteller und Künstler gehören dieser Kategorie an. Die dritte Gruppe besteht aus den »Geschäfts-Zahlen«, und Menschen, deren Geburtsdatum eine Zwei, Vier oder Acht ergibt, sind gute Organisatoren. Sie sind stabil, effizient und geschäftstüchtig. In dieser Kategorie findet man die meisten Großhändler, Bankiers und Direktoren. Bleibt als Schlußfrage, ob beide Zahlen, die für Sie in Betracht kommen, derselben Zahlengruppe angehören oder nicht. Trifft das zu, sollte die Konstellation recht positiv sein, denn man kann sie zwei Menschen mit ähnlichen Fähigkeiten und Charaktereigenschaften zuordnen.

Wir wollen nun die Verträglichkeitstabellen auf den Seiten 294-298 betrachten, die jede mögliche Kombination von Liebes-Zahlen enthalten. Bewertungen wurden für jede Form einer Beziehung gegeben, von der rein persönlichen über die familiäre zur geschäftlichen Verbindung. Anhand dieser Tabelle können Sie mit einem Blick die Verträglichkeit der Zahlenkombinationen erkennen und feststellen, wer zu wem in welcher Hinsicht paßt.

Die Bewertungen lauten wie folgt:

A = Exzellent/beinahe perfekt
B = Gut
D = Mangelhaft
C = Mittelmäßig
E = Verheerend

Sie werden bemerken, daß manchen Kombinationen zwei Bewertungen zugeordnet wurden, zum Beispiel: A/E, wo eine Liebes-Zahl Acht gepaart ist mit einer weiteren Liebes-Zahl Acht, oder B/D, wo eine Liebes-Zahl Drei mit einer Liebes-Zahl Fünf verbunden ist, und so weiter. Diese doppelte Bewertung zeigt die Extremformen an, die diese fragliche Beziehung annehmen kann.

Kombination	Persönliche Männlich/ Weibliche Beziehung	Persönliche Weiblich/ Männliche Beziehung	Geschäfts- beziehung	Beziehung Arbeitnehmer/ Arbeitgeber	Beziehung Arbeitgeber/ Arbeitnehmer	Beziehung Kind/ Kind	Beziehung Eltern/ Kind
1:1	B	B	A/E	A/B	A/B	E	B/D
1:2	B/C	C	B/C	B	C	B	C
1:3	B	A/B	B/D	C	B	C	B
1:4	C/D	D	D	D	D	D	D
1:5	C/E	B/E	C	B/C	C	C	C/D
1:6	C	B/C	B/C	B/C	B/C	B/C	B/C
1:7	B/C	B/D	D	C/D	D	C	C/D
1:8	A/E	A/E	A/E	A/E	A/E	A/E	B/D
1:9	A/C	B/C	B	B	B	B	B/C
2:1	C	B/C	B/C	C	B	B	C
2:2	A	A	D/E	D/E	D/E	A/B	A/B
2:3	C/E	C	B/C	A/B	A/B	B	C
2:4	B	B	B/C	B/C	B/C	A/B	A/B
2:5	D	D/E	D/E	D	D/E	C/E	C/D
2:6	B	A/B	D	C	C	A/B	A/B
2:7	B/C	B	D/E	C	C/D	B	B
2:8	C/D	C	B/C	B/C	C	B/C	C
2:9	B/C	B/C	A/B	A/B	A/B	A/B	A/B

Kombination	Persönliche Männlich/ Weibliche Beziehung	Persönliche Weiblich/ Männliche Beziehung	Geschäfts- beziehung	Beziehung Arbeitnehmer/ Arbeitgeber	Beziehung Arbeitgeber/ Arbeitnehmer	Beziehung Kind/ Kind	Beziehung Eltern/ Kind
3:1	A/B	B	B/D	B	C	C	B
3:2	C	C/E	B/C	A/B	A/B	B	B
3:3	D	D	E	E	E	A/C	A/C
3:4	C	C/D	B/D	C	C	D	C/D
3:5	B/D	C	B/C	B/E	B/E	B/E	C
3:6	B	B/C	B/C	C	C	B	A/C
3:7	C	C	B	B	B	C	B
3:8	B/D	B/D	A/B	A/B	A/B	A/B	C
3:9	A	C/D	D/E	C	B/C	B	B
4:1	D	C/D	D	D	D	D	D
4:2	B	B	B/C	B/C	B/C	A/B	A/B
4:3	C/D	C	B/D	C	C	D	C/D
4:4	A	A	A	A	A	A	A
4:5	C	C	B/C	D/E	D/E	D	D
4:6	B/C	C	B	A/B	A/B	A/B	A/B
4:7	C	B/C	B	A/B	C	C/D	C/D
4:8	A/B	A/B	A	B	A	A	A
4:9	B/C	C	D	C	C	C	B/C

Kombination	Persönliche Männlich/ Weibliche Beziehung	Persönliche Weiblich/ Männliche Beziehung	Geschäfts- beziehung	Beziehung Arbeitnehmer/ Arbeitgeber	Beziehung Arbeitgeber/ Arbeitnehmer	Beziehung Kind/ Kind	Beziehung Eltern/ Kind
5:1	B/E	C/E	C	C	B/C	C	C
5:2	D/E	D	D/E	D/E	D	C/E	C/D
5:3	C	B/D	B/C	B/E	B/E	B/E	C
5:4	C	C	B/C	D/E	D/E	D	D
5:5	E	E	E	E	E	E	E
5:6	A/B	B/C	C/D	C/D	C/D	C	D
5:7	B/D	D/E	D/E	E	E	D/E	D/E
5:8	B/C	C/E	A/D	A/B	B	B/D	B/C
5:9	C	C/E	C	D	D	C	C/D
6:1	B/C	C	B/C	B/C	B/C	B/C	B/C
6:2	A/B	B	D	C	C	A/B	A/B
6:3	B/C	B	B/C	C	C	A	A/C
6:4	C	B/C	B	A/B	A/B	A/B	A/B
6:5	B/C	A/B	C/D	C/D	C/D	C	D
6:6	A	A	C/D	C	C	A	A
6:7	D/E	C	E	E	E	E	E
6:8	B/C	C	A/B	A/B	A/B	C	C
6:9	A/B	A/B	C/D	D	D	A	A

Kombination	Persönliche Männlich/ Weibliche Beziehung	Persönliche Weiblich/ Männliche Beziehung	Geschäfts- beziehung	Beziehung Arbeitnehmer/ Arbeitgeber	Beziehung Arbeitgeber/ Arbeitnehmer	Beziehung Kind/ Kind	Beziehung Eltern/ Kind
9:1	B/C	A/C	B	B	B	B	B/C
9:2	B/C	B/C	A/B	A/B	A/B	A/B	A/B
9:3	C/D	A	D/E	B/C	C	B	B
9:4	C	B/C	D	C	C	C	C
9:5	C/E	C	C	D	D	C	C/D
9:6	A/B	A/B	C/D	D	D	A	A
9:7	A/B	A	D	D	D	A/B	A/B
9:8	E	C	B/C	C	C	C	C
9:9	A	A	C/D	A/D	A/D	A	A

Kombination	Persönliche Männlich/ Weibliche Beziehung	Persönliche Weiblich/ Männliche Beziehung	Geschäftsbeziehung	Beziehung Arbeitnehmer/ Arbeitgeber	Beziehung Arbeitgeber/ Arbeitnehmer	Beziehung Kind/ Kind	Beziehung Eltern/ Kind
7:1	B/D	B/C	D	D	C/D	C	C/D
7:2	B	B/C	D/E	C/D	C	B	B
7:3	C	C	B	B	C/D	C	C
7:4	B/C	C	B	C	A/B	C/D	C/D
7:5	D/E	B/D	D/E	E	E	D/E	C/D
7:6	C	D/E	E	E	E	E	D/E
7:7	A	A	E	D/E	D/E	A	E
7:8	B/C	B/D	C	C/D	C	C/D	A
7:9	A	A	D	D	D	A/B	D
8:1	A/E	A/E	A/E	A/E	A/E	A/E	A/B
8:2	C	C/D	B/C	C	B/C	B/C	B/D
8:3	B/D	B/D	A/B	A/B	A/B	A/B	B/C
8:4	A/B	A/B	A	A	B	A	A/B
8:5	C/E	B/C	A/D	B	A/B	B/D	A
8:6	C	B/C	A/B	A/B	A/B	C	B
8:7	B/D	B/C	C	C	C/D	C	C/D
8:8	A/E	A/E	A/E	A/E	A/E	A/E	D
8:9	C	E	B/C	C	C	C	A/E
							C

Esoterik

Knaur®
Taschenbücher

Band 4132
400 Seiten
ISBN 3-426-04132-4

Tarot kann Lebenshilfe, Entscheidungshilfe, Wegweiser durch schwierige Situationen und Schlüssel zur Selbstfindung sein – wenn wir verstehen, die Geheimnisse seiner Bilder und Symbole zu dechiffrieren.

Rachel Pollack führt uns mit großem Einfühlungsvermögen in die Kunst des Tarot ein:

- Die Interpretation sämtlicher 78 Tarot-Karten (Große und Kleine Arkana)
- Wie Tarot funktioniert
- Das Legen der Tarot-Karten – verschiedene Legesysteme entsprechend der Fragestellung
- Wie man Tarot benutzt, und was man daraus lernen kann
- Tarot als Einweihungsweg, Tarot-Meditationen

Knaur

Altman, Nathaniel
Die Praxis des Handlesens
Ein Ratgeber zur psychologischen Handanalyse

Ein praktischer Lehrgang in der Kunst, aus Handlinien, Handformen und anderen individuellen Handmerkmalen Rückschlüsse auf Charakter und Schicksal zu ziehen. Dieses Buch zeichnet sich vor allem auch durch seine zahlreichen Abbildungen aus, die das Beschriebene veranschaulichen und handbar machen.
240 S. mit s/w-Abb. [4166]

Cobbaert, Anne-Marie
Graphologie
Schriften erkennen und deuten – mit 274 Schriftproben im laufenden Text. Die Graphologie – auch Schrift-Psychologie genannt – wird hier auch für den Laien verständlich dargestellt. 287 S. [4102]

Laubach, Arthur
Der Weg des Geistes
Mit klarer Sprache und bestechender Logik führt Arthur Laubach den Leser über die Gesetzmäßigkeiten der Materie zu denen des Geistes. Eine brillante Einführung in esoterisches Denken.
Ca. 256 S. mit s/w-Abb. [4169]

Mangoldt, Ursula von
Schicksal in der Hand
Diagnosen und Prognosen

Die Deutung der Anlagen und Möglichkeiten, wie sie in den Signaturen beider Hände sichtbar werden, sind die Schwerpunkte dieses Buches. An rund siebzig abgebildeten Händen zeigt die Autorin die Vielfalt der charakterlichen Tendenzen, die zusammen schicksalsbestimmend sind.
256 S. mit 72 Abb. [4104]

Hunt, Diana
Partner unter guten Sternen
Eine astro-psycho-logische Partnerkunde.
224 S. [7611]

Sakoian, Frances / Acker, Louis S.
Das große Lehrbuch der Astrologie
Wie man Horoskope stellt und nach neuesten wissenschaftlichen Erkenntnissen Charakter und Schicksal deutet. 551 S. mit zahlreichen Zeichnungen. Dieses große Lehrbuch der Astrologie ist das bislang umfassendste Werk zur exakten Deutung des individuellen Horoskops. Ein idealer Einstieg für Anfänger und ein Nachschlagewerk für Fortgeschrittene. [7607]

Sasportas, Howard
Astrologische Häuser und Aszendenten
Neben dem Tierkreiszeichen-System ist das Häuser-/Aszendenten-System die zweite, überaus bedeutsame Quelle astrologischer Interpretationsmöglichkeit. Seltsamerweise gibt es hierzu kein einziges, für die Deutungspraxis brauchbares Buch. Das vorliegende Werk schließt diese Lücke.
624 S. mit s/w-Abb. [4165]

Koechlin de Bizemont, Dorothée
Karma-Astrologie
Das Horoskop als Spiegel vergangener Leben. Die Karma-Astrologie setzt dort ein, wo die normale Astrologie aufhört: bei jenen Leben, die vor dem jetzigen liegen.
368 S. mit zahlreichen Abb. [4131]

Lau, Theodora
Das große Buch der chinesischen Astrologie
Wie der Mond Charakter und Schicksal in den verschiedenen Tierkreiszeichen prägt.
384 S. mit 4 s/w-Abb. [4112]

Dee, Nerys
Schicksalsdeutung aus den Karten
Kartenlegen kann Lebenshilfe im besten Sinne des Wortes bieten. Nerys Dee beschreibt die gebräuchlichsten Legesysteme. Alle Karten werden einzeln in aller Ausführlichkeit gedeutet. 192 S. mit zahlreichen Abb. [4137]

Knaur ®
Taschenbücher

Rat & Tat

Angermeier, Wilhelm Franz:
Psychologie für den Alltag
336 S., zahlr. Abb.
Band 3753

Britt, Inge:
Allein erziehen
160 S. Band 7675

Kopmeyer, M. R.:
Persönlichkeitsbildung
So werden Sie, was Sie sein möchten – in 80 instruktiven Kapiteln.
304 S. Band 7683

Kopmeyer, M. R.:
Wohlstandsbildung
So werden Sie reich und wohlhabend. Kopmeyer zeigt zahlreiche Möglichkeiten auf, wie man zielgerichtet handeln kann, um reich zu werden.
304 S. Band 7684

Kopmeyer, M. R.:
Wunscherfüllung
So bekommen Sie, was Sie sich wünschen. Verhaltensweisen und für jedermann anwendbare Techniken, aufgrund deren man bekommt, was man sich wünscht.
304 S. Band 7685

Kopmeyer, M. R.:
Lebenserfolg
So gelangen Sie an Ihre Ziele. Die meisten Menschen verfolgen in ihrem Leben ein oder mehrere Ziele. Doch wie sie diese Ziele erreichen können, überlassen sie oft mehr oder weniger dem Zufall. Dieses Buch motiviert jeden, sein Leben neu zu entdecken und seine Ziele dynamisch zu verfolgen und zu erreichen.
288 S. Band 7682

Kubelka, Susanna:
Ich fange noch mal an
Glück und Erfolg in der zweiten Karriere. Dieses Buch ist für alle geschrieben, die sich nicht mit vorgegebenen Lebensformen begnügen wollen.
208 S. Band 7663

Pohle, Barbara:
Selbst ist die Frau
Ein praktischer Ratgeber für alle Frauen, die Reparaturen selbst in die Hand nehmen wollen.
160 S. mit zahlr. Abb.
Band 7669

Schönberger, Margit/Höhne, Anita:
Wir sind rund – na und?
Ein Plädoyer für die mollige Frau. Zwei Frauen mit sogenannten Figurproblemen zeigen mit Charme und Sachverstand den Weg zu einer neuen Selbsteinschätzung.
240 S. Band 7664

Sheehy, Gail:
Neue Wege wagen
Ungewöhnliche Lösungen für gewöhnliche Krisen.
740 S. Band 3734

Knaur®
Taschenbücher

Rat & Tat

Fischer, Marie Louise:
Auf der Höhe des Lebens
Guter Rat für späte Jahre.
256 S. Band 7666

Hinkelmann, Klaus-G.:
Das Aussteigerprogramm für Raucher
Ein Selbsthilfe-System für alle, die nicht mehr rauchen wollen.
144 S. Band 7661

Kirschner, Josef:
Die Kunst, ein Egoist zu sein
Egoisten sind bessere Menschen, denn sie beherrschen die Kunst, glücklich zu leben.
192 S. Band 7549

Kirschner, Josef:
Hilf dir selbst, sonst hilft dir keiner
Die Kunst, glücklich zu leben – in neun Lektionen.
176 S. Band 7610

Kirschner, Josef:
Die Kunst, ohne Überfluß glücklich zu leben
»Wir müssen lernen, wieder in uns selbst unsere wahren Bedürfnisse zu erforschen, damit wir auf die künstlichen Bedürfnisse verzichten können, die man uns täglich suggeriert.«
144 S. Band 7647

Kirschner, Josef:
Die Kunst, ohne Angst zu leben
Wie man lernt, um seine Freiheit zu kämpfen. »Angst und Schuldgefühle bestimmen unser Leben mehr als alle anderen Einflüsse. Sie sind Bestandteil eines manipulativen Spiels, das wir alle mit und gegeneinander täglich spielen«, behauptet Kirschner provokant. Wie man in diesem Spiel die besseren Chancen gewinnt, beschreibt er in diesem Band.
224 S. Band 7689

Kirschner, Josef:
Manipulieren – aber richtig
Die acht Gesetze der Menschenbeeinflussung.
144 S. Band 7442

Konz, Franz:
Tausend ganz legale Steuertricks
Für alle, die zu viel Lohn- und Einkommensteuer zahlen.
784 S. Band 7665

Knaur

Runen raunen rechten Rat

**Das westliche Orakel als praktische Lebenshilfe und Rückführung zu unseren Quellen
Mit 18 Runensteinen aus Holz**

Im »Buch der Runen« werden wir reichlich entschädigt für die lange Zeit der Enthaltsamkeit, die wir in Verbindung mit unserer germanisch-mythischen Tradition auf uns genommen haben. Dem Autor ist eine geniale Synthese gelungen zwischen dem praktischen Orakel-Teil und tiefsinnigen Betrachtungen zu den Runen und den germanischen Göttern als lebendigen Symbolen, die nichts von ihrer Wirksamkeit verloren haben:

- Eine Anleitung für die Orakel-Praxis. Mit Hilfe der beigefügten Holz-Runensteine ist der Leser sofort in der Lage, das Orakel zu befragen und sich gleichsam mit spielerischem Ernst den Geheimnissen der Runen zu nähern. Alle 18 Runen sind ausführlich kommentiert.
- Runen sind archetypische Symbole, die besondere Bedeutung im mitteleuropäischen Bewußtsein besitzen. Sie alle sind tief in unserem Unterbewußtsein existent und wollen bewußt gemacht, erlöst werden.

Knaur®
Esoterik

Zoltán Szabó
BUCH DER RUNEN
Das westliche Orakel
Originalausgabe

256 S., zahlr. Abb. Gebunden in Kassette mit 18 Runensteinen, Bd. 4146.